Der Mann mit dem Buch

oder: Die Bibel unter den Menschen

John Matthias Weylland

Writat

Diese Ausgabe erschien im Jahr 2024

ISBN: 9789359948607

Herausgegeben von
Writat
E-Mail: info@writat.com

Inhalt

EINFÜHRUNG.

Für alle, die ein genaues Wissen über das Innenleben Londons und wahrscheinlich aller unserer großen Städte erlangen möchten und durch das Studium der Erfahrungsergebnisse herausfinden möchten, wie man mit seinen Übeln am besten umgeht, werden die folgenden Seiten tiefgreifend sein interessant. Sie geben die Geschichte und die Früchte langjähriger Arbeit unter den schmutzigsten, mittellosesten und erniedrigtesten Klassen der gesamten Metropole wieder. Doch diese Klassen sind keineswegs die hoffnungslosesten. Eine große aggressive Bewegung des Christentums gegen diese Hochburgen des Lasters, der Krankheit und des Elends würde mit einem größeren Sieg enden als mit einem ebenso kraftvollen Sieg gegen die Sturheit und Selbstzufriedenheit der großen Schar geschickter Handwerker.

Die Veröffentlichung solcher Papiere ist in diesen Tagen sehr wichtig, da Forschung und Diskussion damit beschäftigt sind, das wahre Geheimnis dessen zu lüften, was in der gegenwärtigen Krise für den Umgang mit den großen Massen des Volkes erforderlich ist. Soweit ich sehen kann, sind sie bisher zu keinem anderen Schluss gekommen (ob nun eingestanden oder nicht), als dass alle bestehenden Vereinbarungen und Organisationen, einzeln und insgesamt, dieser Aufgabe nicht gewachsen sind. Die etablierte Kirche an sich ist schwach; die Nonkonformisten noch mehr. Wenn die beiden harmonisch zusammenarbeiten, könnten sie einige glückliche Ziele erreichen; Aber selbst unter der Annahme einer herzlichen Verbindung muss eine neue Maschinerie als Ergänzung zu allen unseren tatsächlichen Betriebssystemen entwickelt werden.

Es ist vergeblich, sich vorzustellen, dass Ziegel und Mörtel sowie die Vermehrung von Kirchen und Kapellen den Zweck erfüllen würden. Die plötzliche Ausstellung vieler Kultstätten würde die Menschen, die aufgrund unserer langen Vernachlässigung dieser Orte voller Vorurteile und Aberglauben über solche Dinge sind, eher abschrecken als anziehen. Das Geld, das für diese Gebäude ausgegeben wird, wäre besser für die Vermehrung und den Unterhalt von Lebewesen jeder Art und jeden Grades angelegt, so vielfältig, so vielfältig und so besonders wie die wunderbare Schar von Menschen, an die sich ihre Bemühungen richten würden.

Alle derzeit tätigen Agenturen haben ihre Vorzüge, und ihre Leiter können viele Beispiele für echten Erfolg nennen. Aber es gibt eine tiefere Tiefe, in die wir hinabsteigen müssen, und zwar nicht stoßweise, sondern regelmäßig und systematisch. Es ist die stetige Kontinuität der Anstrengung und nicht ihre gelegentliche Kraft , die den tiefen und bleibenden Eindruck hinterlassen wird. Und diese Kontinuität kann nicht allein durch die Gremien und

Vorstände aufrechterhalten werden. Sie muss die Hauptkraft ihres Lebens aus dem Eifer, der Inbrunst , dem herzlichen Gefühl und der Klassenerfahrung der Arbeiter selbst schöpfen. Sie müssen zahlreich und aktiv sein, und nicht wenige von ihnen müssen aus den Reihen stammen, für deren Angriff sie rekrutiert wurden. Die ersten Bewegungen müssen einzeln oder höchstens zu zweit und zu dritt ausgeführt werden. Jeder schmutzige Hof muss überfallen werden, die dunklen und schrecklichen Rückzugsorte müssen gestört und aufgeklärt werden. Solche Mühen mögen bedrückend und abstoßend sein – und werden es auch sein, aber Beharrlichkeit wird die Entmutigung vertreiben. Zweifellos ist es eine harte Prüfung, Tag für Tag und Stunde für Stunde den Bewohnern dieser pestilenzialen und düsteren Winkel von Angesicht zu Angesicht und Hand in Hand gegenüberzustehen; aber Geduld für eine Weile, und sie können vom privaten Gespräch zum Vortrag auf dem Land, vom Vortrag zum Missionsraum, vom Missionsraum zur Kirche oder Kapelle, vom uneingeschränkten Elend zu verhältnismäßiger Freude gebracht werden. Der Zustand ihrer Wohnungen ist ein schreckliches Hindernis; aber selbst dies kann in vielen Fällen teilweise überwunden werden. Die Ursache ist großartig; und der Segen Gottes ruht seit jeher auf den Gebeten und der Arbeit derer, die versucht haben, die leidendsten und erniedrigtesten Menschenkinder zu trösten und zu unterweisen.

Dass es solche Männer gibt und dass ihre Bemühungen nicht geringen Erfolg haben, beweisen die Erzählungen dieses Buches. Diese hervorragenden Männer haben das Prinzip aufgestellt und die Ergebnisse hervorgebracht. Es bleibt nur noch , dass viele aufstehen, um ihr gutes Beispiel nachzuahmen und die Wirkung dieser weisen und soliden Wohltätigkeit weit und breit auszudehnen. Und warum sollten sie nicht entstehen, und zwar in ausreichender Zahl?

Es ist eine bemerkenswerte Tatsache – aber Tatsache ist es –, dass durch die besondere Barmherzigkeit und Vorsehung Gottes immer ein angemessener Vorrat an Agenten gefunden werden kann, die für eine Karriere wie diese fähig und effektiv sind, von denen, die eifrig danach suchen. Männer und Frauen mit aufrichtigem Herzen, ernsthafter Frömmigkeit und ausreichender Macht entstammen in Hülle und Fülle den weniger wohlhabenden Klassen der Gesellschaft und werden für die höchsten und edelsten Ziele ausgebildet. Wie sonst könnten wir die Gruppe von etwa 450 Männern der London City Mission erklären, Männer mit besonderem Eifer und besonderer Eignung, unter die Massen zu gehen? Wie sonst für die friedliche Armee von Bibelfrauen und Bibelpflegern? Dass eine so große Zahl dem Ruf folgte und so wenige nach der Prüfung ihrer Berufung für unwürdig befunden wurden, ist ein positives Wunder und beweist, dass die langsame Verbreitung dessen, was gut und wiederherstellend ist, auf einen Mangel zurückzuführen ist von qualifizierten Agenten, sondern von der Sparsamkeit derer, denen Gott die Mittel gegeben hat, seine Gaben in Leben und Tat umzusetzen.

Es ist so – denn diese Menschen, die sich auf diese Weise der Sache unseres Herrn widmen, müssen wie der Rest der Menschheit ernährt und gekleidet werden. „Wer das Evangelium predigt, muss vom Evangelium leben." und den Reichen der Erde sollte gesagt werden, dass, wenn der erste und höchste Beweggrund in ihren Herzen fehlt, der zweite möglicherweise ihre ernsthafte Überlegung verdient. Diese Agenturen zielen auf die Beruhigung der Gesellschaft ab; und als beruhigender Einfluss dienen sie der Sicherheit des Eigentums. Schauen Sie sich die Ergebnisse der Bemühungen von Miss de Broen unter den Kommunisten von Belleville an, und Sie werden sehen, dass durch die Verbreitung des Evangeliums unter diesen schrecklichen Massen ein Anfang mit größerer Wahrscheinlichkeit gemacht wurde, eine glücklichere Ordnung der Dinge zu etablieren als die Unbestimmte Vermehrung von Soldaten und *Gendarmerie*.

Ich weiß nicht, inwieweit diese Vorschläge für das Urteil der breiten Öffentlichkeit geeignet sind. Ich biete sie einfach als Schlussfolgerungen langer Beobachtungen an, gestützt durch das Urteil vieler, die weitaus erfahrener sind als ich. Es lohnt sich zumindest, sich die Mühe zu machen und zu versuchen, inwieweit wir die schlummernden Eigenschaften der ärmsten Schichten der Gesellschaft wecken und nutzen können. Wir können bei diesen erniedrigten, aber unsterblichen Wesen oft ein zartes Gefühl, einen ehrlichen Charakter und eine kraftvolle Entschlossenheit erkennen. Mit vielen schrecklichen Ausnahmen ist ihre elterliche Zuneigung stark; und es ist rührend zu beobachten, wie selbst Armut, Müdigkeit und Krankheit in ihrem verzweifelten Kampf um den Unterhalt ihrer Kinder sozusagen vergessen werden. Unter diesen Gefühlen verbirgt sich ein mächtiger Motor, mit dem man mit der Arbeit beginnen kann.

Nun, hier sind sie! und hier werden sie bleiben! Wirst du sie in Ruhe lassen, damit sie eitern und sterben? Aber indem sie schwanken und sterben, werden sie eine moralische und eine politische, wenn nicht sogar eine physische Epidemie hervorrufen.

Wirst du ihnen in ihrem wimmelnden Rückzugsort voller Verschwendung und Pest einen Schritt voraus sein? Warum gibt es also eine hoffnungsvolle Verheißung, dass das Wort Gottes nicht leer zu Ihm zurückkehren wird? und wie der Hohepriester auf seinem Turban „Heiligkeit dem Herrn" trug, so mögen auch die Missionare – die Agenten, die Männer, die Frauen, alle, die zu diesem großen Unternehmen aufbrechen – auf ihrer Stirn das Motto „Nein" tragen minderwertige Macht, „*Christo in pauperibus*".

SHAFTESBURY.

PARIS , *12. Mai 1878* .

VORWORT.

DIESES Buch wurde in Einzelblättern für *„Evening Hours"* und andere Zeitschriften geschrieben, ohne die Absicht, es in Form eines Bandes erneut zu veröffentlichen. Dürftige Details und mangelnde Verbindung werden somit berücksichtigt. Die Erzählung erstreckt sich über einen Zeitraum von vielen Jahren und ist im Wesentlichen wahr, obwohl der Autor auf sein Gedächtnis und einige Notizen angewiesen war; eine verbale Genauigkeit kann daher nicht erwartet werden. Man spürte, wie schwierig es war, die Geschichten von Einzelpersonen und Familien in wenigen Absätzen ohne ihre Verbindungsglieder festzuhalten, und dies könnte einigen Vorfällen einen Hauch von Wunderbarem verliehen haben, den eine ausführlichere Darstellung hätte vermeiden können. Ziel des Werkes war es, auch in den Einzelblättern, die Art der missionarischen Besuche unter den sehr armen und verdorbenen Klassen zu veranschaulichen; und um ihnen die Kraft einfacher Lehren aus dem Wort Gottes zu zeigen.

Die Freundlichkeit von Lord Shaftesbury beim Schreiben der Einleitung und von Mrs. Mary Sewell bei der Ausschmückung jedes Kapitels mit Auszügen wird mit großer Dankbarkeit gewürdigt. Ihre Hilfe hat den Band bereichert, und der Autor hat den Eindruck, dass viele ihn als ein gleichgültiges, wunderschön gerahmtes Bild betrachten werden. Wie dem auch sei, er vertraut es der Nachsicht seiner Leser und dem Segen des *allmächtigen Gottes an* , durch dessen Wort allein das Gute, von dem er erzählt hat, vollbracht wurde.

St. John's Wood ,
Dezember 1871 .

VORWORT ZUR ZEHNTEN AUFLAGE.

Die diesem Buch entgegengebrachte Gunst hat den Autor überrascht, da die Ausgabe von neun Auflagen à tausend Exemplaren schnell aufeinander folgte. Die Wahrhaftigkeit und Einfachheit der Erzählung hat zweifellos zu diesem Ergebnis beigetragen, aber das Geheimnis seines Erfolgs liegt nicht im Buch selbst, sondern im tiefen Interesse, das Christen im Allgemeinen an der Bemühung haben, die Menschen in London zu evangelisieren.

Für viele schien die Schwierigkeit, Schüler verschiedener Namen in herzlicher Zusammenarbeit zu vereinen, unüberwindbar; und die Erlangung und Beeinflussung der „verfallenen Massen", der Gottlosen und Kriminellen, zu Religion und Tugend schien nahezu aussichtslos.

Diese einfache Aufzeichnung der Missionsarbeit hat dazu beigetragen, solche Schwierigkeiten aus den Köpfen vieler zu beseitigen und die Sympathie von Personen zu gewinnen, die zuvor nicht über eine christliche Union informiert waren, die für alle Kirchen hilfreich und hilfreich ist.

Zu der Zeit, als die Erzählung begann, waren in London nur einhundertzwölf Stadtmissionare beschäftigt; Aber dank des Segens des allmächtigen Gottes und des Vertrauens seines Volkes ist ihre Zahl stetig gewachsen und die Unterstützung immer großzügiger geworden. Das Missionspersonal besteht jetzt aus 448 effektiven Männern, davon 30 Veteranen aus der Pensionskasse; zusammen mit dem Komitee und seinen Beamten, Prüfern der Kandidaten und örtlichen Vorgesetzten sind es mehr als eintausend Männer, die sich gebeterfüllt und mit großer Aktivität um das geistige Wohl und den allgemeinen Aufstand der Armen der großen Metropole bemühen.

Es bleibt noch viel zu tun. In vielen Pfarreien, die sich bis in die entfernten Vororte erstrecken, gibt es zahlreiche arme Viertel, in denen Myriaden sterbender Seelen leben, von denen jeder mit der Ernennung eines „ MANNES MIT DEM BUCH " beauftragt ist, zu lesen und seine lebensspendende Kraft auf jeden anzuwenden Mann, Frau und Kind in seinem Einflussbereich wären in der Tat ein verliehener Segen.

ist mit der Aufgabe betraut, für viele dieser „verfallenen Orte" im Osten und Westen der Stadt zu sorgen und freut sich über die Freundschaft und Hilfe derer, die im Bewusstsein der Kostbarkeit der persönlichen Erlösung aus der Fülle des Herzens etwas erschaffen liberale Dinge.

Beim Komitee gibt es eine feste Überzeugung, und zwar diese, dass ihre Arbeit, die im Dunkeln und in der Schwachheit von drei Männern ohne Namen, Einfluss oder Geld begonnen wurde, die aber stark im Glauben, im Gebet und im heiligen Eifer waren – das Auch wenn die Anstrengung jetzt überaus groß ist, kann sie nur im gleichen Geist einfachen Vertrauens und Hingabe fortgesetzt und ausgeweitet werden, wobei „Herrlichkeit" in der Kirche durch Jesus Christus dem zuteil wird, der in der Lage ist, weitaus mehr zu tun als alles, was wir können Fragen oder denken Sie, je nach der Kraft, die in uns wirkt.

LONDON CITY MISSION HOUSE,
Bridewell, EC
Mai 1878 .

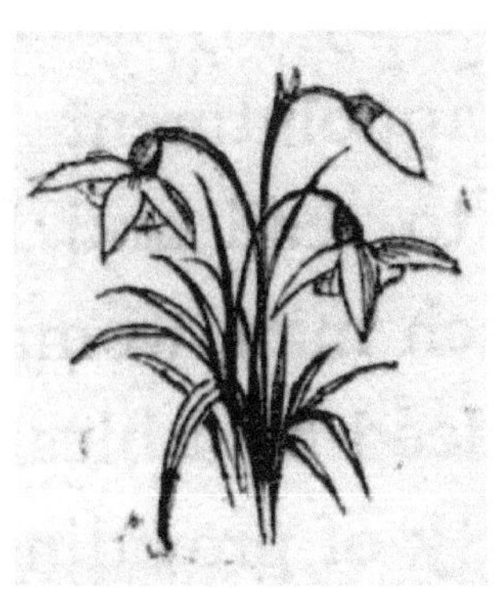

KAPITEL I.

BESCHREIBUNG – DER SELTSAME BESUCHER –
ÜBERSETZER – DER GESANGSPRECHER UND
DIE HUNDESCHWESTER – DIEBE – BETTLER –
PREISKÄMPFER – IN DER TAT EINE WITWE –
DIE MACHT DES GEBETS.

DAS BUCH VOR GERICHT :
SEINE EINFÜHRUNG.

„Wer mein Wort hat, der rede mein Wort treu.“
JER. xxiii. 28.

WARUM die Einwohner ihren Wohnort Paradise Court nannten, wurde nie klar geklärt. Die Pfarrbehörden ersetzten den Namen des Gartens von urzeitlicher Schönheit durch den einer schönen südlichen Grafschaft im alten England und nannten ihn in ihren offiziellen Papieren Devonshire Place. Viele würden die Angemessenheit des Gerichts bezweifeln, das einen der beiden Namen trägt, da es das Zentrum eines Labyrinths aus schmutzigen, überfüllten Straßen bildet. Es handelt sich nicht um eine Sackgasse, da sie bogenförmig ist und über zwei Eingänge verfügt, die die Straßen miteinander verbinden. Sie wird jedoch nur von Personen mit profunden Ortskenntnissen genutzt. Die Häuser sind so schlecht geformt und baufällig, dass sie das London der vergangenen Generation voreingenommen fühlen; während die trübe Atmosphäre – die Wolke aus zerlumpten gelblichen Kleidungsstücken, die an Stangen und Leinen an den oberen Fenstern hängen – die Enge des Durchgangs, die die dichte Dunkelheit der Nacht noch verstärkt – und der ständige Lärm der Betrunkenen und Streitsüchtigen es zu einem … machen Ein Ort, den die Anständigen, wie arm sie auch sein mögen, meiden sollten.

Zu Beginn unserer Erzählung gab es jedoch angesehene Besucher im Gericht, und unter ihnen war vor allem der wertvolle Beamte, der Hilfsoffizier, zu nennen, der sich mit der Gemeinde vertraut machte. Sein Vorgehen war auf mysteriöse Weise sofort bekannt und hatte wunderbare Wirkungen; widerspenstige Geräusche wurden zum Schweigen gebracht, eine ganze Reihe armer Geschöpfe wurden plötzlich krank und es entstand ein äußerst entsetzlicher Zustand der Armut. Seltsamerweise war sein Abgang jedoch von einem belebenden Einfluss geprägt – leises Gemurmel ging gelegentlich in Schimpftiraden über, aber erst, als er um die Ecke gebogen war; Wir können daher annehmen, dass er sich der starken Gefühle, die gegen ihn existierten, glücklicherweise nicht bewusst war.

Der diensthabende Polizist hielt aus professionellem Instinkt inne, wenn er an jedem engen Eingang vorbeikam, und es war bekannt, dass er nachts plötzlich sein Visier auf Personen richtete, die sich dem Gerichtsgebäude näherten oder es verließen. Gelegentlich stattete die gefürchtete Person, der Inspektor, einen Besuch ab; ein Ereignis, das immer unerwartet kam. Intelligente Mitglieder der Truppe nahmen zu einem bestimmten Zeitpunkt ihre Position an beiden Enden ein, während der Inspektor mit mehreren Beamten zu einem bestimmten Haus marschierte und dann mit jemandem, den er wollte, davonmarschierte. Am nächsten Morgen erwiderte eine Schar der Einwohner das Kompliment, indem sie in Scharen zum Polizeigericht gingen, und noch Tage danach war das Gesprächsthema im Gericht: „Wie der Spector an die erste Information kam, die er erhalten hatte. " ."

Gelegentlich betrat der Postbote den Ort, und wenn er dies tat, hielt er seine Briefe fest in der Hand – während er, um eine ordnungsgemäße Zustellung zu bewirken, seltsame Hieroglyphen entzifferte. Natürlich waren die wahren Freunde der Armen, die Pfarr- und Krankenärzte, häufig vor Ort zu sehen. Sie wussten, dass es sich um einen Pestort handelte, und während sie das Leid linderten, stellten sie viele Urkunden für die Bestattung der Toten aus. Über die Lebenden gab es nur spärliche Aufzeichnungen: Der Name des Ortes wurde selten oder nie in das Sakristeiregister eingetragen. Ein paar aus dem Schwarm der schmutzigen, schuhlosen, zerschlissenen kleinen Heiden (Heiden im Sinne von Ungetauften und Unbelehrten in der christlichen Religion) wurden gelegentlich von ihrem warmherzigen Freund, dem Lehrer der Ragged School, gejagt, der ihre Namen eingetragen hatte in seinem Klassenbuch. Mit zwei Ausnahmen waren dies die einzigen respektablen Besucher von Paradise Court; und die Ausnahmen gab es nur am Black-Monday-Morgen. Einer war der strenge Makler, der den Vermieter der Hälfte der Häuser vertrat und dessen schreckliche Äußerung: „Zahlen Sie die Miete, oder ich werde Ihre Stöcke ins Gericht werfen" eine geldbringende Wirkung hatte. Die andere Montagsbesucherin war eine Dame von eigenartigem Stil, die genau um neun Uhr von ihrem Vorstadthaus aus den Ort betrat. Obwohl sie schäbig gekleidet war, glaubten ihre vierunddreißig elenden Mieter, dass sie zu Hause eine echte Dame sei. Sie sprach fließend und nannte viele Gründe, warum es falsch von ihr wäre, die Miete weiterlaufen zu lassen. Es war noch nie bekannt, dass sie eine Ausrede verstand; und es war eine erwiesene Tatsache, dass zwischen ihr und diesem schrecklichen Makler eine Geschäftsfreundschaft bestand.

Zu dieser Reihe offizieller und anderer Besucher sollte ein weiterer hinzugefügt werden. Die Paradiesbewohner wussten es nicht; und wenn sie es getan hätten, wäre er nicht mit Freudenbekundungen empfangen worden; Tatsächlich fühlten sich die wenigen Personen, die eines Märzmorgens zwei Männer im Gespräch am schmalen Eingang des Gerichts bemerkten, unwohl, da sie nicht verstehen konnten, was gemeint war. „Ich frage mich, ob sie hierher kommen", bemerkte eine Frau zur anderen. „Das sind sie nicht „ Lügen ", antwortete sie und beeilte sich, ihren Mitmietern mitzuteilen, „dass etwas nicht stimmte, als zwei Männer, einer von ihnen ein alter Mann mit braunem Mantel und der andere ein junger Mann, fast ganz schwarz, sich unterhielten." und blickte nach unten." Sie stürmten zu den Türen und Fenstern, aber sie sahen nur, wie sich die beiden Männer trennten. Der Älteste ging weg und der andere betrat die offene Tür des ersten Hauses.

Um jedes Geheimnis zu beseitigen: Der alte Herr war der Ausbildungsleiter der Londoner Stadtmission und sein Begleiter ein junger Missionar, den er im Bezirk stationierte. Sie waren gemeinsam darum herumgegangen, und als der Superintendent beim Gericht anhielt, sagte er zu seinem jungen Freund: „Sie werden feststellen, dass dies der schwierigste Teil des Bezirks ist, da die Menschen in einem schlechten Zustand sind und noch nie besucht wurden." . Betreten Sie das erste Haus, begeben Sie sich in das oberste Hinterzimmer – besuchen Sie es, wenn Sie herunterkommen, und bahnen Sie sich auf diese Weise einen Weg durch den Ort. Denken Sie daran, dass es Ihre Pflicht ist, jeden Mann, jede Frau und jedes Kind kennenzulernen Zweck, sie zur Erkenntnis der Erlösung durch unseren Herrn Jesus Christus zu führen und ihnen mit allen Mitteln, die dir zur Verfügung stehen, Gutes zu tun: Geh, und möge der Herr es dir gelingen.

Ein Dichter hätte das als einen erhabenen Moment für den jungen Missionar bezeichnet: Er war im Besitz dessen, was ihm drei Jahre lang am Herzen gelegen hatte: das Amt eines akkreditierten Armenbesuchers. Dafür hatte er gebetet, studiert und die erforderliche Prüfung bestanden; und mit dankbarem Herzen und elastischem Schritt stieg er die wackelige Treppe hinauf und näherte sich dem Zimmer, dessen Bewohner er als erster seine Botschaft überbrachte. Ein Geräusch – das Klopfen von Leder auf Schoßsteine – erforderte, dass ein zweites und stärkeres Klopfen an der Tür ausgesprochen wurde. Plötzlich wurde die Tür von einem Mann mittleren Alters geöffnet, der rüpelhaft aussah und einen langen schwarzen Bart trug. In seiner Hand hielt er einen großen flachen Hammer und in seinem Mund eine kurze schwarze Pfeife. Mit einem scharfen Blick auf den Fremden fragte er: „Willst du mich, Meister?" „Ich bin Missionar", war die Antwort, „und bin gekommen, um Sie kennenzulernen. Werden Sie eines dieser Traktate annehmen?" Der Mann öffnete die Tür und sagte zu seinen Gefährten: „Das ist ein religiöser Kerl und möchte mich kennenlernen." Der Besucher trat ein und warf einen neugierigen Blick in den Raum. Es handelte sich um einen etwa zehn Quadratmeter großen Dachboden mit niedrigem Dach. In der Mitte befand sich ein Haufen alter Stiefel und Schuhe, Müll von der Art, wie er von Staubhaufen gesammelt wurde; um sie herum standen sechs Männer unterschiedlichen Alters und auffallend schmutzig; daneben befanden sich mehrere Reihen restaurierter Gegenstände. Es war offensichtlich, dass es sich bei den Männern um „Übersetzer" handelte – Schuster, die durch wunderbares Geschick in ihrer Kunst zerstörte Schuhe in gebrauchsfähige Gegenstände verwandelten. „Wenn er religiös ist", rief ein Mann von kleiner Statur, „bin ich der Kunde für ihn." Er wandte sich dem Besucher zu und fragte: „Glauben Sie an ein übernatürliches Wesen? Denn", fuhr er fort, „wenn Sie das tun, dann tue ich es nicht. Er ist ein Narr, der in seinem Herzen sagt, dass es keinen Gott gibt, und er ist ein Narr." Wer sagt, dass es einen gibt, denn es gibt keinen Beweis? „Natur und Bibel" – antwortete der Missionar ; aber er kam nicht weiter, da bei der Erwähnung des Buches Zweifel und Beschimpfungen laut wurden. Er versuchte weiterzumachen, wurde aber niedergeschrien. Als er sich abwandte, sagte der Mann, der die Tür öffnete, mit wütenden Blicken: „Jetzt denken Sie daran, Guv'nor , ich bin hier der Herr, und ich wohne im Nebenzimmer, und meine Kinder wissen nichts von Aberglauben, und wenn Sie Komm her mit deinem Geschwätz, ich werde dich niederwerfen. Es entstand eine kurze Pause, die es dem Besucher ermöglichte, mit klarer, klingender Stimme auszurufen: „Heute ist diesem Haus Erlösung widerfahren", und dann stieg er zum nächsten Treppenabsatz hinab.

An der Hinterzimmertür hing ein rostiges altes Vorhängeschloss, das anzeigte, dass die Untermieter – Kundenhändler – draußen waren; aber die Tür zum Vorderzimmer stand teilweise offen. „Kommen Sie herein", sagte eine schwache Stimme; Und obwohl der Besucher von der Anstößigkeit des Raumes fast zurückgehalten wurde, trat er ein und stellte fest, dass es sich um eine Todeskammer handelte. Eine Frau und ein Kind lagen in hohem Fieber auf dem Bett; und nackt auf dem Boden, mit unbedecktem Gesicht, lag der Körper eines sechsjährigen Jungen. Die Szene erschütterte den unerfahrenen Besucher so sehr, dass er mit Bedauern sein Bedauern darüber ausdrückte, sie in einer solchen Lage vorzufinden, und sich nach dem Ehemann erkundigte. „Er ist ein Sänger, Sir", antwortete sie, „und singt auf der Straße über den Mann, der am Montagmorgen gehängt wurde. Er wurde zerschnitten, als Bobby in der Nacht starb, und sagte, dass er mit dem Singen aufhören würde, wenn." er hatte eine halbe Krone bekommen und war nach Hause gekommen. Während die tröstenden Worte vorgelesen wurden, betrat der „Chanter" den Raum: Seine Kleidung war abgenutzt, sein Gesicht blass und seine Stimme heiser. Der Fremde legte freundlich seine Hand auf den Arm des armen Mannes, drückte sein Mitgefühl für den erlittenen Verlust aus und fügte hinzu: „Ich habe Ihrer Frau aus der Bibel vorgelesen und bin dabei zu beten: Lasst uns niederknien." " Bei der Erwähnung des Gebets huschte ein Ausdruck der Verachtung über das Gesicht des Mannes, und er verließ eilig den Raum. Es wurde jedoch gebetet und der Besucher stieg in die Salons hinab : Oh, was für Salons !

Hinten saß eine alte Frau, die zweifellos Knochen und Lumpen von der Straße sammelte, da der Boden fast damit bedeckt war. Sie briet Fisch, der teilweise verfault war, und erklärte ihre Armut so ernsthaft (zweifellos wahrheitsgetreu), dass der Besucher ihr versichern musste, dass er keine zeitliche Erleichterung zu gewähren hatte. Drei betrunken aussehende Frauen, die an der nächsten Tür standen, brachten die gleiche Armutsbehauptung vor; Als er ihnen sagte, dass er kein Geld hätte, das er geben könnte, sondern dass er hoffte, sie mit den wahren Reichtümern glücklich zu machen, schlugen sie ihm die Tür vor der Nase zu. und als er hinaustrat, atmete er die erfrischende Luft des Hofes ein.

Zwei weitere Häuser wurden mit wechselndem Erfolg durchquert, und der Besucher machte sich auf den Weg, um sich auszuruhen und zu erfrischen. Bei seiner Rückkehr war es offensichtlich, dass sich sein Ruhm verbreitet hatte, denn es gab Gruppen von Menschen, die bereit waren, ihn anzusehen, und in diesem Blick lag ein feindseliger Ausdruck. Getreu seinen Anweisungen gab er lediglich mehreren Frauen, die darum baten, Traktate und machte sich dann auf den Weg zum vierten Haus. Obwohl alle Vordertüren offen standen und den Anschein machten, als seien sie weder Tag noch Nacht geschlossen, war diese Tür geschlossen und verschlossen, und drinnen war Gelächter zu hören, während der Missionar vergeblich anklopfte, um Einlass zu erhalten. Er ging zum nächsten Haus, wurde aber beim Aufstieg auf die obere Treppe durch das Bellen von Hunden innegehalten. Die Tür zum vorderen Dachboden wurde von einer Frau geöffnet: Beim Anblick des Fremden schrie sie ihr Kommando zum Schweigen, und die Bestien verstummten. Als sie die Tür halb öffnete, bot sich ein seltsamer Anblick: Auf dem Bett lagen fünf oder sechs Welpen verschiedener Rassen, und am Boden war ein weißer Bullterrier mit wilder Miene angekettet, während ein hässlicher Hund seine Nase an den Rand hob den Korb, in dem er ruhte, und ließ ein leises Knurren hören. Sie machte einen Knicks und sagte in klagendem Tonfall: „Ich kann Sie nicht hereinbitten, Sir, da die Hunde sehr wild sind; aber obwohl ich versuche, meinen Lebensunterhalt ehrlich zu verdienen, ist ein Strafzettel für mich genauso akzeptabel wie für sie." Unglücklicherweise, was in den ersten Stock gelangt ist. Als Antwort auf die Frage: „Wie leben Sie?" Sie antwortete: „Ich ziehe kleine Hunde für schicke Männer auf und nehme kranke Menschen auf, um sie zu pflegen, und ich verdiene mein Geld. Ich kann Ihnen sagen: Warum hat dieser Bulldogge die Räude, und ich muss ihn mit dem Arzt einreiben?" Zeug, und wenn ich ihm nicht einen Maulkorb anlegte und seine Kette fest am Boden festzog, würde er mich in Stücke reißen; und dann müsste ich nachts aufstehen, um die Welpen mit Milch zu füttern. Als die Frage der Religion angesprochen wurde, sagte sie in einem wütenden Ton, dass sie „ wisse , was richtig sei, und dass sie nicht gepredigt werden wolle". Die klugen Freunde des Menschen verstanden diesen veränderten Tonfall und begannen erneut zu knurren und zu bellen. Da es aussichtslos war, sich im Nebenzimmer Gehör zu verschaffen, stieg der Besucher hinab, um im ersten Stock Bekanntschaft mit den Misshandelten zu machen.

„Ich ziehe kleine Hunde für schicke Männer auf und nehme kranke Menschen auf, um sie zu pflegen."

Beide Türen standen offen und die Mieter erwarteten offensichtlich einen Besuch. Im Vorderzimmer befanden sich drei Männer und vier Frauen: Die Männer trugen Baumwolltaschentücher von rötlicher Farbe um den Hals, und ihr Haar war in einer eigentümlichen Locke um das Ohr gelegt, die in ihrem Kreis als Newgate- Schnitt bekannt war. Einer von ihnen bot dem

Besucher mit einer milden Miene einen Stuhl an und sagte: „Ich freue mich immer, einen Missionarsherrn zu sehen. Wo ich herkomme, in der Nähe der Petticoat Lane, ist einer von ihnen, vielleicht kennen Sie ihn: Er ist." Wäre sehr gut für Leute, die in Schwierigkeiten geraten. Jetzt hat diese Frau einen Jungen bekommen, wie es immer Pech hat: Er ging zum Heben und wurde beim ersten Mal geschnappt und bekam eine Woche, da er nicht bekannt war; danach ist er über eine Mauer gesprungen für etwas, und ein Bobby war auf ihn los, und dafür bekam er einen Monat; und dann entließ er einen Herrn von seinem Ticker, und dafür zahlt er vier Monate auf die Mühle, und ich denke, dass er reformiert werden sollte. Er wird am Montag draußen sein, und wenn du mir sagst, wo du wohnst, bringe ich ihn zu dir, und du kannst ihn irgendwo unterbringen. Wenn du es nicht tust, wird er wieder in Schwierigkeiten geraten, denn, wie ich schon sagte, er hat Pech. Die genannten Gründe dürften den Eifer nicht anregen, aber der Missionar arrangierte, dass er den jungen Dieb unmittelbar nach seiner Entlassung aus dem Gefängnis sehen sollte. Es folgte ein freundliches Gespräch, und mehrere junge Mädchen und jugendliche Diebe, die aus dem Nebenzimmer hereinkamen, blieben zurück, um der Bibellesung zuzuhören. Ihnen wurden die bösen Folgen der Sünde aufgezeigt und der Weg zur Erlösung erklärt. Mehrere dieser verdorbenen Personen brachten ihre tiefe Rührung zum Ausdruck und es kam zu einem freundschaftlichen Abschied.

Im Erdgeschoss erfüllte ein Duft, der an Algen erinnerte, die Luft und war eine angenehme Abwechslung zum Zustand der Atmosphäre im Obergeschoss. Die Ursache dieses seltsamen Parfüms wurde deutlich, als die Tür des Hinterzimmers von einem alten Mann geöffnet wurde, der aussah, als ob er einen Speichelfluss durchmachte. Der Boden war mit Körben und Tabletts bedeckt, auf denen sich Stapel von Wellhornschnecken befanden, von denen einige gekocht waren, andere nicht. Da der Mann ziemlich taub war, war es schwierig, ihm den Zweck des Besuchs verständlich zu machen; Aber als er das tat, bat er den Fremden herein. Er lehnte ein angebotenes Traktat mit der Bemerkung ab: „Ich habe keine Ausbildung, Herr, und ich verbrenne jedes Stück Papier, das ich habe, also könnte es Rauch sein, wenn." Du bist deswegen gekommen. Ich koche diese Wellhornschnecken für Jungs und Frauen als Stände mit Ständen und bekomme einen Penny pro Kessel voll." Als ihm gesagt wurde, „dass in seinem Alter die große Sache nicht seine Angelegenheit war, sondern seine Fitness für eine bessere Welt", lachte er und sagte: „Alles, was ich will, ist, leicht zu sterben, also bewege ich die Dinge und stelle meine Matratze richtig." Wir wissen nie, was sein wird, und sie sagen, es sei schwer, auf der anderen Seite der Bretter zu sterben. Ihm wurde gesagt, dass „das Beten zum großen Gott im Namen Jesu um Vergebung und seinen Heiligen Geist für alte Menschen der Weg sei, glücklich zu werden und leicht zu sterben." Aber er wirkte leer, als wären ihm die Themen Vergebung und Unsterblichkeit fremd. Als er sagte, dass das Kochen am frühen Abend beendet sei, zeigte ihm der Besucher die Bibel und sagte: „Das hat der gute Vater im Himmel geschrieben, und ich werde eines Abends kommen und daraus vorlesen." Er sah erfreut aus, als er sich seinem Fischkessel näherte, und der Besucher war dann froh, einer Art warmem Meeresnebel entkommen zu können.

Das nächste Haus war voller Bettler. Die Zimmer waren dreckig; und als sie nacheinander eintraten, begannen die Frauen und Kinder unter dem Gejammer der Kerle zu betteln. „Warum wäscht du deine Kinder nicht?" wurde nach einer Mutter gefragt, deren vier kleine Kinder so schwarz wie Feigen waren. „Wir haben keinen Pfennig", war die Antwort, „um Seife zu kaufen, und die Kleinen fühlen sich so unwohl wie beim Aufwachen , bis sie sich das Gesicht gründlich mit den Händen reiben, was sie erfrischt." Ihr hartes Betteln verhinderte religiöse Gespräche. Im vorderen Salon rauchte ein Mann in schmutziger Kleidung seine Pfeife, während die Frau mit einem fast haarlosen Besen fegte. Ein Versuch, zu ihnen über die Botschaft des Evangeliums zu sprechen, provozierte ein Ausbruch leiser Beschimpfungen von beiden Seiten: Die Frau, die offensichtlich von der Grünen Insel stammte, folgte dem Besucher zur Tür und fegte lange mit ihrem Besen; und als er dann den Hof betrat, schwenkte er es über seinem Kopf und rief: „ Och , und klar, und so fege ich den Müll weg!" Nachdem es dem jungen Missionar nicht gelungen war, den Leuten im nächsten Haus Religionsunterricht zu erteilen, wo die Frau und der Jugendliche misshandelt wurden und die Kinder brüllten, als er ohnmächtig wurde, verließ der junge Missionar den Ort in einem Geisteszustand, der genau dem entgegengesetzt war, in dem er ihn betreten hatte es am Morgen. Ein Gefühl der Ineffizienz, der völligen Unfähigkeit für die Arbeit hatte seinen Geist befallen und seinen Eifer gedämpft. Es wäre ein Vergnügen gewesen, die respektablen Armen zu belehren – die Schwierigkeiten der Menschen im Irrtum zu beseitigen; aber ein solches Volk wie die Bewohner von Paradise Court und seiner Umgebung zu evangelisieren, schien aussichtslos. Abgesehen von der Anstößigkeit der Arbeit löste der Gedanke, täglich sechs oder mehr Stunden in diesen elenden Behausungen zu verbringen, der Gefahr von Ansteckung, Beleidigung und persönlicher Gewalt ausgesetzt, und dies mit einer so schwachen Hoffnung, den Menschen zu nützen, ein Gefühl des Bedauerns aus die Mühe war gemacht worden. Diese Gründe wirkten so mächtig, dass der Missionar sich die Überlegung zunutze machte, dass der Samstag ein ungünstiger Tag für die Menschen sein würde, und fernblieb; aber am Sonntagnachmittag, gegen drei Uhr, näherte er sich dem Gericht mit schwachem Herzen und einem Bündel Traktate in der Hand.

**„Wo die Frau und der Jugendliche misshandelt wurden und die
Kinder schrien, als er ohnmächtig wurde.“**

Am Eingang unterhielt sich eine Gruppe von etwa fünfzehn Raufbolden.
Jedem wurden Traktate angeboten. Einer von ihnen, ein Mann von kräftiger
Statur und unscheinbarem Gesichtsausdruck, der aus der Tatsache
resultierte, dass er tiefe Narben und einen gebrochenen Nasenrücken hatte,
näherte sich dem Missionar . Mit einem Lächeln, das mehr Ehrfurcht einflößt
als gewöhnliches Stirnrunzeln, fragte er: „Sind Sie der Kerl, der in alle unsere
Räume kommt, um uns religiös zu machen?“ Auf eine so direkte Frage
konnte nur eine Antwort gegeben werden, die hoffentlich bejahend ausfiel.
„Dann“, fuhr er fort, sein schreckliches Lächeln vertiefte sich in einen
Ausdruck von Bosheit, als er seine riesige Faust hob, „dann komm nicht in

mein Zimmer; das ist ein guter Rat, denn ich mache drei Dinge gleichzeitig, wenn ich es bin. " Ich bin im Ring als harter Schlagmann bekannt, und ich habe die Ringeinsätze für viele Schlachten festgelegt – und das ist es, was ich tue: Ich lege meine Faust auf die Spitze der Nase, was einen Abdruck hinterlässt , und bringt beide Spanner für ein oder zwei Wochen zum Schweigen. „Na ja, aber die Mitglieder des Preisrings sind in dieser Hinsicht ehrenhaft ", lautete die prompte Antwort: „Sie schlagen niemals Männer, die nicht boxen können." Der Mann schien sich über das Kompliment zu freuen, aber seine Begleiter blickten ihn ungläubig an, als wollten sie sagen: „Wir wissen es leider besser!"

Es wurden freundliche Worte gesprochen und den Personen, die vor ihren Türen standen, Traktate ausgehändigt. Während er damit beschäftigt war, wurde der Missionar durch ein Geräusch, das aus einem oberen Raum kam, aufgehalten. Es traf das Ohr so seltsam, dass er still stand und zu den Fenstern blickte, mit dem Ausruf auf seinen Lippen: „Wahrlich, der Herr hat seine Verborgenen an diesem Ort." In einem der Räume wurde offenbar versucht, ein Loblied zu singen. Eine gebrochene Frauenstimme versuchte, andere Stimmen, von denen keine einzige auf die Melodie eingestimmt war, beim Singen der Hymne anzuleiten …

„Kommt, ihr Liebenden des Herrn, und lasst eure Freuden bekannt werden."

Eine Frau an einem der Fenster, die das Erstaunen des Besuchers sah, sagte: „Es ist Witwe Peters, Meister, der eine Besprechung hat: Sie wohnt hier im ersten Hinterzimmer. Sie ist eine gute Frau: Die liebe alte Seele ist für uns wie eine Mutter." ." Der Besucher näherte sich dem Raum und öffnete die Tür, als der Gesang verstummte. Er sah auf den ersten Blick, dass die Firma aus fünf sehr armen Frauen bestand. Vier saßen auf dem Rahmen des Bettgestells und einer am Tisch, auf dem eine aufgeschlagene Bibel und ein Gesangbuch lagen. „Das ist er", rief eine der Frauen. „Das ist der Traktatmann, der kommt, um uns aus dem gesegneten Buch vorzulesen." Daraufhin erhob sich die Witwe, ihr Gesicht strahlte vor heiliger Freude und mit der anmutigen Würde, die das Ordensleben den Armen oft verleiht, und reichte dem Missionar ihre Hand mit dem Ausruf : „Kommen Sie herein, Herr, kommen Sie herein und lassen Sie uns die loben." Herr zusammen. Ich habe Ihn für die armen Seelen an diesem Ort gebeten, und jetzt hat Er Seinen Boten mit froher Botschaft gesandt. Möge der Herr euch für viele segnen." Dieser Empfang erfolgte mit einem so aufrichtigen Gefühl, dass der „Bote" überwältigt war. Der Sprecher war gealtert; Ganze siebzig Jahre hatten ihre wenigen verbliebenen Haare weiß gemacht und ihrem schlanken Körper ein heruntergekommenes Aussehen verliehen; aber unter dem Einfluss starker religiöser Gefühle stand sie aufrecht, und die schwache Stimme ihrer Stimme verlieh den Worten eine besondere Kraft, die in die Seele eindrang. Die armen Frauen spürten es, als sie mit tränenreichen Augen dastanden; und der junge Missionar spürte es, denn seine einzige Antwort war ein liebevolles Halten dieser verdorrten Hand in seiner und ein ehrfürchtiger Blick in das Gesicht des alten Schülers.

Das Treffen ging bald zu Ende, aber die alte Frau und der junge Mann unterhielten sich weiterhin ernsthaft, als hätten sie jahrelange Freundschaft genossen. Wie stark ist das Band der Liebe im Geiste, das die Gläubigen durch die Vereinigung mit dem lebendigen Jesus zusammenhält! „Die armen Geschöpfe hier unten leben in schrecklicher Dunkelheit, und viele sind furchtbar böse", bemerkte die Witwe; „Und mein Herz hüpfte vor Freude, als mir erzählt wurde, dass ein Traktat-Mann versuchte, mit den Menschen in ihren Zimmern zu sprechen: Es war eine so treue Gebetserhörung." „Und wer hat für mein Kommen gebetet?" wurde nachgefragt. „Ich hatte von missionarischen Herren gehört, die andere Orte besuchten", antwortete sie, „und vor etwa zwei Monaten wurde es mir ins Herz gelegt, für meine umgekommenen Nachbarn zu beten , und ich weinte Tag und Nacht zum Herrn."

„Ungefähr zu dieser Zeit", bemerkte der Besucher, „trafen sich einige Gläubige im Haus eines Kaufmanns aus Tunbridge Wells, um um einen Segen für die Armen Londons zu beten. Sie einigten sich dann darauf, die Unterstützung für einen Missionar für einen der Bedürftigsten zu sammeln." Bezirke und schrieb einen entsprechenden Brief an das Komitee der London City Mission. Während die Herren über die Angelegenheit nachdachten, wurde ihre Aufmerksamkeit auf dieses Viertel gelenkt , indem gleich daneben eine Infidel Hall eröffnet wurde. Damals nach langem Gebet Ich beantragte die Aufnahme als einer ihrer Vertreter. Sie gefielen mir und schickten mich hierher. Aber wie seltsam war es, dass an diesem Ort zu dieser Zeit für denselben Zweck gebetet worden sein sollte." „Oh nein! Das war nicht seltsam", antwortete sie; „denn derselbe Geist wohnt in allen Jüngern und lehrt sie gemäß dem göttlichen Geist und Willen, wofür sie beten sollen, und jetzt müssen wir für Seelen flehen, und diese trockenen Knochen werden leben." „Nachdem ich den Freitag am anderen Ende des Ortes verbracht hatte", bemerkte der Missionar , „wurde ich zur Verzweiflung gebracht, hier etwas Gutes zu tun, da die Leute so unwissend, verhärtet und beleidigend sind. Ich dachte, dass ein erfahrener Besucher das tun sollte." Komm an meiner Stelle hierher. Mit einem traurigen und vorwurfsvollen Blick rief der alte Christ aus: „Der Herr hat dich mit dem Pflug des Evangeliums hierher geschickt, und schau nicht zurück. Geh weiter, lieber Freund, und er wird seinen treuen Diener segnen." Als Antwort auf die Frage: „Wie lange kannte sie den Herrn und warum lebte sie an diesem Ort?" Sie antwortete: „Ich bin die Witwe eines Soldaten: Vor sechsunddreißig Jahren war ich mit dem Regiment im Ausland und wurde bei einem Gebetstreffen der Soldaten bekehrt. Dann schloss ich mich den Wesleyanern an und habe mich seitdem im Unterricht kennengelernt. I Ich hatte eine Tochter, die mit einem Maurer verheiratet war, der trank und sie schlecht behandelte. Er brachte sie hierher, und dann nahm ich im selben Haus ein Zimmer, um mich um sie zu kümmern. Sie starb vor zwei Jahren. Ich habe drei Schilling Wöchentlich komme ich aus der Pfarrei, und als Ersatz mache ich eine kleine Wäsche für junge Leute bei einem Tuchmacher . Ich höre jetzt hier auf, denn niemand würde mich berauben oder verletzen; und so manches arme Geschöpf lässt sich von mir ein wenig pflegen, wenn es soweit ist krank, und dann spreche ich zu ihnen von Jesus und bete für ihre armen Seelen. Jetzt, da Sie gekommen sind, müssen sie alle die Wahrheit hören. Lassen Sie die armen Seelen nicht, Herr, sterben." Beim Abschied sprach jeder ein Gebet. Die alte Witwe flehte mit zitternder Stimme und heiligem Ernst zu Gott für den jungen Boten und für die Sünder um sie herum und nannte mehrere namentlich. Ihre Sprache war die einer Person, die seit Jahren freien Zugang zum Heiligen Ort hatte und der die Macht gegeben worden war, mit Gott zu ringen und die Oberhand zu gewinnen.

Dieses Gebet wurde dem jungen Missionar gesegnet. Als er den Hof betrat, hatte er das Gefühl, dass der feige Geist ihn verlassen hatte und dass er die Macht erhalten hatte, beim Allmächtigen für sterbende Seelen einzutreten. Sein Herz war zu voll, um zu den Menschen zu sprechen; Doch als er an ihren Türen vorbeikam, erhob sich ein Schrei des heiligen Wunsches nach ihrer Erlösung (der besten Vorbereitung für die Arbeit eines Evangelisten) zu der Stelle, an der Jesus, der Mittler, zur Rechten Gottes sitzt.

Das Buch im Gericht:

SEIN EINFLUSS.

„Ihr werdet gebraucht, tapfere Herzen, die sich der Mühe stellen
und unbemerkt die ermüdende Mühsal ertragen, die jeden Tag auf ihr lastet.
Wir wollen die großen Seelen, die leiden und es wagen, und all das
unrühmliche Märtyrertum, das den trostlosen Verfall der Armut erträgt."

Frau Sewell.

KAPITEL II.

EIN KAMPF ZWISCHEN FRAUEN – DAS FIEBER AUSWÄHLEN – REDE AUS EINEM BARROW – BETRUNKENER SAMMY – EINE WUNDERBARE TEEKANNE – MÜLLMANN UND Aasfresser – LADY-POWER.

DAS BUCH VOR GERICHT : SEIN EINFLUSS.

„Der Eingang deines Wortes gibt Licht." Ps. cxix. 130.

Der Montagmorgen verbreitete in den Gestalten der Mieteinnehmer seine übliche Düsternis über Paradise Court. Viele der Männer und Frauen waren aus verschiedenen Gründen ausgegangen, und andere, deren Bargeldvorrat nicht ausreichte, gingen weg und hinterließen Nachrichten bei den Kindern, in einigen Fällen mit, in anderen ohne Teilzahlung. Das Gericht hatte daher den Anschein von Ruhe und moralischer Seriosität, als der Missionar überliefert war. Sein Schritt war fest und sein Gesicht zeigte einen Ausdruck der Entschlossenheit. Er hatte die Schwierigkeiten dieser Position erkannt; und im ruhigen Vertrauen auf die Hilfe des allmächtigen Gottes war er zu dem betenden Entschluss gekommen, die Pflichten seines Amtes treu zu erfüllen. Dieser Tag und viele weitere mühsame Tage vergingen, bevor jedes Zimmer besichtigt werden konnte. Als die Menschen mit ihrem neuen Freund vertraut wurden, wich der Geist der Opposition bis auf wenige Ausnahmen einer völligen Gleichgültigkeit. Drei Monate vergingen, bis die Statistiken des Ortes erstellt wurden, und dann wurde die überraschende Entdeckung gemacht, dass es in diesem Gebäudeblock einhundertvierundneunzig Zimmer gab, die von zweihundertsechzehn Familien bewohnt wurden, da mehrere Ecken ihrer Zimmer vermietet hatten an Untermieter. Die Bevölkerung bestand aus dreihundertsechsundachtzig Erwachsenen und mehr als der doppelten Anzahl Kinder. An diesem Ort konnten nur neun Bibeln gefunden werden, und am Morgen des Tages des Herrn verließen nur zwei Personen das Gelände, um Gott in seinem Tempel anzubeten. Als Monat für Monat des Treppensteigens und der Bemühungen, Aufmerksamkeit zu erregen, vergingen, wurde der Missionar entmutigt, weil er scheinbar unmöglich war, in diesem Tal des geistlichen Todes irgendetwas Gutes zu bewirken. Die Kinder waren freilich durch freundliche Blicke und freundliche Worte überzeugt worden. Sie versammelten sich draußen um ihn und warteten auf sein Lächeln, als er sich den Räumen näherte. Und dann waren die Leute mit der Taschenbibel vertraut geworden und warfen Blicke darauf, während der Leser sie in der Hand hielt, als ob sie ein geheimnisvolles Interesse an ihrem Inhalt hätten. Aber das war alles. Es hatte keine Reformation stattgefunden, es war keine Erlösungsfrage gestellt worden; und die Verzweiflung über den Segen verdunkelte die Seele des Missionars , als sich ein Umstand ereignete, der wie ein Tagesstern Hoffnung hervorrief, um die Dunkelheit zu vertreiben. Dieser Umstand war ein Streit vor Gericht.

Eines Nachmittags betete er mit einem kranken Mann in einem oberen Raum, als seine Stimme im darunter liegenden Hof von Schreien, Rufen und Geschrei übertönt wurde. Er erhob sich von seinen Knien, öffnete das Fenster und schauderte bei dem abscheulichen Anblick, der sich ihm bot. Zwei Frauen, deren abscheuliche Sprache ihn mehrmals von der Tür abgestoßen hatte, hatten sich gestritten und waren aus einer benachbarten Gin-Bar vertrieben worden. Als sie zu Hause ankamen, begannen sie zu kämpfen; Und da sie sich vom Alkohol entzündet hatten, zerrissen sie einander die Kleider, und ihre Gesichter bluteten. In ihrer Wut hatten sie einander an den Haaren gepackt und lagen kämpfend auf dem Boden. Mehrere Männer und Frauen hatten sich zu einem Ring zusammengeschlossen und drängten sie zu dem brutalen Konflikt; während die Leute sich an ihre Fenster drängten und Ratschläge riefen, je nachdem, welche Seite sie einnahmen. Es war eine schockierende Zurschaustellung von Wut, Blut und Blasphemie; aber es wurde plötzlich zu Ende gebracht. Jemand schaute auf und rief: „Der Bibelmann ist da!" Alle Gesichter wurden nach oben gedreht, und dann zogen die Leute ihre Köpfe ein und schlossen die Fenster. Die Menge im Gerichtssaal zerstreute sich, viele rannten wie Kaninchen durch ihre Türen. Die plötzliche Stille veranlasste die elenden Frauen, sich zu lösen und aufzublicken. Sie fingen den festen Blick des Mannes auf, der zu ihnen von Gott und dem Gericht gesprochen hatte, und einer von ihnen sprang mit einem Satz in ihre Wohnung; während die andere ihr zerfetztes Gesicht mit ihrer Schürze bedeckte und in ihre Tür taumelte. Als der Missionar einige Minuten später den Hof verließ, herrschte Stille – kein einziges Wesen war zu sehen; aber auf dem Bürgersteig waren Blutflecken und Haarsträhnen. Obwohl er traurig war, war er doch dankbar für den Einfluss, den er erlangt hatte. Es wären mehrere Polizisten nötig gewesen, um diese Störung zu unterdrücken; aber es durch moralische oder vielmehr religiöse Gewalt unterworfen zu haben, war in der Tat ein Triumph und ein Gewinn für die Zukunft.

Ungefähr einen Monat nach diesem Ereignis brachte ein plötzlicher Ausbruch von Scharlach- und Typhusfieber vierzehn Familien in Bedrängnis, brachte aber den Bewohnern viel Gutes. Der Gemeindearzt hatte angeordnet, eine Frau in die Krankenstation zu bringen, und zu diesem Zweck kamen zwei alte Arbeiter aus dem Arbeitshaus mit einer abgedeckten Trage. Die Untermieter hatten Flecken auf dem Patienten bemerkt und berichteten von Schwarzfieber. Sie waren in Panik und niemand außer der Witwe näherte sich dem Raum. Sie traf den Missionar , der andere Häuser besuchte, und erzählte ihm, dass sie die arme Frau auf ihren Umzug vorbereitet hatte; aber dass die alten Männer nicht stark genug waren, sie zu tragen, und keiner der Nachbarn würde ihnen helfen. Daraufhin folgte er ihr ins Zimmer, nahm das arme, vom Fieber geplagte Geschöpf auf seine Arme, trug es hinunter und legte es sanft auf die Trage. Die Leute standen in einiger Entfernung; Doch als ihr Besucher neben der Trage ging, vernahm er ein dankbares Murmeln. Bei seiner Rückkehr aus dem Arbeitshaus wurde er mit einem Zeichen der Dankbarkeit empfangen ; und er nutzte die Gelegenheit und sagte: „Sagen Sie den Männern, dass ich mit ihnen sprechen möchte und dass sie mir eine Gefälligkeit erweisen werden, wenn sie heute Abend um sieben Uhr hier sind. Ich möchte, dass sie mir helfen, das Fieber zu lindern: kein Mann darf abwesend sein.“

„Der Besucher sprang auf den Karren eines Kundenhändlers, wedelte mit der Hand und rief …"

Missionar zur verabredeten Zeit um die Ecke bog, war er überrascht, dass der Ort überfüllt war. Es war offensichtlich, dass die Männer ihre Kräfte gesammelt hatten und sie begannen zu jubeln. Der Besucher sprang auf den Karren eines Kundenhändlers, wedelte mit der Hand und rief: „Viele unserer Nachbarn sind krank, und wir müssen um ihretwillen, die Armen, schweigen. Ich danke Ihnen, dass Sie sich so stark gemacht haben; das zeigt, dass Sie krank sind." Ich habe ein gutes Gefühl für mich, und da ich ein gutes Gefühl für Sie habe, sind wir nun Freunde. Als wahrer Freund werde ich nun Klartext zu Ihnen sprechen, denn wir können das Fieber nicht besiegen, wenn wir nicht arbeiten zusammen. Ich habe erwartet, dass dieses Fieber kommt (murmelt); und das ist der Grund. Ihr habt hier unten nicht genug Luft und Wasser, und ihr nutzt das, was ihr habt, nicht optimal aus. Wenn ein Mann Gift trinkt, wird er dadurch getötet es, und wenn er vergiftete Luft einatmet, wird er langsamer getötet, weil er schwach wird oder Krankheiten wie Fieber bekommt. Viele von euch schlafen zu sechst oder zu zehnt in einem Zimmer und halten die Fenster immer geschlossen. Das vergiftet die Luft. Und Nun zum Wasser. Morgen früh muss jede Kippe gereinigt werden, und jeder soll, wenn das Wasser fließt, einen Eimer voll in seinen Garten und einen anderen in den Hof werfen. Denken Sie daran , für jede Person zwei Eimer voll zu verwenden. Und dann müssen Sie sich häufiger waschen. Hier gibt es vernünftige Frauen, die jeden Tag ihre Kinder waschen; es gibt andere, die das nicht tun. Nun sollen die vernünftigen Frauen etwas Gutes tun: Die schmutzigen Kinder sollen sie heimlich gründlich schrubben. (Gelächter und Rufe: „Wir werden es tun.") Und denken Sie daran, alle Räume und Treppen müssen geschrubbt werden. Das ist für die Frauen, jetzt für die Männer. Sie müssen Ihre Räume tünchen. („Lassen Sie es die Vermieter tun.") Wenn Sie warten, bis sie es tun, werden einige von Ihnen zuerst im Grab liegen. („Das stimmt.") Machen Sie es selbst. Ein Eimer Tünche kostet nur einen Krug Bier. („Das ist es.") Wenn Sie es getan haben, werde ich die Sammler bitten, Ihnen den halben Pence zurückzuerstatten. („ Vielen Dank , Sir" usw.) Es soll noch etwas anderes getan werden: Ich werde den Gesundheitsoffizier und, wenn nötig, die Herren der Sakristei aufsuchen und sie bitten, Ihre Entwässerung und Wasserversorgung zu verbessern (Der kämpfende Mann hob die Faust und rief: „Wenn sie es nicht tun!), als ob sein Pfandsystem mit Sicherheit das örtliche Parlament beeinflussen würde.) „Und dann", fuhr der Sprecher fort, „müssen wir nüchtern bleiben." Das Fieber liebt Trunkenbolde mit ihrem schrecklichen Atem und ihren schwachen Körpern und ergreift sie zuerst. (Sensation.) Um das Fieber zu lindern, müssen Sie mir drei Dinge versprechen: Sagen Sie nach jedem davon Ja. Gute Nutzung von Luft und Wasser („Ja, ja"); jeder Raum soll weiß getüncht werden („Ja, ja"); und ein nüchterner Samstagabend." (Murmelt.) Der Sprecher wiederholte den letzten Satz in festem Befehlston: „Ein nüchterner Samstagabend!" und erhielt einen Ruf „Ja, ja, ja!" Dann nahm er die Bibel aus Er steckte es in die Tasche, hielt es hoch und fuhr mit gedämpfter Stimme fort: „Dort oben ist ein großer Vater, der uns alle liebt; Aber Sie beten ihn nicht, dass er sich um Sie und Ihre Kinder kümmert. Am Sonntagmorgen hört man die Glocken läuten; aber keiner von euch geht in die Kirche. Das ist falsch von dir. Denken Sie daran, dass er in seinem Heiligen Buch niedergeschrieben hat, dass „der Fluch des Herrn im Haus (der Stube) der Bösen liegt; aber er segnet die Wohnung der Gerechten.'" Es entstand eine feierliche Pause, und der Redner sprang von seinem unbequemen Stand auf und wurde am kurzen Ende des Platzes ohnmächtig.

Offensichtlich hatte ein Mann der Hygienesitzung ferngeblieben. Das wurde deutlich, als der betrunkene Sammy näherkam, gefolgt von einer bewundernden Menge aus Jungen und niederen Leuten. Dieser alte Mann war viele Jahre lang ein Trunkenbold gewesen, und seine Nachbarn sagten immer, dass es ihm schlechter gegangen sei, seit er „etwas" im Kopf hatte; Dieses „Etwas" war die Tatsache, dass seine Frau durch eine seiner Prügel im betrunkenen Zustand krank wurde und nur noch zwei Monate danach lebte. Er war ein Schneider und arbeitete zeitweise hart und blieb tagelang nüchtern. Während mehrerer dieser Pausen hatte er auf den christlichen Lehrer gehört und eine Reformation versprochen; aber er hatte die Macht der moralischen Kontrolle verloren. Er hatte die Angewohnheit, schon frühmorgens in einer Gin-Bar zu stehen; Wenn sein Geld aufgebraucht war , brachte er seinen Mantel zu einem benachbarten Transport- oder Abholladen. Bald darauf würde er zurückkehren und seine Weste und Schuhe zurücklassen. Als der Erlös ausgegeben wurde, wurde er natürlich hinausgeworfen. Daraufhin begann er Launen der komischsten Art; gestikulieren und taumeln, während sie Zeilen aus komischen Liedern rufen. Seine Regel bestand darin, das Spielfeld zu betreten, indem er versuchte, über die Pfosten an der Ecke zu springen. und er fiel oft mit schrecklicher Wucht auf das Pflaster, zur großen Ablenkung des Publikums. Er wurde von seinen Nachbarn immer mit schallendem Gelächter empfangen, wenn sie herbeistürmten, um dem Spaß beizuwohnen. Bei dieser Gelegenheit stieß er jedoch auf eine veränderte Resonanz. Die Anwesenheit des zurückgekehrten Missionars an seiner Seite und der dämpfende Einfluss des Treffens zeigten ihre Wirkung. „Hier ist dieser Idiot von Sammy", rief eine der Frauen, die sich an dem von uns erzählten Kampf beteiligt hatten, während andere ihn mit Verachtung ansahen – alle mit Gleichgültigkeit. Es war für sie viel zu viel, einen Trunkenbold „einen Narren" zu nennen, und für ihre Freunde, dies anzuerkennen. Da die Frau mit dem Trunkenbold im selben Haus wohnte, sah der Besucher sie an und sagte: „Kümmere dich für mich um diesen armen Mann und lass ihn nicht raus, bis ich morgen Nachmittag anrufe." „Wir lassen ihn nicht raus!" riefen mehrere Stimmen, und die Frau ergriff seinen Arm und stieß ihn ins Haus. Ein Lächeln spielte über das ängstliche Gesicht des Missionars, denn er wusste genau, dass die Frau ihr Wort halten würde und dass der arme Sammy *in einer abscheulichen Lage war*. Was nutzten ihm die britische Verfassung, die Magna Charta, die Bill of Rights und der gesamte Rechtsapparat, der auf diesen schönen Inseln der Freiheit das Thema schützt? Er ist verhaftet. Hoffen wir, dass es zu seinem Wohl sein wird.

Am nächsten Morgen hatte der Missionar auf dem Weg zum Gerichtsgebäude Gelegenheit, eine „auserwählte Dame" aufzusuchen, die damals die Tochter und heute die Witwe eines Generaloffiziers war. Er erzählte ihr von der Witwe des Soldaten – ihrer tiefen Frömmigkeit, ihrer Liebe zu den Seelen und ihrer Armut; und während er dies tat, wurde das volle Mitgefühl eines anderen christlichen Herzens für sein armes Volk geweckt. Als er ging, sagte die Dame: „Ich werde die Miete der Witwe bezahlen und sie im kommenden Winter mit Annehmlichkeiten versorgen. Möge sie mich morgen besuchen, damit ich durch sie ein tieferes Interesse an Ihrer Mission entwickeln kann." Der Tag war schon weit fortgeschritten, bevor die erfreuliche Nachricht überbracht werden konnte: Der Überbringer hatte eine Unterredung mit dem Sakristeibeamten erhalten, die dazu führte, dass er dem Pfarrer für Gesundheitsfürsorge vorgestellt wurde, der so freundlich war, ihn in den Bezirk zu begleiten. Als sie den Ort betraten, überraschte der Arzt sein sauberes Aussehen, das Ergebnis einer Wasserflut, und der gesunde Geruch von Kalk, der die Luft erfüllte. Das widersprach so sehr dem Bericht, den er erhalten hatte, dass der Besucher ihn, um seiner Wahrhaftigkeit willen, mit den Ereignissen des Vortages vertraut machen und einen Bericht über die Rede vom Hügelgrab geben musste. „Eine Arbeitsteilung", sagte er trocken, „und Sie sind herzlich eingeladen, auf diese Weise meine Pflichten für die gesamte Gemeinde an sich zu reißen. Was diesen Ort betrifft, werde ich einen solchen Bericht erstatten, dass die Entwässerung in Ordnung gebracht wird." Als sie wieder an einer Tür vorbeikamen, sagte eine raue Frau, die wie eine Wache stand, zum Missionar : „Sammy war aufdringlich, Sir, aber ich wollte ihn nicht rauslassen; und jetzt ist er still, da die Witwe gegangen ist." mit ihrer Teekanne in sein Zimmer. Als sie die Teekanne erwähnte, funkelten ihre Augen mit dem Ausdruck guter Laune , der alle Augen in Paradise Court zum Leuchten brachte, wenn auf diesen wertvollen Artikel Bezug genommen wurde. Es wurden nie Bemerkungen gewagt, obwohl vieles verstanden wurde. Wir werden jedoch den Bann brechen, und obwohl der Gesundheitsbeamte anwesend ist, werden wir die Angelegenheit für dringlich halten und ihre Berühmtheit erzählen.

Diese alte braune Teekanne wurde am Wegesrand gekauft und kostete nur drei Pence , da der Ausguss einen Chip hatte. Durch die Verbindung mit seinem Besitzer hatte es jedoch einen Wert und einen Charme erlangt. Neben dem Wunder der unerschöpflichen Flasche hatte es gewisse hohe Qualitäten. Die Schwerkranken und armen Mütter mit kleinen Säuglingen waren alle davon überzeugt, dass sie den ersten Tee getrunken hatten und „dass es nie eine so köstliche Tasse Tee gegeben hat". Und als die Besitzerin sich erfrischt hatte, waren es viele, die ein umgekehrtes Interesse an dem Inhalt hatten. Der Artikel hatte eine Kraft der moralischen Erhebung . Manches harte Gesicht nahm für den Augenblick einen gütigen Ausdruck an, und manche gerunzelte Stirn entspannte sich, als die Witwe aus der Tür trat, ihre weiße Schürze über die Teekanne warf und mit einem fast mädchenhaften Gang in das Zimmer einer Nachbarin ging, die sie besuchen wollte gleiche Armut fügte Krankheit oder etwas Leid hinzu. Und dann begleitete ein Einfluss des Mitgefühls die Ausschüttung seines Inhalts. Ihr Milchvorrat kostete normalerweise einen Heller, und das sparte sie , indem sie einen Teil davon mit dem Tee einschenkte. In ihrer Tasche trug sie ein paar Stücke Würfelzucker, zusammengerollt in einem Stück Papier, und so war die Gelegenheit zur Höflichkeit gegeben, da jeder es nach seinem Geschmack süßen ließ. Und wer kann sagen, wie viele mütterliche und christliche Ratschläge über diese alte Teekanne gesprochen wurden? Als die Herren an der Tür standen , hörten sie eine schwache Stimme, die mächtige Wahrheiten aussprach; und als er leise in den Flur trat, begriff er das Ende des Gesprächs. „Ich weiß, dass ich sie getötet haben muss", stöhnte der betrunkene Sammy, „weil ich sie so hart geschlagen habe; und wenn die Geschworenen es nicht sagten, ging der Gerichtsmediziner hinterher auf mich los, und mir geht es so elend, dass ich es wünschte." Ich war tot." „Du bist ein armer Sünder, Sammy", sagte die Witwe; „Aber der gesegnete Herr ist für dich gestorben, und du darfst nicht so sehr in dich hineinschauen. Jetzt, wo du spürst, wie schlecht es dir geht, musst du auf den lieben *Jesus* schauen . Ein Tropfen Seines Blutes macht dich rein und glücklich. Tu es, Sammy , lass mich mit dir beten. Die Zuhörer traten sanft hinaus; und der Sanitätsbeamte erkundigte sich mit kaum verhohlener Rührung nach dem seltsamen Paar, und dann sagte er: „Schicken Sie die alte Frau zu mir nach Hause, und ich werde ihr etwas Medizin für diesen Betrunkenen geben, die sein Verlangen nach Spirituosen stillen wird, und." Unterstützen Sie also Ihre Bemühungen um seine Reformation.

Beim Verlassen des Ortes blieben die Besucher stehen, um mit einer Gruppe von vier Männern zu sprechen, die am Eingang standen. Einer von ihnen trug eine Fantail-Mütze und hielt eine Schaufel und einen Staubkorb in der Hand. Ein anderer war unverkennbar ein Aasfresser, denn er hatte eine Schaufel und war mit Schlamm bespritzt. Die anderen waren so schmutzig, dass man den Eindruck erweckte, sie wären enge Freunde, wenn nicht sogar

nahe Verwandte der ersteren. „Sie haben früh Schluss gemacht", bemerkte
der Missionar und blickte dem Müllmann freundlich ins Gesicht. „ Nein ,
sind wir nicht , Herr", antwortete der Würdige, „wir werden alles aufräumen.
Wir haben das Glück (Geld, das den Müllmännern gegeben wurde) letzte
Nacht geteilt, und ich habe den Staub nicht abgewaschen, Wie wir sagen ,
und ich gebe diesen Kerlen den Überblick , was helfen wird; und die Karren
kommen . " „Das ist das Richtige für Sie", war die ermutigende Bemerkung.
„Und wenn wir im Dreck stecken", bemerkte der Aasfresser, „können wir
gut sein, wie Sie gesagt haben ." „Der Dreck deines Geschäfts ist draußen",
lautete die Antwort, „aber der Dreck im Inneren ist schlecht; und dieser wird
weggenommen, wenn wir wie ein König, von dem wir in der Bibel lesen,
beten: ‚Erschaffe in mir einen.' reines Herz, o Gott.' Ich werde sehr bald in
Ihren Zimmern vorbeischauen.

„Solche Menschen dazu zu bewegen, in diesen Angelegenheiten selbst zu
handeln, ist die Lösung der Gesundheitsfrage", bemerkte der Beamte. „Das
Einpflanzen reiner Gedanken in ihren Geist", antwortete der Besucher, „ist
das Geheimnis, und dies ist ein biblisches Werk, denn der Ausspruch des
weisen Mannes trifft auf uns alle zu: ‚Wie ein Mann in seinem Herzen denkt,
so denkt er.' ist er.'"

Der Überbringer der Botschaft, die das Herz der Witwe an diesem Abend
erfreuen sollte, ging zurück und fand sie in ihrem Zimmer. Sie hatte ihre
Brille repariert und war bestrebt, eine passende Bibelstelle für den armen,
verzweifelten Trunkenbold zu finden, den sie gerade verlassen hatte. Es
vergingen einige Minuten, bis ihr bewusst wurde, was für ein Segen ihr
widerfahren war, und dann wandte sie sich schnell dem 103. Psalm zu und
wiederholte die Worte, anstatt sie zu lesen: „Segne den Herrn, meine Seele
und alles, was in mir ist." , segne seinen heiligen Namen. Segne den Herrn, o

meine Seele, und vergiss nicht alle seine Wohltaten." Dann sagte sie ruhig:
„Es ist das Werk des Herrn. Er weiß, wie schwach ich werde und wie schwer
es für mich ist, das kleine bisschen Arbeit zu erledigen, deshalb krönt er
meine Tage mit Barmherzigkeit, und gepriesen sei sein Name."

Am nächsten Morgen besuchte die Witwe ihre Dame, und von da an legte
sich ein süßer Ausdruck des Friedens auf ihr Gesicht. Ihre spärliche Kleidung
machte einem dicken, warmen Kleid Platz; und es war klar, dass eine gnädige
Hand ihr den Wollschal um die Schultern gelegt hatte , denn ein Kenner
solcher Artikel würde auf den ersten Blick erkennen, dass er von zarten
Fingern gefertigt worden war. Und von diesem Zeitpunkt an erhielt ihre
Teekanne einen neuen Charme, da die Qualität des Inhalts nie nachließ. Auch
ihre Nachbarn spürten einen neuen Einfluss . Der Feger, der im Eckhaus
wohnte, sagte einmal bitter: „Hier unten sind wir alle von Gott und den
Menschen verlassen." Dies war nicht mehr der Fall. Der Mann mit dem Buch
machte sie mit der zärtlichen Barmherzigkeit des *Allerhöchsten bekannt* , und
das Erscheinen des Wortes, das Licht spendet, veranlasste einen nach dem
anderen, ihn „ *Abba – Vater* "zu nennen . Und dann erweichte der Ausdruck
süßer Anteilnahme in ihren Prüfungen und Leiden, obwohl er aus
unbekannter Quelle kam, harte Herzen und bereitete sie auf den Empfang
des Evangeliums vor. Der Sänger fühlte sich von der Nahrung, die er seinem
einzigen Kind gab, als er wieder krank wurde, bezwungen, und die warme
Bettdecke gehörte zu den Einflüssen, die ihn dazu brachten, Gott
anzuerkennen und sein widerspenstiges Knie zu beugen. Ein junger Arbeiter
, der seit langem arbeitslos war, wurde vor dem ersten Schritt in die
Kriminalität bewahrt, indem ihm eine Spitzhacke und eine Schaufel zur
Verfügung gestellt wurden, als er das Angebot erhielt, als Marineoffizier zu
arbeiten , während mehrere Korbfrauen und andere, die in der Nähe lebten,
dabei waren Straßenhändlern wurde durch Kleinkredite und Geldgeschenke
geholfen, ihre Position wiederzuerlangen, wenn ihnen ein Unglück oder eine
Schwierigkeit die Mittel zum Lebensunterhalt entzogen hatte. Diese
Freundlichkeit kam ihnen fremd vor, da sie völlig außerhalb ihrer Erfahrung
lag, und sie übte auf viele von ihnen täglich einen immer stärker werdenden
Einfluss zum Guten aus. Die Kranken wurden oft von dem großen Elend
befreit, das Kälte, Hunger und Familiennot über sie bringen; während
Mütter, die durch die Trennung von allem, was heilig und erhebend war,
brutal geworden waren, durch freundliche Taten, die der fremde Freund
ihren Kindern entgegenbrachte, gewonnen und emporgehoben wurden.
Diese mächtige Kraft zur Auferweckung der Entwürdigten und
Verdorbenen, die wir als Frauenmacht bezeichnen wollen, war offensichtlich
am Paradise Court am Werk; und darauf muss ein großer Teil des Guten
zurückgeführt werden, das daraus resultierte. Oh, ihr Dienerinnen des Herrn,
Nachfolgerinnen der heiligen Frauen, die sich um seine Bedürfnisse
gekümmert haben und die ihm sogar bis nach Golgatha gefolgt sind, es ist

euer großes Vorrecht, wie er, euch zu denen niederen Standes zu beugen; und um euren Reichtum zu verwalten, denn die Almosen, die den Armen gut zuteil werden, gelten als denen gegeben, die würdig sind, Reichtümer zu empfangen; von deiner Feinheit, denn Süße des Ausdrucks und Freundlichkeit können die Herzen der Niederträchtigen erreichen und ein erstes Gefühl der Liebe zum Herrn hervorrufen, das du nachahmst; von eurer Gebetserfülltheit, denn Ihm, der das volle Lösegeld für jede Seele bezahlt hat, muss es wohlgefällig sein, dass diejenigen, die „in der Ferne" sind, durch eure Bitten in den Einfluss der souveränen Gnade gebracht werden!

Das Buch im Gericht:

SEINE KRAFT.

„Die Seele hat mit ihrem Gott zu tun:
In einer solchen Stunde dürfen wir nicht schreiben:
Wenn all seine Gnade vergossen wird und die Dunkelheit in Fluten des Lichts schmilzt

„So kam auch jetzt die Barmherzigkeit, und die gerechte Vergeltung schlief
Der Mensch konnte dem Namen eines Erlösers vertrauen ,
und wie ein kleines Kind weinte er."

Mrs. Sewell.

KAPITEL III.

BLACK POLL – NIGGERS – GERETTET – TOM UND BESS – COSTERMONGERS HOCHZEIT – EINE TAUFE – GELDEN – DAS GEFÄNGNISTOR – DIE BIBEL AUF DEM HAUSDACH – DIE WITWE UND DER SOHN DES Sträflings.

DAS BUCH VOR GERICHT :
SEINE MACHT.

„Das Gesetz des Herrn ist vollkommen und bekehrt die Seele." PS. xix. 7.

„In meiner Gemeinde werden PIONIERE gesucht", sagte der Rektor des Missionars zum Zeitpunkt seiner Ernennung. „In diesen dicht besiedelten Teilen Londons sind die Menschen dem Einfluss der Kirche entwachsen. Ich zum Beispiel habe mehr als 16.000 Arme und nur sehr wenige aus der besseren Klasse. Nicht zwanzig dieser Armen gehen in die Kirche, und die Andersdenkenden haben eine große Anziehungskraft." Nur wenige. Die traurige Wahrheit ist, dass die Menschen durch die Vernachlässigung religiöser Pflichten schnell die Erkenntnis Gottes verlieren und dass ihr enger Kontakt mit den Verdorbenen und Verbrechern sie mit dem Sauerteig der Bosheit demoralisiert. Mehrere meiner Pfarrer haben versucht, sich damit auseinanderzusetzen mit dem Übel, aber sein Ausmaß hat uns überwältigt. Zusätzlich zur Überfüllung erhöhen die Migrationsgewohnheiten der Menschen die Schwierigkeit. Ich bin versichert, dass in mehreren Straßen die Bewohner ein- oder zweimal im Jahr gewechselt werden, und in den Bei Gerichten gibt es oft monatliche Veränderungen in den Räumen. Sobald also etwas Gutes getan ist, gehen einige Leute weg, und Neuankömmlinge verlangen, dass die Arbeit noch einmal erledigt wird. Diese Schwierigkeit kann nur durch einen Orden von Männern mit besonderen Qualifikationen bewältigt werden die Arbeit und ausreichend zahlreich, um alle schlechten Viertel abzudecken ; damit die Menschen, wohin sie auch ziehen, unter christlichen Einfluss gebracht werden. In Ihrer Gesellschaft gibt es ein aggressives Element des einfachen Christentums, das darauf ausgelegt ist, dies zu erreichen und Ihre Agenten bei ihrer Arbeit zu halten, und deshalb heiße ich Sie herzlich willkommen und versichere Ihnen mein Mitgefühl für Ihre Arbeit .

Der Pionier stellte bald fest, dass die Angaben des Rektors hinsichtlich der Bewegungsgewohnheiten der Menschen richtig waren. Nach kurzen Abständen zwischen den Besuchen stellte er häufig fest, dass Personen, für die er sich interessiert hatte, verschwunden waren und von ihnen keine Spur mehr übrig war und ihre Plätze von anderen besetzt wurden. Dies war eines Nachmittags in einem Haus um die Ecke der Fall – einem der Häuser, die zum Block gehörten und das wir aus gewichtigen Gründen als Teil des Gerichts betrachtet haben. Der Besucher ging die Treppe hinauf, als er einen Neuankömmling traf, der so seltsam war, dass er wie von einer Erscheinung festgehalten wurde. Offensichtlich handelte es sich um ein kleines Mädchen von dürftiger Statur und gealtertem Gesichtsausdruck, aber hier wurde die Ähnlichkeit mit unserer Spezies zweifelhaft. Ihre Ethnologie war nicht klar entwickelt, da sie mit rabenschwarzen nackten Schultern dastand, ihr glattes, helles Haar mit Lumpenstücken zu einem Bündel zusammengebunden war, während ihr Gesicht und ihre Hände einen gelblichen, schmutzigen Farbton hatten. Das Objekt erschrak über die Begegnung mit dem Fremden und wollte sich gerade zurückziehen, als er sie mit einer Frage aufhielt. Sie antwortete scharf und frühreif, und es kam zum folgenden Dialog.

„Mein gutes Kind, wer bist du?"

„Black Poll: Das bin ich. Und ich gehe zum Gaffel, mache die Änderungen und springe auf ‚Jim Crow'; und wenn ich nicht schwarz bin, singe ich „Charming Judy O'Calligan ". Das bin ich!"

„Wohnt dein Vater und deine Mutter hier?"

„Was für ein Wahnsinn! Denn ich habe keine Mutter: Sie ist an Cholera gestorben. Dusty, was zum Teufel ist mein Onkel. Er hat mich aus der Arbeit geholt , und ich verdiene ihm jede Menge – zehn Schilling die Woche." "

"Wie viele von euch sind da?"

„Oh, sehr viel! Wir sind nicht zusammen. Billy Mutton ist unser Gouverneur ; und Dusty hat das ehemalige Himmelszimmer übernommen , und sie kommen alle hierher, um geschwärzt zu werden."

Der Missionar näherte sich der angezeigten Tür und klopfte notgedrungen laut, während sich drinnen Männer unterhielten. Auf die Frage: „Warum schlagen Sie dort herum?" Er öffnete die Tür und trat ein. Der Mann, der ihm gegenüberstand, war kleinwüchsig und hatte einen äußerst düsteren schwarzen Teint. Seine Kleidung bestand aus hellem Tweed mit breiten grünen Streifen. Auf seinem Knie ruhte eine Geige, deren Stock er zum Üben in der rechten Hand hielt. Der Tisch stand in der Nähe des Fensters und diente neben seinen anderen Zwecken offenbar auch als Toilette. Zwei billige Spiegel standen darauf, und zwei Talgkerzen in Flaschen brannten, obwohl es heller Tag war. Offensichtlich verbrannten die Männer Korkstücke, fügten Talg und ein schwarzes Pulver hinzu und rieben sich dann die kostbare Zusammensetzung über Hände und Gesichter. Zwei der Männer hatten den Verschönerungsprozess abgeschlossen, und einer von ihnen band ein riesiges weißes Taschentuch um, während der andere mit einer Klebemasse ein Nasenorgan von außergewöhnlicher Form und Proportion fixierte. All dies wurde gesehen, während der Fremde sein Amt bekannt gab, obwohl nur wenige Worte nötig waren, da die Traktate in seiner Hand auf sein Geschäft hinwiesen. Es war offensichtlich, dass der Mann mit der Geige ihn verstand, als er ohne Verzögerung begann, „Drops of Brandy" zu spielen, ein Medley komischer Melodien fortsetzte, seine Augen anstarrte und auf humorvolle Weise gestikulierte. Gelegentlich erhielt er Unterstützung von seinen Kameraden, die mit fröhlicher Wirkung Chöre anstimmten oder Haltungen an den Tag legten. Seinem herzlichen Lachen nach zu urteilen, schätzte der Fremde ihre Bemühungen voll und ganz, und anstatt zu gehen, wie sie zweifellos erwartet hatten, nahm er Platz. Bevor das letzte Kratzen der Geige verklungen war, bemerkte er kühl: „Das ist mehr, als ich tun könnte, weil ich nicht über deine Fähigkeiten verfüge. Wenn ich versuchen würde, eine Melodie auf dieser Geige zu spielen, würde ich einen solchen Missklang erzeugen, dass ich erschrecke." und euch vielleicht alle aus dem Zimmer vertreiben. Es kommt jedoch der Tag, an dem ich hoffen werde, Musiker zu werden.

Sprecher zog fragend seine Taschenbibel hervor und bemerkte: „Sie wissen es vielleicht nicht, aber vieles in diesem Buch wurde für dieses Buch geschrieben und wurde vertont, und das Lied, das ich singen möchte, ist hier und so etwas." über das Instrument, das ich zu spielen hoffe. Nun sind hier Instrumente erwähnt, die Sie nie spielen könnten, und einige, von denen Sie noch nicht einmal gehört haben, wie zum Beispiel den Sackbutt und das Hackbrett; aber Sie alle kennen die Harfe?"

„Ich kann es ein bisschen spielen", rief ein Mann am Glas.

„Das ist das Instrument", fuhr der Fremde fort; „Und alle Christen werden es spielen, wenn sie in den Himmel kommen, denn hier steht geschrieben: ‚Und ich hörte die Stimme der Harfenspieler, die auf ihren Harfen spielten, und sie sangen wie ein neues Lied', und die Sänger wurden , *erlöst* von ' Dann wurde ihnen die Bedeutung des schönen Wortes „Erlösung" erklärt und ihre Aufmerksamkeit auf den Erlöser gelenkt.

Als das Kind hereinkam, um seine Toilette fertigzustellen, sagte der Sprecher: „Darüber werde ich Ihnen ein anderes Mal mehr erzählen. Ich bin eigentlich gekommen, um Sie nach diesem Kind zu fragen. Sie sieht krank und überlastet von der Arbeit aus. Ich nehme an, dass sie bis sehr früh bleibt." spät am Gaffel?" Der Mann mit den Knochen, der einen Marine-Dreiarmhut aufgesetzt hatte, antwortete: „Ich habe sie aus der Arbeit genommen , Gouverneur , um eine Frau aus ihr zu machen; aber Gott segne dich , ihr Schmerz ist verschwunden, und sie kann" „Ich kann zwanzig Minuten lang nicht mit ihren klumpigen Schuhen mithalten; und da wir bald ans Meer gehen, wollen wir sie bei Mutter Dell am Ende des Hofes zurücklassen."

Die Männer waren erschrocken, als der Missionar streng fragte: „Glaubt ihr, dass es einen Gott im Himmel gibt?"

Als mehrere mit „Ja!" antworteten. Er fuhr fort: „Er ist der große Vater von uns allen, und es ist nicht Sein Wille, dass auch dieser Kleine zugrunde geht. Du weißt, dass diese Frau gemein und betrunken ist und jugendliche Diebe und verdorbene Menschen in ihrem Haus hat, und doch." Du würdest dieses arme Kind einem Leben voller Verbrechen aussetzen. Dies soll nicht geschehen, denn ich werde es im Namen des Erlösers nehmen und in ein Heim stecken."

„Freut mich, sie loszuwerden", war die herzlose Antwort. Doch als der Missionar ging, sprang ein zerstreut wirkender Mann, der den Schwärzungsprozess teilweise abgeschlossen hatte, aus seinem Glas, folgte ihm zur Treppe und sagte voller Rührung: „ Vielen Dank, Sir. Ich bin ein böser Abtrünniger, aber nehmen Sie es." Kümmere dich um die arme kleine Polly. Diese Bitte ging mit einem Handgriff einher, der einen so schwarzen Abdruck hinterließ, dass hartes Waschen nötig war, um den Fleck zu entfernen; Das spielte jedoch keine Rolle, da es sich um den Griff der Dankbarkeit handelte.

Am nächsten Morgen betraten eine Dame und der Missionar das Zimmer der Nigger. Das Kind, dessen Hautfarbe durch das Schrubben von Schwarz auf Weißbraun reduziert worden war, sah erschöpft und krank aus; aber ihre Augen leuchteten, als die Dame ihre kleine Hand ergriff und sagte: „Wenn es dir in dem neuen Zuhause gut geht, werde ich immer freundlich zu dir sein." Der Akt der Herablassung und der sanfte Ton dieser gebildeten Stimme hatten ihren Einfluss auf die Nigger, denn sie murmelten ihren Dank und verabschiedeten sich liebevoll von dem Kind; Als letzte hörte man Dustys Stimme oben auf der Treppe, die sie ermahnte, „ein guter Onkel zu sein und deinem Onkel alle Ehre zu machen."

An diesem Nachmittag wurde einer Tochter des Hofes eine weitere Gefälligkeit erwiesen, wenn auch nur in Form eines guten Ratschlags. Ihre Eltern waren alte Bewohner, sie hatten dort viele Jahre gelebt und den Ruf des Kundenhändlers aufrechterhalten.

„Ich würde gerne mit Ihnen mitreden, Herr, wenn Sie nicht gehen", sagte das Familienoberhaupt zum Missionar , als er den Ort verließ; und als sie mit der guten Frau in dem kleinen Salon saßen , umgeben von teilweise verdorbenem Gemüse, fuhr er wie folgt fort: „Du kennst meine Bess: Sie ist ein so gutes Mädchen wie eh und je, und ein Vermögen für jeden, der kriegt. " Sie. Warum sie den Handel ganz natürlich annahm. Als wir sie nur so hoch wie die Körbe mit Katzenfleisch hinausschickten, und sie machte das wunderbar. So ein Mädchen hat es nie gegeben, ein Stück Pferdefleisch zu zerschneiden; und das hättest du auch tun sollen Ich habe gesehen, wie sie es aufgespießt hat! Warum sie viel davon gemacht hat, und alle dachten, sie hätten pochende Glücksmomente ; wie die Katzen alle ihre Knochen durch ihre Felle gesteckt haben, und dann haben sie herausgefunden, was für ein Mädchen unsere Bess war.

Nach einer Bedenkpause fuhr er fort. „ Vielleicht kennst du Tom nicht, der letzten Sommer jede Menge Kuhgurken verkauft und ein Sparschwein auf die Bank gelegt hat, da er seine Hand nicht unnötigerweise an den Mund hält, da er abstinent ist. Sein Vater und ich kannten uns immer, denn wir wurden beide in Short's Court, Whitechapel, geboren, was ein merkwürdiger Umstand war, und wir trinken immer ein Pint, wenn wir uns treffen. Jetzt hat sein Tom eine neue Seide um den Hals und sieht gut aus, wie er immer ist. So Er kommt in die Nähe meines Karrens, wenn Bess da ist, und hilft ihr, den Handel schnell abzuschließen, und er drängt sich selbst nach Hause . Nun, am Sonntag kommt er auf die Dünung und wollte Bess rausbringen und sagt zu mir: „Mein Vater kommt." Ich möchte wegen dieser Arbeit ein Pint mit dir trinken, da ihr beide in diesem früheren Hof geboren wurdet ; und ich würde eure Bess nicht zulassen, diesen früheren Karren zu schieben, weil ich drei Söhne habe , und ich würde ihr einen hübschen Esel kaufen. Das bin ich. Und ich will Bess soll meine rechtmäßige Ehefrau sein."' Hier schaute er die Mutter an, die in Tränen aufgelöst war, und fragte: „Was würden Sie tun, Meister, wenn Sie an unserer Stelle wären ?"

Der Besucher spürte die Wichtigkeit seiner Stellung und empfand sofort die Würde des Freundes der Familie: Denn was könnte ein größerer Beweis der Freundschaft sein, als über eheliche Bündnisse, deren Regelungen und Aussichten befragt zu werden?

Wie vereinbart trafen sich die betroffenen Parteien am folgenden Sonntagnachmittag zur Beratung und um den Rat ihres Freundes einzuholen. Bei seiner Ankunft stellte er jedoch fest, dass andere Überlegungen als sein Rat die Angelegenheit geklärt hatten. Die Ältesten von Short's Court hatten vereinbart, eine lebenslange Freundschaft zu festigen, indem sie Verwandte wurden. Die Mütter berieten sich intensiv über das neue Zuhause, das an diesem Ort errichtet werden sollte; und was die jungen Leute betrifft, so waren sie in einem ekstatischen Zustand gegenseitiger Bewunderung. Ihre Zuneigung zu ihren Eltern und ihre ausgeprägten kaufmännischen Qualitäten hatten sich zu Toms Freude verstärkt, und seine Nüchternheit und sein Versprechen auf den Esel hatten ihren Kelch des Glücks bis zum Rand gefüllt. Es gab nur eine Schwierigkeit, und Tom hielt sie für eine echte, denn er sagte ernst: „Wie sollen die Aufgebote aufgestellt werden? Denn so sieht es für einen Kirchendiener aus , in eine Kirche zu gehen, um mit dem Pfarrer zu sprechen.“

„Der Geistliche kommt unter der Woche mit mir herunter“, sagte der Missionar , „da er euch alle kennenlernen möchte; und ich werde ihn hierher bringen; und wenn ihr mich einladen wollt, werde ich an der Hochzeit teilnehmen.“ Es folgte ein herzlicher Empfang, christliche Ratschläge und viel Händeschütteln, und dann waren die Verlobten und ihre Freunde so glücklich, wie Fürsten und Adlige bei solchen Anlässen sein sollten.

Drei Sonntage lang wurden die Aufgebote gelesen und die freien Plätze mit unbeholfenen Gläubigen besetzt, da eine Hochzeit im Hof ein seltsames Ereignis war und nicht wenige seiner Bewohner hingingen, um „Bess fragte“ zu hören; und dann kam der dritte Montag, wie alle festgesetzten Tage, schnell und brachte Aufregung und Freude in den Ort. Eine Gruppe von Hügelgräbern aus dem East End traf früh ein und brüderte für diesen Tag mit den Küstenbewohnern des Westens, und junge Bengel stritten sich um verschiedene alte Blechkessel und Kochtöpfe, die sie für die raue Musik des Abends bereitgestellt hatten. Die Türen und Fenster waren überfüllt, und am Ende des Platzes wartete eine Menschenmenge, die die Braut zur Kirche begleiten wollte. Endlich ertönte ein Ruf, und die Braut trat hervor und stützte sich auf den Arm des Bräutigams. Ihr leichtes Baumwollkleid, ihr rosa Schal und ihre weißen Baumwollhandschuhe wurden von allen bewundert; während die blaue Haube mit großer roter Rose und weißen Schnüren sowohl den Neid als auch die Bewunderung des weiblichen Teils der Menge hervorrief. Der Bräutigam war elegant in einen neuen Geschäftsanzug gekleidet, und auf seinem glücklichen Gesicht prangte ein Biber, den die Branche als „ nobby “ bezeichnete. Die Verwandten folgten in einer Gruppe dahinter, ein Mob bildete die Nachhut.

Diejenigen, die die Kirche betraten, waren während der Feierlichkeit ehrfurchtsvoll, der amtierende Pfarrer war äußerst freundlich zu der Brautpartei, das glückliche Paar trug sich in das Register ein, der Schreiber trug die Einzelheiten ein und die Gruppe verließ die Kirche; Der Missionar schloss sich der Gruppe an und alle marschierten fröhlich wie Hochzeitsglocken zurück zum Hof. Die Witwe war wie eine andere Martha mit vielen Dingen beschäftigt gewesen, da die Saveloys, Garnelen, Kuchen und Kaffee fertig waren , und sie empfing die Braut mit einem Kuss mütterlicher Zuneigung. Das einfache Frühstück war bald vorbei, und ihr Freund schlug dann seine Bibel auf und las über die Hochzeit in Kana in Galiläa, sprach freundlich zu den jungen Leuten, dass die Hingabe an Gott das Geheimnis eines glücklichen Ehelebens sei, und lobte sie dann im Gebet zum Segen des Allmächtigen.

So endete die Hochzeit; aber sein Einfluss war im Volk spürbar und von da an entwickelte sich ein höherer moralischer Ton. Tatsächlich wurden Familiengeheimnisse aufgedeckt, und der freundliche Rektor erließ oft Gebühren als Beweis seines Interesses am Volk, damit niemand vorsätzlich in Übertretungen leben sollte. Allein an einem Morgen verschenkte der Laienagent drei Frauen, und dies führte zur Taufe einer alten Frau und sechs Kindern. Die Frau mietete eines der Häuser und ging zur Hochzeit ihres Mieters; Sie hatte an dem kleinen Missionstreffen teilgenommen und sich Sorgen um ihre Erlösung gemacht; Ohne die Ursache zu nennen, litt sie unter tiefer seelischer Not. Als sie die Kirche verließ, äußerte sie den Wunsch, mit dem Geistlichen zu sprechen, und als sie in die Sakristei gebracht wurde, sagte sie ihm: „Sie war nicht getauft worden, da ihre Eltern in Holborn Rents lebten und sich nicht um Religion kümmerten; dass sie als … Witwe und hatte erwachsene Kinder, war aber nicht verheiratet, was sie jetzt unglücklich machte. Sie wurde ermahnt, aufrichtig Buße zu tun, und ihr wurde versprochen, dass sie sich taufen lassen sollte, nachdem sie ihre Reue gegenüber Gott und ihren Glauben an den Herrn Jesus Christus zum Ausdruck gebracht hatte.

Ungefähr einen Monat später ereignete sich am Taufbecken eine Szene von feierlichem Interesse. Der Rektor, der selbst fast siebzig war, ließ das Taufwasser auf die Stirn der fünfundsiebzigjährigen Frau laufen, wobei die junge Missionarin ihren Namen aussprach. An diesem Abend fand im Hof eine Gebetsversammlung statt, um einen Segen für die Neugetauften zu erbitten, und die Besucherzahl war sehr groß; Ungewöhnliche Personen waren dort, darunter zwei der Übersetzer, die Frau mit den Hunden und ein Raufbold. Der Durchgang selbst war überfüllt, und für diejenigen, die beteten, gab es Hinweise auf spirituellen Segen – auf einen erregten Gefühlszustand, als hätte die Stimme gesagt: „Komm aus den vier Winden, oh Atem, und wehe auf diese Erschlagenen." , damit sie leben können. Die Hymne „Da ist eine Quelle voller Blut" wurde gesungen und das fünfte Kapitel des 2. Korintherbriefs vorgelesen. Der Evangelist sprach dann einfach und klar von Gericht und Barmherzigkeit und forderte seine Zuhörer auf, sich mit Gott zu versöhnen.

Nach dem Treffen blieben einige zurück, um mit ihnen zu beten . Eine davon war eine Fischfrau mit harten Gesichtszügen und abscheulicher Zunge. Sie war schon ziemlich vierzig Jahre alt und aus einer benachbarten Straße, die keine Durchgangsstraße hatte und von den Leuten „Kleine Hölle" genannt wurde, in den Ort gezogen. So schlimm die Bewohner des Gerichts auch waren, sie empfanden eine Abneigung gegen diese Frau, die ihr das Leben unangenehm machte. Sie war für viele tatsächlich hasserfüllt. Als sie an ihrer Tür freundlich angesprochen und ihr von „Güte und Barmherzigkeit" erzählt wurde, war sie sofort unterwürfig; und teilte das Geheimnis ihres erniedrigten Zustands mit. Sie sagte: „Ich war ein hübsches kleines Dorfmädchen, und als ich nach London kam, wurde ich furchtbar böse , und jetzt muss ich eine Fischschwuchtel sein: Und du lässt mich an die Pfarrerin denken, die uns dazu gebracht hat, mitzuknien." zur Kirche und sprich ihnen Gebete." Es war offensichtlich, dass die guten Eindrücke, die man so viele Jahre zuvor in der Dorfkirche gemacht hatte, wieder auflebten, und sie wurde zu dem Treffen eingeladen, und das mit gesegnetem Ergebnis.

Es wurde auch bewiesen, dass der Segen nicht vorübergehend, sondern real war, und der Pfarrer der benachbarten Baptistenkapelle interessierte sich intensiv für den Ort. Als der Missionar ihn auf seine Bitte hin aufsuchte, sagte er: „Ich freue mich, Sie in der Arbeit des Herrn zu kennen und zu ermutigen; und dann möchte ich mit Ihnen über einen alten Mann sprechen. Das haben Sie vielleicht zweimal gehört." Jede Woche halte ich Abstinenzversammlungen unter meiner Kapelle ab. Seit einiger Zeit ist dieser alte Mann ständig anwesend, und mir wurde gesagt, dass er seit Jahren eine Plage in der Nachbarschaft ist und der betrunkene Sammy genannt wird. Als er eingeladen wurde, unterschrieb er Versprechen, und seitdem haben ihn einige meiner Leute dazu gebracht, an den Gottesdiensten teilzunehmen. Eines Sonntags schickte ich ihn in die Sakristei, und er sprach von Ihnen und einer Witwe als seinen Freunden und von seinem Versprechen, nüchtern zu bleiben. Er ist es offensichtlich aus tiefer religiöser Überzeugung und da er sehr schüchtern ist, habe ich dem Kirchenbanköffner gesagt, er solle für ihn einen Platz in der Nähe der Tür freihalten. Davon bin ich überzeugt, dass er das Versprechen nicht brechen wird, da er voller Zorn von dem verfluchten Getränk spricht . Außer ihm sind normalerweise zwei Frauen aus demselben Ort in der Kapelle und sagen: „Der Mann, der die Bibel liest, hat ihnen das Gefühl gegeben, dass sie keine Christen sind und glücklich sein wollen." Deshalb bringen wir sie zu einem Gottesdienst unter der Woche hierher.

Das war eine erfreuliche, aber keine seltsame Nachricht, denn der Missionar wusste, dass viele das Handeln des Gewissens, das durch das Wort Gottes erleuchtet war, und die Emotionen des neuen Lebens spürten; und als Folge davon drängten sie in die verschiedenen Kirchen und Kapellen. Die Arbeit wurde tatsächlich überwältigend; und es war ihm unmöglich, mit allen zu sprechen, die nun seine Besuche wünschten, da ihn viele in ihrer Not lange Zeit festhielten. Es wurde jedoch eine dem Tag entsprechende Kraft gegeben; und fast nächtliche Treffen im Zimmer der Witwe entschädigten für entgangene Besuche.

Zu denjenigen, die deutliche Vorteile erhielten, gehörte der Kanalisationsmann , der einen hinteren „ Wohnzimmer " für seine Familie und den Hof für Ratten nutzte, die er an den „Ufern" (Abwasserkanälen) fing und in einer Tasche, die an der Innenseite seines Mantels befestigt war, nach Hause brachte. Der Geruch von Ratten hing ihm immer in der Nase, und da er einen blinzelnden, spähenden Blick hatte , war er bei seinen Nachbarn alles andere als beliebt . Als er jedoch voller Ernst in den Besprechungsraum drängte, lächelten einige erfreut, als sie ihn sahen, und er wurde gebeten, sich zu setzen. Danach war er ständig anwesend und es war eine allmähliche Veränderung seines Aussehens zu beobachten. Dass er sich mit gutem Ernst wusch, war offensichtlich, und das Aufleuchten seines Gesichts, während er sich bemühte, in den Gesang einzustimmen, bewies, dass auch seine Seele von der freudigen und für ihn neuen Botschaft der Barmherzigkeit des Erlösers bewegt war . Er vermied Gespräche über seinen geistigen Zustand, da er nicht wusste, wie er seine Gefühle ausdrücken sollte, und nichts konnte ihn dazu bewegen, mit respektablen Leuten an öffentlichen Gottesdiensten teilzunehmen (er hielt sich vielleicht für beleidigend), aber er lernte das kleine Treffen zu lieben, und Es wurde deutlich, dass er im Glauben Frieden gefunden hatte.

Für den Missionar und seine Helfer war dies eine Zeit der Freude; aber sie hatten auch ihre Entmutigungen und Ängste. Beispielsweise wurde bei einem der Treffen ein gefalteter Brief von seltsamer Form mit der Aufschrift „ Dartmoor Convict Establishment" zugestellt; und beim Öffnen fielen ihm die folgenden gedruckten Anweisungen ins Auge: „Schreiben Sie den Verurteilten direkt an Nr. 2484 (*a.* 1, 2)." Dies war offensichtlich die Zahl des jungen Diebes, dessen Begleiter den Missionar bei seinem ersten Besuch am Hof gebeten hatte, ihn zu reformieren, mit der Begründung, er habe „Pech" gehabt. Diese Anstrengung war ernsthaft unternommen worden; denn am nächsten Entlassungsmorgen stellten sich die Mutter und der Missionar am eisenvergitterten Tor des Gefängnisses von Coldbath Field auf und warteten, bis das schwere Schloss geöffnet und der schwere Riegel zurückgezogen wurde. Dann strömten die Gefängnisvögel wild aus, sahen gut aus und freuten sich über ihre Freiheit, als wären sie auf Vergnügen aus. Einige wurden von ihren „Freunden", unverkennbaren Mitgliedern der kriminellen Klasse, empfangen und in einer Art Triumph zu ihren früheren Verstecken geführt, mit der Aussicht auf ein wenig wildes Vergnügen, ein weiteres Verbrechen und dann eine längere Haftstrafe. Unser Vogel, ein scharf aussehender, wohlgewachsener Junge von siebzehn Jahren, wurde von seiner Mutter ergriffen und eilig darüber informiert, „dass dieser frühere Herr gekommen sei, um ihn zu reformieren". Ein scharfer Blick auf den Reformator und eine Bewegung des Augenlids, die von solchen Menschen als „wissendes Augenzwinkern" verstanden wurde, drückten seine Zurückhaltung aus, sich dem Prozess zu unterziehen. Dann sagte er mürrisch zu seiner Mutter: „Ich möchte etwas Bacca und etwas Bier: Das ist es, was ich will; und ich werde es haben!" Als er einen Blick auf eine Gruppe von Personen warf, die vom Gefängnistor zum Wirtshaus geeilt waren, hatte die Mutter offenbar das Gefühl, dass die erforderliche Erfrischung die einzige Möglichkeit sei, ihren Sohn zu behalten. Deshalb flüsterte sie ihrer Freundin

zu: „Er wird davonlaufen, du .“ Ehre ; Also werde ich ihn behandeln, und
dann wird er ein Lamm sein, der liebe Wille!“ Und dann gingen sie auch zum
Wirtshaus und ließen den Reformator draußen und in einer Ratlosigkeit
darüber, was er tun sollte Der lange Spaziergang mit dieser seltsam
aussehenden Frau war fast eine Strafe gewesen, denn alle drehten sich zu ihr
um. Sie bemerkte die Verärgerung und gab freiwillig die Erklärung ab:
„Sehen Sie, ja .“ Ehre , ich muss diese große Mütze tragen, da ich Rheuma in
meinem armen Kopf bekommen würde; und es ist jetzt siebzehn Jahre her,
dass ich aufgrund meines Eides jemals eine Haube oder einen Schal getragen
habe. Mein Mann war ein guter Kerl zu mir und war nur einmal in
Schwierigkeiten geraten. Nun, er ging mit einem Narren aus, der sich
versammelt hatte, und sie hoben eine Menge Hauben und eine Kiste mit den
schönsten Schals auf, die es je gab; und er wurde an dem Ort, wo sie waren ,
angebunden und erhielt vierzehn Jahre auf dem Meer. Dann gehe ich auf die
Knie und schwöre, dass ich nie eine Haube oder einen Schal tragen werde,
bis er zurückkommt. Er hat unseren Eddy nie gesehen, da er eine Woche
nach seinem Weggang geboren wurde und sehr bald bei Van Diemen starb.
und ich habe versucht, Eddy respektabel zu erziehen, aber er ist wie sein
armer Vater. Wenn dir nun jemand sagt , dass ich empfange, sag ihm, dass er
lügt; Weil ich ehrlich lebe und Frauen verpfände, die bescheiden sind und es
nicht mag, gesehen zu werden, wie ich zum Onkel gehe; und dann verstehe
ich alles mehr und nehme auf, was ich kann: aber ich bin eine ehrliche Frau!“

Diese „ehrliche Frau“ und ihr Sohn blieben nur wenige Minuten im
Wirtshaus; und als sie auf ihn zukamen, sehnte sich das Herz des Missionars
nach ihrer Erlösung. Auf diesem schönen, jugendlichen Gesicht waren
bereits Spuren der Boshaftigkeit zu erkennen; und die kurzen Haare und die
lange Pfeife, die er rauchte, verbesserten ihn nicht. Armer Kerl, er war nur
einer von Tausenden Jugendlichen dieser großen Stadt, die ebenso zu einem
kriminellen Leben erzogen wurden wie heidnische Kinder, denen
beigebracht wird, zu Göttern aus Holz und Stein zu beten. Nun muss es
sicherlich wahr sein, dass christliches Mitgefühl die Macht hat, in die Seelen
der Verdorbenen einzudringen: denn während die drei ihre Heimreise
fortsetzten, herrschten zwischen ihnen Vertrauen und gute Kameradschaft;
und obwohl der Möchtegern-Reformer enttäuscht war, hatte er das Gefühl,
dass man Einfluss auf die verdorbene Jugend gewonnen hatte.

Das Angebot einer Zuflucht wurde abgelehnt, aber der junge Dieb
versprach, eine Klasse an der Ragged School zu besuchen, die der Missionar
gerade gründete und in der er selbst zu unterrichten beabsichtigte. Er nahm
tatsächlich zusammen mit acht anderen widerspenstigen Eingeborenen des
Hofes teil, nahm den Unterricht so bereitwillig auf und machte solche
Fortschritte, dass man auf seine Reformation hoffte. Er erhielt Arbeit am
Ufer des Kanals, um Boote zu entladen, und hatte mehrere Wochen lang

daran festgehalten, als sich ein Umstand ereignete, der seine Hochstimmung zerstörte. Die Mitglieder einer Bande von „Sneaks and Mudlarks ", mit der er in Verbindung gebracht worden war, waren verärgert darüber, dass er ihre Gesellschaft im Stich gelassen hatte. Mehrere von ihnen gingen eines Tages über die Brücke und sahen ihn bei der Arbeit. Sie riefen die anderen Arbeiter an und sagten ihnen, „dass dieser Kerl ein bekannter Dieb war und vier Monate lang in der Mühle gearbeitet hatte". An diesem Abend erkundigte sich der Vorarbeiter bei der Polizei, und am Morgen, als der arme Junge zur Arbeit ging , wurde er vom Tor verschmäht. Die Mutter stachelte ihn zur Rache an und er schlug zwei der Jugendlichen, die ihn, wie er sagte, ruiniert hatten, brutal zusammen.

Als der Freund und Lehrer von seinem Kummer hörte , rief er ihn an, und der junge Mann öffnete die Tür; aber anstatt zu sprechen, rannte er nach oben. Er wurde verfolgt, aber er verschwand auf dem oberen Treppenabsatz. Als er sich vom Unterricht entfernte, wurden andere Versuche unternommen, ihn zu erreichen, aber er verschwand immer am oberen Ende der Treppe. Eines Nachmittags sah der Lehrer, wie sein Schüler das Haus betrat, und folgte ihm hinein. Er sprang vorwärts, sein Freund folgte ihm, und als er verschwand, glaubte der Lehrer, die Falltür des Daches zu hören. Er stellte sofort seinen rechten Fuß auf das alte Geländer, stieß die Falltür auf und sprang auf das Dach des Hauses. und dort, vor dem Schornstein, neben seinem Taubenschlag, saß der Verschwundene. Er sah unglücklich aus, stimmte aber in ein herzliches Lachen ein, als der Missionar seinen Platz zwischen den nächsten Schornsteinen einnahm. Die Neuheit ihrer Position geriet bald in Vergessenheit, als der arme Junge von seinen Verfolgungen und Nöten sprach. Die Taschenbibel wurde hervorgeholt, und die Geschichte wurde vorgelesen, wie Petrus auf dem Dach des Hauses betete und die Vision eines großen, an den vier Ecken gestrickten Lakens sah, das vom Himmel herabgelassen wurde und allerlei vierfüßige Tiere enthielt die Erde. Aus den Worten: „Gott hat mir gezeigt, dass ich niemanden als gemein oder unrein bezeichnen soll" wurde ihm das Evangelium deutlich gemacht und die Leichtigkeit, mit der die Gnade uns befähigt, Versuchungen zu widerstehen und Schwierigkeiten zu ertragen. Tränen traten in die Augen des armen Jugendlichen, Als er fast flüsternd sagte: „Ich hätte es eigentlich tun sollen, Sir, aber ich denke, dass ich vorerst fertig bin. Es war ein Narr, von Ihnen wegzulaufen." Und dann blickte er so besorgt über das Dach, dass ein Detektiv die Spur eines Diebes zu einer anderen Falltür vermutet hätte. Eine wütende Stimme rief einem „faulen Schädling" zu, er solle zum Tee kommen, und dann öffnete sich die Falle und der Missionar machte sich auf den Weg. Er wurde von der fremden Mutter mit einem Schrei der Überraschung und der Ankündigung empfangen, „dass es schrecklich sei, ihn dort unten kommen zu sehen".

Dieser Anruf zum Tee war der letzte, den die Witwe des Sträflings ihrem Sohn gab. Mittendrin waren verstohlene Schritte auf der Treppe zu hören, aber der Junge machte keine Anstalten zu fliehen. Zwei Polizisten in Zivil betraten den Raum, und einer von ihnen packte ihn am Arm und sagte: „Wir wollen Sie wegen eines Einbruchs mit Gewalt gegen die Person, der letzte Nacht in Hampstead begangen wurde, anklagen." Der Gefangene brach in Tränen aus, und seine Mutter schlang ihre Arme um ihn und stieß einen tiefen, schmerzerfüllten Schrei aus. Es gab nur eine kurze Verzögerung, denn er wurde eilig die Treppe hinunter und weiter zum Bahnhof gebracht. Am nächsten Morgen erschien er auf der Anklagebank des Polizeigerichts, und es wurde eine eindeutige Anklage gegen ihn erhoben. Seine Begleiter wurden an Ort und Stelle festgenommen, und obwohl er entkommen konnte, war sein Gesicht von der Polizei und zwei weiteren Personen gesehen worden. Bei seinem Prozess bekannte er sich schuldig und seine Begleiter, die bekannte Diebe waren, wurden zu zehn Jahren Transport verurteilt, er selbst zu sieben Jahren. Sein Lehrer besuchte ihn im House of Detention und dann in der Zelle in Newgate . Er schien wirklich reumütig zu sein und versprach, ihm seinen ersten Brief zu schicken; und dies erklärt den Brief der Sträflingsanstalt. Als der Missionar es der elenden Mutter vorlas, erkannte sie, dass ihre Sünden sie von ihrem Gott, ihrem Ehemann und ihrem Sohn getrennt hatten; und dann kniete sie zum ersten Mal nieder und schluchzte erneut, während die göttliche Barmherzigkeit für sie erfleht wurde. In ihrem Fall und auch für ihren Sohn gibt es Hoffnung, denn der Kaplan schrieb eine private Notiz an den Missionar , in der er ihn um Einzelheiten über den Sträfling bat und ihm mitteilte, dass der Gefangene Reue zeigte und mit Gefühl über ein Gespräch im Haus sprach -Spitze. Wir müssen daher den Sträfling 2484 (*a*. 1, 2) zurücklassen, damit er die Strafe für sein Verbrechen ertragen und seiner Mutter so viel Güte erweisen kann, wie wir können.

Das Buch im Gericht:

SEINE AUTORITÄT.

„‚Ich gehe jetzt dorthin!‘ –
Da war ein Licht auf seiner Stirn: Dann hob er seine Augen zum Himmel, mit einem strahlenden, süßen Lächeln auf seinem Gesicht. Ein mühsamer Atemzug, und die Hand des Todes hatte die Kette seines Kummers durchbrochen Und die Seele war von den stillen Toten geflohen und frei wie die Lerche und über der Dunkelheit und über der Wolke und der mühsamen Menge war sie in den Rest der Guten und Seligen eingetreten.

Frau Sewell.

KAPITEL IV.

EIN SCHWARZBEIN – MINIATURALTAR – DER
FRIEDENSBRECHER – DIE WAFER – EIN
LEBENDIGES SANDWICH – VOR DEM FEHLER
GERETTET – DER REISENDE FILTER – DAS
STERBENDE KIND.

DAS BUCH VOR GERICHT :
SEINE AUTORITÄT.

„Zum Gesetz und zum Zeugnis: Wenn sie nicht nach dem
thisWort reden, liegt das daran, dass kein Licht in ihnen ist."
IST EIN. viii. 20.

WENN die Besatzung eines Kriegsschiffes als eine „kleine Welt" betrachtet
werden kann, könnten die dicht gedrängten Hunderte unseres Hofstaates
sicherlich die gleiche Unterscheidung beanspruchen. Zusätzlich zu der
elenden Unterkunft, die ihnen die wenigen Freuden der Heimat und die
Assoziationen an ihre Lebenskämpfe bescherte, gab es viele Verbindungen
zur großen Außenwelt. Ausnahmslos alle hatten mit bitterer, kalter Armut zu
kämpfen; und am Morgen, als sie ihre Wohnungen verließen, war es amüsant,
über die Natur ihrer verschiedenen Beschäftigungen nachzudenken, da sie
sechsundfünfzig verschiedene Berufe ausübten. Man konnte sehen, wie die
Straßenhändler ihre Karren voller Gemüse, Obst und Weißfisch
herausschoben. Die Krämer und der umherziehende Kräuterheilkundler mit
ihren Kisten. Der Feger mit seiner Maschine und der Kasperle mit seiner
Show auf seinen Schultern und der rothaarige Hund Toby auf seinen Fersen.
Bekennende Bettler, eingefleischte Diebe und die Wahrsagerinnen gingen zu
vornehmeren Zeiten; während die Arbeiter mit der Nadel, sowohl Männer
als auch Frauen, jederzeit mit der Arbeit, die sie in „Armut, Hunger und
Dreck" geleistet hatten, in die Läden eilten. Und dann gab es, so seltsam es
auch erscheinen mag, Einwohner an diesem unbekannten Ort, der ihn mit
der Oberschicht verband. Im ersten Stock lebten zwei alte Frauen, eine von
ihnen war 84 Jahre alt. Obwohl sie im Hinblick auf die gegenwärtigen
Annehmlichkeiten sehr schwach und nachlässig war, hatte sie eine lebhafte
Erinnerung an Personen und Ereignisse im Zusammenhang mit dem Beginn
des Jahrhunderts. Sie war die Tochter eines Arztes und war Gouvernante der
Kinder eines Herzogs gewesen und erhielt eine Rente von 30 Pfund pro Jahr,
die ihren Lebensunterhalt bestritt. Ihre Freude bestand darin, Briefbündel
mit Siegeln und Wappen darauf aufzubinden, die Autogramme zu zeigen und
Anekdoten über ihre großartigen Freunde zu erzählen, die schon lange

verstorben waren, von denen aber einige in den Aufzeichnungen ihres Landes noch existieren. Ihre Begleiterin war die Witwe eines Mechanikers, die von der Gemeinde eine Zuwendung erhielt. Sie behandelte die Dame stets mit Respekt und zwischen ihnen bestand schon seit vielen Jahren eine enge Freundschaft. Im Tod trennten sie sich kaum, da sie die Dame nur wenige Wochen überlebte.

Der Schwarzbeiner, der einige Monate lang mit zwei Zeitungsjungen ein Zimmer teilte, hatte die unverkennbare Haltung eines Gentlemans, und obwohl er ein Meister der Umgangssprache war, konnte er seine Sprache nicht von der College- Kultur abbringen. In einem Moment der Reue erzählte er dem Besucher, dass er der Bruder eines Baronets sei, dass Ausschweifungen und Glücksspiel ihn jedoch dazu gebracht hätten, Brot zu wollen. „Ich trage einen Pseudonym", fuhr er fort, „damit der Familienname nicht in Ungnade gerät, aber ich werde mich niemals vor Verwandten demütigen. Ich habe jetzt kein Glück und muss als Billardspieler in einem niedrigen Flash-Haus fungieren, aber ich habe meine Reserven für das Derby gut abgesichert, und wenn das Glück Glück hat, werde ich über genügend Geld verfügen, um mich in Kanada niederzulassen, wo ich zu meiner angemessenen Position aufsteigen kann." Zum Zeitpunkt des Derbys war er eine Woche lang von seiner Unterkunft abwesend; Eines Morgens kam er gut gekleidet zurück, bezahlte seine Unterkunft, gab den Zeitungsjungen jeweils zehn Schilling als „Notgroschen" für die Sparkasse, hinterließ dem Missionar eine Nachricht, in der er seinen aufrichtigen Dank für sein freundliches Interesse an ihm ausdrückte; und danach hörte man nichts mehr davon.

In unserer kleinen Welt gab es auch diejenigen, die religiöse und politische Meinungen definiert hatten, und die Menschen waren nicht immer frei von der Aufregung, die bei manchen Themen die Außenwelt beunruhigt. Es gab Politiker aus Friseursalons und Schankstuben sowie „Anti-Theologen" und einige, die aus Unkenntnis der Wahrheit Opfer des Aberglaubens wurden. Die große Masse der Männer war republikanischer und kommunistischer Gesinnung und gehörte zu den sogenannten „gefährlichen Klassen", während die Grundsätze der reinen und unbefleckten Religion gerade erst anfingen, ihren Einfluss auf die öffentliche Meinungsbildung an unserem Gericht auszuüben. Gerade zu dieser Zeit betraten neue Bewohner das Hinterzimmer von Nr. 11, und ein kurzer Bericht über sie und ihr Vorgehen wird helfen, die Einstellung der Menschen zu zeigen.

Die Familie bestand aus einer Irin und ihren beiden Söhnen. Sie war in einer römisch-katholischen Kapelle beschäftigt und ihre beiden Söhne dienten am Altar. Zu Hause zeigten sie ihre Hingabe, indem sie einen Miniaturaltar auf einen Tisch gegenüber ihrer normalerweise offenen Tür stellten. Es war hübsch eingerichtet, mit seinem heiligen Ort hoch in der Mitte und seiner

Seidenhülle mit fein gearbeiteten Kreuzen und Blumenzweigen. Auf der einen Seite befand sich ein kleines, beckenähnliches Gefäß mit Weihwasser, auf der anderen ein Bild der „Jungfrau" mit einem Strauß künstlicher Blumen zu ihren Füßen. Zeitweise wurde der Raum abgedunkelt und auf dem Altar wurden mehrere kleine Kerzen angezündet. Der Effekt war verblüffend, und als die Mieter vorbeikamen , blickten sie mit einer Art Ehrfurcht auf die Frau und ihre Söhne, die vor ihr niedergestreckt waren. Als andere Romanisten den Raum betraten, um ihre Andachten zu verrichten, und als sie anfingen, kleine Bücher zu verteilen, wurde die Familie zu einer Herausforderung für den Missionar . Der Feind säte Unkraut, aber es geschah ein Umstand, der den schlechten Einfluss neutralisierte.

Wenn dies ein Versuch der Proselytenmacherei war, entschieden sie sich für eine schlechte Position für diesen Zweck, da das Nebenzimmer von einem jungen Mann besetzt war, der sich selbst als „positiven Religionisten" bezeichnete. Er war Schuhmacher, hatte sich aber durch seine eigene Bildung über seine Mitmenschen hinausgebildet. Er war in der Literatur der Ungläubigen gut belesen, und da er einer nachdenklichen, philosophischen Denkweise angehörte, hatte er ein System des Widerstands gegen die göttliche Offenbarung entwickelt. Die Ungläubigen der Nachbarschaft betrachteten ihn als ihren „kommenden Mann", und sein Ruhm verbreitete sich, da er klug im Argumentieren und kraftvoll in der Debatte war. Der Missionar fühlte sich bei seinem ersten Besuch so machtlos, seinen Einwänden zu begegnen, dass er einen Lesekurs begann, mit dem einzigen Ziel, ihn auf den Weg der Wahrheit zu führen. Dieser Mann interessierte sich für die religiösen Bräuche der Mieter im Nebenzimmer und unterhielt sich oft mit ihnen. Eines Morgens öffnete der Jugendliche den heiligen Ort, holte eine sakramentale „Oblate" heraus und sagte dem Ungläubigen, dass er sie aus der Kapelle mitgebracht habe; dass es sich damals nur um eine Hostie handelte, dass sie aber sofort in den Herrn Jesus Christus verwandelt werden würde, wenn ein Priester darüber die Worte der Weihe sprechen würde. Um dies zu bestätigen, gab er ihm einen Katechismus mit dem Glaubensbekenntnis von Pius IV. und wies auf die Worte hin: „In diesem Sakrament sind nicht nur der wahre Leib Christi enthalten, sondern alle Bestandteile eines wahren Leibes, wie *Knochen* und *Sehnen* , sondern auch *Christus ganz und gar* ." Der Ungläubige las dies und verlangte noch einmal, die wundervolle Hostie sehen zu dürfen. Als der Jüngling sie in seiner Handfläche hielt, schlug der Ungläubige auf die Unterseite seiner Hand und fing die Hostie auf, als sie herunterfiel. Es war in mehrere Teile zerbrochen, aber er eilte in sein Zimmer und klebte es auf ein Stück braunes Papier.

Ungefähr zehn Tage später bemerkte der Besucher, dass mehrere der irischen Bewohner und die Jugendlichen sich aufgeregt unterhielten. Als sie sich nach dem Grund erkundigten, erzählten sie ihm, dass der junge Mann die gesegnete Hostie zu Versammlungen der Ungläubigen mitgenommen hatte, wo sie sich über sie lustig gemacht und so getan hatten, als würden sie zu ihr beten. „ Ach ja , sicher ", rief ein Arbeiter , „und sein Fleiß hat es überhaupt nicht verändert, überhaupt nicht; aber wie immer sagt er, es sei von Mick genommen worden, und es sei nicht gegeben worden, und es sei seine Aufgabe, es zu tun." Buße!" Und dann erklärte er mit einem bitteren Eid, dass er es dem Priester zurückgeben würde. Als der Mann eine Hacke in der Hand hatte und sie drohend erhob, und sich eine Menschenmenge, hauptsächlich aus seinen eigenen Landsleuten, versammelte, hielt es der Missionar für seine Pflicht, als Friedensstifter aufzutreten, und rief deshalb mit einem Lächeln „Versuchen Sie es vor dem Shillelagh mit der Vernunft: Der Jugendliche und einer von Ihnen sollten besser mit mir gehen und sie bitten, es ihm zurückzugeben!" Dem wurde zugestimmt, und sie machten sich auf den Weg zum Raum der sechs „Übersetzer", wohin der junge Mann mit seiner Beute geflohen war, als er den Sturm zusammenbrauen sah. Die Männer hatten die Hostie an die Wand geheftet, und sie sah aus wie ein schmutziger Gegenstand. Offensichtlich waren sie bereit, es zu verteidigen, waren aber durch die Anwesenheit des Missionars in Verlegenheit gebracht, der sich an den jungen Mann wandte und sagte: „Ich habe gehört, dass Sie einen Dieb genannt haben; nun, da positive Moral ein Teil einer positiven Religion ist, bin ich gekommen, um zu fragen." Sie, die gestohlene Oblate zurückzugeben. "Nicht ich!" antwortete er mit einem fröhlichen Lachen, in das sich auch seine Gefährten einstimmten. „Ich werde lieber versuchen, einen Priester zu finden und ihn dazu zu bringen, es in den Mann von Nazareth zu zaubern, zum Nutzen meiner Paste und des Teigs, und dann werden wir auf ihn schauen und zu ihm beten –" Hier, mit profanen Worten , er sprach den Namen aus, der höher ist als alle Namen, die im Himmel und auf Erden genannt werden. Ein spöttischer Aufschrei der Gruppe der Ungläubigen wurde von dem Besucher zum Schweigen gebracht, der mit fester Stimme sagte: „Das ist wirklich schlecht von Ihnen, eine unmoralische Tat durch eine Verletzung meiner Gefühle zu rechtfertigen. Diese Hostie ist nicht der Erlöser und kann es auch nie sein. " der Welt. Zu glauben, dass dies kein Teil der christlichen Religion ist, dieser Glaube ist eine schreckliche Korruption, die dem christlichen System hinzugefügt wird. Hören Sie zu, während ich aus diesem Buch lese, dem Standard des christlichen Glaubens, der Einsetzung seines heiligen Sakraments durch Christus Der Hostiengott entweiht : „Der Herr Jesus nahm in derselben Nacht, in der er verraten wurde, Brot; und als er gedankt hatte, brach er es und sagte: Nimm, iss! Das ist mein Leib, der gebrochen ist." Tut dies zum Gedenken an mich. Auf die gleiche Weise nahm er den Kelch, als er zu Abend gegessen hatte, und sprach: Dieser Kelch ist das neue Testament in meinem Blut. Das tut ihr, so oft ihr ihn trinkt, zum Gedenken an mich ; denn sooft ihr dieses Brot isst und diesen Kelch trinkt, verkündigt ihr den Tod des Herrn, bis er kommt."

Und dann erhob der Vorleser seine Stimme und sagte: „Es sei euch bekannt, dass die Ewigkeit dieses Sakraments besteht einer der vielen äußeren Beweise , die eine Wahrheit stützen, an der jeder von Ihnen ein gegenwärtiges und ewiges Interesse hat; dass der Herr Jesus, nachdem er den Tod für eure Erlösung vollbracht hatte, von den Toten auferstanden ist und jetzt lebt und zur Rechten Gottes sitzt, ein Fürst und ein Retter Der junge Mann löste die Waffel von der Wand, reichte sie dem Jugendlichen und sagte: „Da, nimm sie zurück, denn es ist für uns unmoralisch, sie zu behalten, obwohl sie nicht so viel wert ist wie eine unserer Borsten." was wir für einen Cent viel bekommen; aber wir nehmen nie eins, ohne einander darum zu bitten." Der Junge ergriff den schmutzigen Gegenstand und eilte mit seinem Freund die Treppe hinunter, während der Vorleser mit dem Schwert des Geistes in der Hand dastand und bereit war, mit dem Schwert des Königs in Konflikt zu geraten Feinde.

Armer Wafer! Hätte nicht zufällig ein junger Mann dich anstelle eines anderen genommen, wärst du Gegenstand einer imposanten Zeremonie gewesen: auf einem Hochaltar platziert und von brennenden Kerzen umgeben, vor dir wäre Weihrauch verbrannt worden, und Priester in prachtvollen Gewändern hätten es getan warfen sich nieder, während eine Gemeinde von Anbetern dich als den Herrn angebetet hätte, der sie erlöst hatte. Stattdessen warst du der Grund dafür, dass sein gesegneter Name gelästert und als Verkörperung einer Lüge dazu gebracht wurde, die Erlösung böser Menschen zu verhindern.

Als der Miniaturaltar aufgestellt wurde, fiel auf, dass zwei Schwestern der Barmherzigkeit mit ihrer trostlosen Kleidung und ihren großen Körben häufig im Hof auftauchten, und die Witwe beobachtete drei Kinder einer armen englischen Familie, die dort lebten das Haus, als er mit den irischen Kindern von der Klosterschule zurückkehrte. Als sie zu diesem Thema mit der Mutter sprach, sagte sie: „Die Schwestern kamen, um sie zu sehen, schenkten ihr schöne Dinge und baten sie, die Kinder in ihre Schule zu schicken; und da eine Religion so gut war wie die andere, sie." sollte tun, was sie wollte. Als die Kinder über ihre Schule gesprochen wurden, wiederholten sie ein Gebet, das sie, wie sie sagten, „zu einer großen Puppe mit einem Baby im Arm sprechen gelernt hatten". Als der Missionar dies hörte, beschloss er, mit dem Vater darüber zu sprechen, und ging am Abend zu diesem Zweck.

Dieser Mann war ein „lebendiges Sandwich", und als er mit seinen abgetragenen Schuhen und dem zerknitterten Hut in den Gerichtssaal schlurfte, wobei die passende Kleidung teilweise von Brettern verdeckt war, die mit brennenden Plakaten bedeckt waren, wirkte er wie ein bedauernswertes Objekt. Sein hagerer, sorgenvoller Gesichtsausdruck ließ einen glauben, dass er sagte: „Er war ein Kerl, wie er zerschmettert war." Als der Missionar ihm nach oben folgte, ahnte er nicht, dass viel über ihn nachgedacht worden war und dass der Besucher, den er begrüßte, so sehr nach seiner Gunst strebte , als wäre er einer der Großen der Welt gewesen. Der arme Mann war in einem kommunikativen Geisteszustand und gab als Antwort auf Anfragen bezüglich seines Gesundheitszustands und seiner Geschäftsaussichten die folgende Erklärung ab.

„Sehen Sie, Meister, wie Sandwiches nie auskommen, weil wir ein kaputter Haufen sind. Warum sollten Sie uns sehen, bevor wir mit unseren Brettern anfangen , alle wegen unserer Rheuma- oder Hustenanfälle ? Denn es ist wunderbar, wie wir miteinander auskommen. Aber viele von uns sind respektabel, obwohl wir nicht immer ehrlich sind, da wir in die Öffentlichkeit gehen, anstatt zu kriechen, und dort unsere Pfeifen und Gespräche genießen . Warum einer von uns ein seltsamer alter Mann ist Mann, was hatte ein gutes Geschäft mit der Muffin-Linie, und es würde einen zum Staunen bringen, wenn man die Gedichte hörte, die er erfindet, und dann würde man lachen und dann würden einem die Augen tränen. Nun, heute bringt er eine neue mit Lied ganz von selbst , und alles endet mit dem, was man nennt:

„„Der Mann, der durch die Dachrinnen geht.‘

„Und es ist eine korrekte Schilderung dessen, wie herabgeguckt wird auf uns, und es zeigt, dass keiner unserer alten Kumpel unsere Pfoten schütteln wird, denn es ist peinlich, als ob einem die Verletzungen aus der Seite springen wie Seramporen an der Eisenbahn; und dann zeigt es das." Es nützt nichts, die Männer zu überwachen, wenn sie sich betrinken, und ihnen eine Geldstrafe von fünf Schilling aufzuerlegen. Das Richtige wäre , ihnen eine Woche lang Sandwiches zu machen und ihnen Werbung für die Abstinenzsitzungen zu machen Würde die Perfession verbessern , wie alles, was sie tun helewates . Was für ein Kerl, was für ein Wagabon , hat mir seine Faust angeboten, und ich habe ihm gegen die Schienbeine getreten; und deshalb habe ich nie eine Fliege getötet, da meine Kunst zart ist. Dieser Wagen hat uns ruiniert. Meine Frau war Hausmädchen und ich war Taxifahrerin; und sie hatte dreiundzwanzig Sovereigns, und ich hatte zehn darauf . Also machten wir ein Paar, und ich nahm einen Stall, lieh mir einen Wagen , kaufte ein altes Taxi und renovierte es, und es ging uns erstklassig. Eines Morgens kam dieser Mann und sagte zu mir: „Du bist gutmütig, und wenn du mir gehorchen willst, werde ich dir gehorchen." und ich möchte einen Orse kaufen , und wenn Sie auf ein Blatt Papier schreiben, was eine Rechnung ist, dann habe ich das Geld und lasse mich verwöhnen. Nun, das gab mir das Gefühl, ein Gentleman zu sein , der mit dem Schreiben Geld verdient, und das tue ich; und der Leckerbissen, den ich hatte, war nicht gut. Nun, drei Monate später kommt ein Kerl mit einem Papier, das fast nur aus Druck besteht, in meinen Stall, in dem es heißt, ich solle die fünfzehn Pfund bezahlen, die ich auf dem Papier unterschrieben habe; und ich konnte und wollte nicht, und ich habe mich oft betrunken, und sie haben im Stall Hexen hingerichtet , und dann hatte ich kein Taxi; und dann machte ich mir Sorgen und lag sehr krank im Krankenhaus; Und dann dachte ich viel nach und sagte zu mir selbst: „Ich habe auf diesem Papier etwas geschrieben, und ich habe den Alkohol getrunken, und ich war mit meiner Frau befreundet, genau wie ich. " machte den Ärger. Und jetzt, wo ich ein Sandwich bin, bringe ich ihr das bisschen Geld, das ich bekomme.

„Du hast Unrecht getan", sagte der Missionar , „dass du dieses Papier unterschrieben hast, ohne deine Frau und deine Bibel zu Rate zu ziehen. Sie hätte die Gefahr vielleicht erkannt und sie verhindern können; wenn nicht, hätte das gute Buch zu dir gesagt: ‚Sei nicht einer von ihnen.' von denen, die Hände schlagen, oder von denen, die für Schulden bürgen. Wenn du nichts zu bezahlen hast, warum sollte er dir dein Bett wegnehmen? Ich habe angerufen, weil ich finde, dass Sie in Bezug auf Ihre Kinder einen weiteren, sehr schwerwiegenden Fehler begehen, indem Sie ihnen den Besuch der Klosterschule erlauben. Die Schwestern waren freundlich zu Ihrer Frau und haben sie davon überzeugt Es gibt keinen Unterschied zwischen ihrer Religion und dem, was wahr ist. Sie haben jedoch Ihre Kinder dazu gebracht, vor Bildern zu knien, obwohl Gott im Gebot gesagt hat: „Du sollst dir kein geschnitztes Bild machen und dich nicht vor ihnen niederbeugen." Darüber hinaus werden ihnen andere Dinge beigebracht, die nicht wahr sind, und sie müssen ihnen deshalb schaden. So arm du auch bist, du bist Gott gegenüber für deine Kinder verantwortlich, und du sündigst, indem du zulässt, dass sie in einer falschen Religion erzogen werden. Bär Nehmen Sie Ihre Probleme mutig in Kauf, und es mögen bessere Tage kommen, aber tun Sie Ihren Kindern etwas Gutes, indem Sie mir erlauben, sie auf eine richtige Schule zu bringen." Nach schwachem Widerstand der Mutter wurde dem zugestimmt und der Besuch endete mit einer Lesung aus der Bibel; Danach kniete die Familie gemeinsam vor dem Thron der Gnade. Am nächsten Morgen rief der Missionar die Kinder ab und brachte sie zur Nationalschule. Tagsüber besuchten die Schwestern die Mutter und verließen nach einem kurzen Besuch mit schnellem Schritt den Hof. In der darauffolgenden Woche verließen mehrere Romanisten, darunter auch die Familie mit dem Miniaturaltar, das Haus; Elf der Katechismen, die sie in Umlauf gebracht hatten, wurden gegen gute Bücher eingetauscht, und so wurde der Versuch, in Paradise Court zu romanisieren, eingestellt.

Das gegenüberliegende Haus, dessen Tür dem Missionar bei seinem ersten Besuch verschlossen war, war den führenden Mitgliedern der Caddie-Bruderschaft als „easy padding ken" bekannt, was „eine ruhige Herberge für bettelnde Betrüger" bedeutet. Da diese Schurken nur kurze Zeit blieben, um sich vor der Polizei zu verstecken oder neue Täuschungen für ihre Freunde auf dem Land vorzubereiten, traf man auf eine schnelle Abfolge von ihnen, von der „flachen Bucht" (d. h. einem *angeblichen* Seemann in Not) bis an den

„Überflieger" (*d . h* . einen Bettelbriefbetrüger). Der Zigeunermann und seine Frau, die die Höhle behielt, gaben an, dass sie die Traktate sehr mochten, aber ein Mann, der den „religiösen Trick" vornahm, erzählte dem Geber, dass sie gespart und für zwei Pence pro Dutzend pro Dorf an jemanden wie ihn selbst verkauft worden seien und Betteln am Straßenrand. Der Vermieter geriet in Schwierigkeiten mit der Polizei, und um sie aus der Fassung zu bringen, vermietete er die oberen Zimmer mehrere Monate lang wie gewohnt. Dies erklärt den Umstand, dass der Besucher nicht wusste, dass die obere Rückseite seit fünf oder sechs Wochen von einer Familie bewohnt war. An einem dunklen Novembernachmittag glaubte er, dass dort Mieter seien, und machte sich auf den Weg zu diesem Teil des Hauses. Als Antwort auf sein Klopfen wurde die Tür von einer Frau geöffnet, die teilweise betrunken war und deren Aussehen darauf schließen ließ, dass sie die Staubhaufen durchsiebte. Sie lehnte das angebotene Traktat mit der Begründung ab, dass „es nicht gut zum Essen sei"; Aber als ihr vom „wahren Brot" erzählt wurde, öffnete sie die Tür weiter, blickte auf ein Bündel Lumpen und sagte: „Du kannst mit meinem Mädchen reden, das ist sehr schlecht, da ich rausgehe", und dann taumelte sie unten.

Der Besucher näherte sich den Lumpen, auf denen ein kleines Mädchen von elf Jahren lag. Sie richtete sich teilweise auf, als wollte sie den Fremden ansehen, und sank dann wieder zurück, als wäre sie von der Anstrengung erschöpft. „Ich bin gekommen, um mit Ihnen über Jesus zu sprechen und mit Ihnen zu beten", sagte der Missionar , ergriff ihre ausgemergelte Hand und hielt dann inne, um dem kleinen Leidenden Zeit zu geben, sich von der Aufregung seiner Anwesenheit zu erholen und zu beten Schauen Sie sich im Raum um. Es war eine elende Wohnung; extrem schmutzig; kaum ein Überbleibsel von Möbeln, es sei denn, die beiden Kisten, die als Sitzgelegenheiten dienten, und die über Holzstücke gelegten Bretter, die als Tisch dienten, könnten diesen Namen tragen. In einer Ecke lag ein Stapel alter Wasserkocher ohne Ausgießer und Töpfe ohne Griffe und Deckel. In der mit Asche gefüllten Feuerstelle ohne Schutzblech befand sich das Handfeuer eines Kesselflickers – ein Topf mit runden Löchern an der Seite und einem Drahtgriff. In verschiedenen Teilen des Raumes lagen kleine Haufen schmutziger Lumpen, Flaschen und Fetttöpfe . All dies zeigte, dass es sich bei dem Bewohner um einen reisenden Kesselflicker handelte, der durch die Krankheit des Kindes auf seiner Reise gestoppt worden war, und dass seine Frau Arbeit auf einem Müllhaufen erhalten hatte, von dem sie abgenutztes Blechgeschirr für ihren Mann brachte „Arzt auf" und an die Armen weiterverkaufen. Der Besucher wandte sich dem Kind zu und erkundigte sich, wie lange es dort lebe und ob es das Vaterunser sprechen könne. Als Antwort sagte das Kind, das von Zeit zu Zeit nach Luft schnappte, mit leiser, hohler Stimme: „Vier oder fünf Sonntage lang war ich krank, mein Herr, und wir mussten unter einer Hecke schlafen, was mich noch schlimmer machte; und dann Wir sind hierher getrampelt, und der Arzt war bei mir und sagte, er könne nicht viel für mich tun, da ich immer dünner werde und nichts essen könne. und dann erhob sie sich auf ihren Arm und fuhr fort, wobei ihre Augen mit einem übernatürlichen Glanz aufleuchteten: „Ich kann dieses ganze Gebet nicht aufsagen, aber ich kann die hübsche Hymne, die in dem Buch unter meinem Kopf steht. Ich kann nicht lesen.", aber ich weiß, dass es da ist. Und dann wurde die pfirsichfarbene Farbe ihrer Wangen intensiver, als sie das „Penny-Gesangbuch" öffnete und die ersten beiden Verse der Hymne wiederholte:

„„Komm, lass uns unsere fröhlichen Lieder singen , Mit Engeln um den Thron.""

Dann warf sie sich wie erschöpft zurück, aber ihr Gesicht nahm einen Ausdruck intensiven Glücks an. Nach ein paar Minuten wurde die Frage gestellt: „Und wie haben Sie diese Hymne gelernt?" „Ein kleines Mädchen in der Unterkunft der Landstreicher in Ipswich", antwortete sie, „ging zur Sonntagsschule und nahm mich drei Sonntage lang mit: Die Dame sah, dass ich krank war, küsste mich und sagte mir, wie man es sagt." „Diese Hymne, und sie macht mich so glücklich. Und ich gehe bald zu Ihm", flüsterte sie und blickte mit offensichtlicher Freude auf. „Du darfst nicht mehr reden, mein Lieber", sagte der Besucher, „aber ich werde jetzt zu Jesus beten, zu dem die Engel im Himmel singen, und ihn bitten, dich jetzt sehr gut zu machen und dich dann zu nehmen." mit Ihm in Herrlichkeit." „Bitte *Ihn* ", flüsterte das Kind, „Vater und Mutter gut zu machen: Sie betrinken sich und machen mir solche Angst und sagen so böse Worte." Der Bitte wurde entsprochen, und Er, der seinen Jüngern gesagt hatte, sie sollten „bitten, damit sie empfangen", wurde in einfacher Sprache, aber in ernstem Gebet gebeten, das Kind zu segnen und die Eltern zu retten.

An diesem Abend wurden dem Kind einige Dinge des Nötigsten geschickt; Und zwei Tage später stieg der Missionar erneut diese dunkle Treppe hinauf: Er tat dies mit Freude, weil er spürte, dass in diesem düsteren Raum ein kleiner Mensch war, der den Erretter liebte und der bald in seine Gegenwart gerufen und von ihm persönlich gesegnet werden würde . Die Tür wurde von der Mutter geöffnet, die in Tränen ausbrach und sich abwandte; Als der Besucher einen Blick auf das Bett aus Lumpen warf, erschrak er, als er an seiner Stelle einen kleinen Ulmensarg sah, und erkundigte sich, wann das Kind gestorben sei. „Spät in der Nacht, als du hier warst", antwortete die Mutter schluchzend. „Sie hatte große Schmerzen, setzte sich im Bett auf, holte ihr kleines Buch heraus und sagte das Lied, das ihr so sehr gefiel ..."

„Kommt, lasst uns unsere fröhlichen Lieder singen , mit Engeln um den Thron."

Und dann kam ihr Husten, und sie fiel zurück ins Bett und starb wie ein Lamm." Während sie redeten, kam der Vater, ein unauffällig aussehender Landstreicher, herein; und der Missionar erzählte ihnen von der Bitte des Kindes, dass er es tun würde betet für sie, damit sie wieder gesund werden. Beide weinten vor lauter Gefühlen, und dann knieten sie neben dem kleinen Sarg nieder, während ein Gebet, ein tiefes, ernstes Gebet, für ihre Erlösung gesprochen wurde. An diesem Abend und noch einige Monate danach beteten sie nahm an der Versammlung im Zimmer der Witwe teil, und bevor sie den Ort verließen, um ein sesshaftes Leben zu führen, nicht das eines Landstreichers, legte der Mann den Beweis seiner Reformation vor, und die Frau, von der sie an die Rettung ihrer Seele geglaubt hatte.

An jenem Tag, an dem der Herr jedem seiner Diener das geben wird, was seine Arbeit sein soll, wird die Dame eintreffen, die diesem Bettlerkind eine Hymne über seine Liebe und Herrlichkeit beigebracht und ihr Herz mit einem Kuss christlicher Nächstenliebe für ihn gewonnen hat Keine Weise wird ihren Lohn verlieren.

Das Buch im Gericht.

ES IST DIE WAHRHEIT.

„„Na, Junge!' Er sagte: „Ich habe mein Leben weggeworfen
und muss jetzt die Abrechnung abgeben, sagen sie." Ich sagte: „Ich hoffe, Herr, dass Sie bereit sind, dem Richter zu begegnen und sich an seinen Preis zu halten!" Vorbereitet!' Er sagte: „Roger, meine offenen Augen. Schau jetzt unverstellt auf die Vergangenheit. Und ich erinnere mich an all die vergangenen Jahre und an alles, was ich getan habe, als wäre es erst gestern gewesen. Es hat keinen Zweck, mich zur Reue zu drängen; ich" Ich habe meine Chance verloren und muss mich jetzt damit zufrieden geben, wie andere zu ergehen – also lass es sein: „Aber es ist ein schreckliches Wort – Ewigkeit!" „Sehr geehrter Herr", sagte ich, „es ist ein schreckliches Wort: Erhebe dein Herz." und rufe den Herrn an. Vielleicht' – Er fuhr ungeduldig auf – ‚Ich kann nicht rufen: So lass es sein! Ich habe keine Hoffnung, dass mir vergeben wird; ich weiß, dass ein Trunkenbold nicht in den Himmel kommen kann; Und wie ich darauf stehe Die Zerstörung steht am Rande, ich sehe, ich habe meine Seele für „Trinken" geopfert. „Oh, was für ein Idiot war ich! Aber sag nichts mehr: Meine verrückte Barke wird bald vom Ufer abstoßen."

Mrs. Sewell.

KAPITEL V.

ROLEY-POLEYS MEINUNGEN – DIE
BUSWASCHMASCHINE – KOMMUNISMUS – EIN
UNGLÄUBER-CLUBRAUM – PHILOSOPHEN –
KONFLIKT MIT DER UNTREUE – DIE
STROLOGY-FRAU – ANTWORTEN DER BIBEL –
IMP-FRAU – DER BEKEHRTE UNGLÄUBER.

DAS BUCH VOR GERICHT:
SEINE WAHRHEIT.

„Dein Wort ist von Anfang an wahr." PS. cxix. 160.

ALLE, die „ Roley-poley ", wie ihn die Kinder gerne nannten, kannten,
waren überzeugt, dass mit ihm oder seinen Angelegenheiten etwas nicht
stimmte. Er galt als einer der angesehensten Vertreter des Hofes; und als er
das Haus verließ, mit seinem riesigen, schmalkantigen Korb, der mit einem
weißen Tuch bedeckt war, auf dem Scheiben von gerolltem
Johannisbeerpudding und Pflaumenkuchen ausgestellt waren, sah er rosig
vor Sauberkeit aus. Sein rosiges, zufriedenes Gesicht, die weiße Kattun-
Kochmütze, auf die er sehr stolz war, und seine saubere Schürze waren für
seine Anhänger – die Raufbolde und Gossenkinder – ein echter Zauber. Die
Partnerin seines Lebens war auch Teilhaberin im Proviantgeschäft, denn sie
verkaufte Schafsfüße vor den Türen der Wirtshäuser. Obwohl beide sechzig
Jahre alt waren, waren sie gesund und ihr Zimmer machte einen gemütlichen
Eindruck. Es war offensichtlich, dass es ihnen gut ging, denn am Nachmittag
gingen sie mit gut gefüllten Körben und kehrten abends mit leeren Körben
zurück. Geschäftliche Schwierigkeiten waren also nicht die Ursache, und
doch wurde der gutmütige kleine Mann schlecht gelaunt, scharfsinnig
gegenüber seinen Kunden und „launisch" gegenüber jedem; und dann
begann seine sanftmütige kleine Frau, elend auszusehen und von ihren
„Problemen" zu sprechen. Alkohol war nicht die Ursache, da „ Roley-poley
" ein nüchterner Mann war. Daher kam man zu dem Schluss, dass seine
„Meinungen", die in letzter Zeit sehr eigenartig geworden waren, die Wurzel
des Übels waren. Dies wurde dadurch bestätigt, dass er einen Angriff auf den
Missionar wagte , mit dem er im Allgemeinen ein gutes Verhältnis gestanden
hatte: und so kam es zu dem Vorfall. Der Leser des guten Buches stand mit
einer Gruppe von Jungen in einer Tür, deren Pence-Werfen er durch das
Angebot gestoppt hatte, ihnen die Geschichte eines jungen Mannes
vorzulesen, der in eine Löwengrube geworfen wurde. Als „ Roley-Poley "
mit seinem Korb vorbeiging, lenkte er die Aufmerksamkeit ab und schüttelte

den Pence, wobei er die verlockende Auswahl so sehr betrachtete, dass der Einzelhändler auf ihn zukam, um ein Geschäft abzuschließen. Die Jugendlichen hielten in ihrem Einkauf inne, um sich das Ende der Erzählung anzuhören, was den armen Mann möglicherweise irritiert hatte, als er gehässig auf das Buch blickte und ausrief: „Das ist alles widersprüchlich und besteht aus Lügen der Pfarrer, was?" produziert kein Nuffin , um uns niedrig zu halten und unser Geld zu bekommen, und es heißt, dass Gott aus Teman stamme , und niemand weiß davon und Ihn; und es ist schlecht, denn es heißt, wir sollen wie ein sein Mann, der den Leuten gesagt hat, sie sollen einen Esel stehlen. Meine Meinung ist: ‚Keine Religion und unsere Rechte'." Dann trottete er davon, als hätte er den lange verdichteten Dampf „seiner Meinung" abgelassen .

Am nächsten Morgen betrat der Missionar sein Zimmer, um eine Erklärung einzuholen, und ihm wurde gesagt, dass „solcher wie er nicht gesucht" sei.

„Ja , das bist du, Meister", rief die sanftmütige kleine Frau voller Zorn. „Er wird zum Ungläubigen, weil die Schuhmacher ihm das Buch von Tom Paine geliehen haben, das er alle zwei Sonntage gelesen hat; und jetzt geht es ihm schlecht, und er redet böse, geht zu den Treffen der Ungläubigen und bleibt nicht mit dem Korb stehen , weil er nicht zufrieden ist und die Sachen anderer Leute haben will.

„Sie ist eine Hexe ", erwiderte der Ehemann; „Und eine Hexe , die keinen Verstand hat, das ist die schlimmere Art von Hexen : und sie liest ständig das Buch ihrer Mutter, ‚Die ganze Pflicht des Menschen', das ein Pfarrerbuch ist, und verstößt gegen unsere Rechte."

Das häusliche Gezwitscher wurde unterbrochen, als der Besucher bemerkte: „In der Religion ist es ganz richtig, sich unserer Vernunft zu bedienen; so wie uns die Bibel sagt, wir sollen ‚alle Dinge prüfen und an dem festhalten, was gut ist'." Und er dann, in a Mit beruhigendem Tonfall und einfachen Illustrationen bewies er dem armen Mann, dass Gott existiert und dass Er der Belohner derer ist, die Ihn eifrig suchen. und versicherte ihm dann sein Interesse am liebenden Herzen des Erretters .

Der alte Mann hörte zu, und an der Art und Weise, wie er seiner Puddingarbeit nachging, war klar, dass er Gegenstand eines inneren Konflikts war. Nachdem er seine Schürze gewaschen hatte, schüttete er das Mehl so heftig in die schmutzige alte Wanne, dass eine Staubwolke entstand, und vermischte es dann mit solcher Energie, dass seine Arme bald mit weißbraunen Flocken bedeckt waren. Als der Teig auf den Tisch gelegt wurde, wurde er ruhiger, und gegen Ende des Vorgangs wurde das Nudelholz vorsichtig benutzt. Der Missionar erhob sich von seinem Sitz und sagte freundlich: „Es tut mir leid für Sie, denn Sie wurden verletzt. Die Männer haben Ihnen mehr Schaden zugefügt, indem sie Ihnen dieses Buch geliehen haben, als wenn sie Ihnen den Arm gebrochen hätten. Sie haben eine ganze Weile gemeinsam weitergekämpft." Viele Jahre lang, und jetzt solltest du versuchen, deine letzten Tage zu deinen besten Tagen zu machen. Dieses schlechte Buch wird dies verhindern und dir die Hoffnung auf ein Zusammentreffen im Himmel rauben. Lies, mein guter Freund, deine Bibel und frage Gott, dass du die bösen Gedanken aus deinem Kopf verbannst.

Die Frau, die in einer anderen Wanne ihre Traber zubereitete, brach in Tränen aus; und die Tränen traten in die Augen des armen Mannes, als er sagte: „Ich werde sie aufgeben, Sir, und ich werde Ihre Bibel lesen; und der Name des Buches, das ich hatte, ist „Das Zeitalter der Vernunft" und Die Buswaschmaschine hat es, und man hat uns gesagt, dass wir es Ihnen nicht zeigen dürfen.

Ein schlechtes Buch ist bei einem Volk, das so unwissend ist wie die Bewohner von Paradise Court, schlimmer als ein Raubtier auf freiem Fuß: so dachte der Besucher, als er in der Hoffnung darauf zum Zimmer der Familie eilte, die das Buch erhalten hatte erfassen. Der Mann, ein Omnibuswäscher, war gerade von seiner Arbeit zurückgekehrt, bei der er seit drei Uhr morgens beschäftigt war. Er war schmutzig und abgemagert, aber das war sein üblicher Zustand; aber das dunkle Stirnrunzeln auf seiner Stirn und die mürrische Art, wie er den Besucher empfing, waren ihm neu. Er war einer von denen, denen wirklich Gutes getan worden war und die seine Dankbarkeit zum Ausdruck gebracht hatten. Er hatte eine kränkliche Frau und sechs Kinder, und sein knapper Verdienst betrug nur siebzehn Schilling pro Woche. Da er bei schlechtem Wetter den größten Teil der Nacht arbeitete, hatte er sich, zweifellos aus Erschöpfungsgefühl, die Gewohnheit angewöhnt, gleich nach der Öffnung des Wirtshauses ein Viertel Rum zu trinken, was zu einer erheblichen Kürzung seines Lohns führte zum Nachtrinken. Kein Wunder also, dass seine Familie zeitweise hungerte. Sein siebenjähriger Junge war taubstumm und ein großer Gegenstand des Mitleids. Eines Tages gab ihm ein Nachbar einen Penny, um sein Stöhnen zu beruhigen, als er auf der Treppe saß. Das Kind eilte zum Bäcker und kaufte einen Laib Brot dazu. Als er das Zimmer betrat und daran nagte, sprangen die anderen Kinder in wildem Hunger auf ihn los und rissen es ihm aus den Händen. Dies erfuhr der Missionar , der den Mann aufforderte, mit ihm über die Verwendung seines Lohns zu sprechen. Die Witwe war bereits dort gewesen und hatte die Frau davon überzeugt, dass mit dem Geld mehr zu machen wäre, wenn beide einverstanden wären. Aufgrund der Ergebnisse der Konferenz wurde der Mann veranlasst, das Versprechen zu unterzeichnen; und um ihm dabei zu helfen, sich Gewohnheiten der Nüchternheit anzueignen, wurde dafür gesorgt, dass er in einem Haus, das um fünf Uhr morgens öffnete, kostenlos ein Frühstück mit Brot, Butter und Kaffee erhielt. Nach Ablauf von zwei Wochen hatte sich der

Gesundheitszustand des Mannes verbessert und er war fest entschlossen, sein Versprechen einzuhalten und sein frühes Frühstück fortzusetzen. Es folgten gute Ergebnisse, denn die Frau wurde fröhlich, die Kinder glücklich und das Zimmer wirkte behaglich. Nun hatte sich jedoch eine Wolke über der Familie zusammengezogen, der Mann verließ das Haus, und der Sonntagsschal und der Ehering der Frau waren wieder verschwunden. Ihr Besucher machte sich daher Sorgen um sie, weshalb er in ihr Zimmer eilte. Zuerst war der Mann mürrisch; aber als Antwort auf die Bemerkung: „Ich fürchte, Sie haben Ihr Versprechen, täglich ein Kapitel zu lesen, vernachlässigt?" er antwortete: „Ich bin der beste Gelehrte hier unten und auch im Hof, und ich habe herausgefunden, wie wir von den ‚Aristokraten' niedergehalten werden ; Und jetzt verstehe ich, was unsere Rechte sind, und ich werde meinen Anteil an dem Reichtum haben, der dem Volk gehört, das ihn hervorbringt." Und dann ballte er die Faust und rief: „Und wenn es darum geht, dafür zu kämpfen, werde ich meinen Teil dazu beitragen."

Der Besucher versuchte, seine Aufmerksamkeit auf den Grund und die Religion der Angelegenheit zu lenken, wurde jedoch von der Frau aufgehalten, die zu seinem Erstaunen mit der Erklärung einstimmte, dass „die Menschen aufgeklärt wurden und nicht von ihnen unterdrückt werden sollten." Religion, obwohl einige, die daran glaubten, gut und andere schlecht waren. Nachdem er ihnen ausreichend Zeit zugehört hatte, um sich über das volle Ausmaß des Schadens, den sie erlitten hatten, zu informieren, sagte er scharf: „Sie hatten keine Zeit, über die Meinungen nachzudenken, die Sie akzeptiert haben: Wenn Sie das getan haben, werden Sie Ihre Meinung entdecken." Fehler, und ich vertraue darauf, dass Sie zu Ihrer Freude erfahren werden, dass die Worte des Herrn rein sind und die Einfältigen weise machen." Und dann ging er, mit einem traurigen Herzen über die Entmutigung, die er erlitten hatte.

Bei seinem nächsten Besuch beim Besitzer von „The Age of Reason" versuchte der Missionar ihn davon zu überzeugen, dass er durch die Verbreitung seines Buches „Advanced Opinions" tatsächlich Schaden anrichtete, und führte die Parteien an, auf die wir uns bezogen hatten. „Ich gebe zu", antwortete er, „dass die unmittelbare Folge der Unruhe des Geistes offensichtliches Böses hervorbringt; aber wir Freidenker müssen wie gute Chirurgen Wunden heilen und amputieren, um zu retten. Wir erwarten nicht, dass wir das theologische System vernichten." Jahrhunderte lang ohne Schaden für den Einzelnen und die Gesellschaft. Unsere Prinzipien werden revolutionieren und zerstören, bis wir in der Lage sind, ein neues moralisches System aufzubauen." Dann teilte er dem Besucher mit, dass in einem benachbarten Kaffeehaus eine säkulare Zweiggesellschaft mit dreißig Mitgliedern gegründet worden sei , und fügte hinzu: „Nach der Arbeit am Samstagabend beabsichtigen wir, eine Diskussion abzuhalten, um neue

Mitglieder zu gewinnen; und das habe ich auch getan." Ich habe das Privileg, einen Freund einzuladen, ich würde mich freuen, Sie dort zu sehen.

Da sich mehrere Bewohner des Hofes der Gesellschaft angeschlossen hatten, hielt es der Missionar für seine Pflicht, die Einladung anzunehmen, und betrat daher zur vereinbarten Zeit den Raum. Die Einrichtung war auf jeden Fall komfortabel und ansprechend, die Wände waren ordentlich tapeziert und rund um den Raum waren zwanzig Zierleisten angebracht, und auf jeder davon befand sich die Büste eines ungläubigen Schriftstellers wie Byron, Chubb, Paine, Shelley, Shaftesbury, Voltaire usw Andere. Unter jeder Konsole befand sich ein kleines Regal, auf dem die Werke des durch die Büste dargestellten Mannes lagen, und die Wirkung war sehr hübsch. Es gab auch ein Regal mit Büchern wie „Eine kurze und einfache Methode mit den Heiligen". Auf dem Tisch lagen die verschiedenen Veröffentlichungen der Ungläubigen und drei Bibeln – die autorisierte Version, die Douay und die Priestley. Es gab auch ein Wörterbuch und einen Auktionshammer für den Vorsitzenden. Diese Persönlichkeit, ein Eisenwarenhändler, wurde zum Vorsitzenden gewählt und gratulierte den Mitgliedern zum Erfolg der neuen Bewegung. Dann kündigte er das Diskussionsthema an: „Braucht der Mensch eine Offenbarung?" und forderte den Sekretär, einen weltlichen Buchhändler, auf, sich mit der negativen Seite zu befassen. Er tat dies in einer wirklich klugen Rede, indem er seinen Weg frei machte, indem er Binsenweisheiten über die Kraft des menschlichen Intellekts, die Erkenntnisfähigkeit des Menschen und seine Macht über die materielle Welt darlegte. Dann griff er das Christentum an, beschuldigte es für all das Böse, das in seinem Namen begangen wurde, und vieles mehr, und fuhr fort, den Satz aufzustellen: „Wissenschaft ist die Vorsehung des Lebens; spirituelle Abhängigkeit führt zu materieller Zerstörung." Dann bemühte er sich zu zeigen, „dass die Moral unabhängig von der biblischen Religion ist" und forderte seine Zuhörer auf, das Buch abzulehnen, dessen Vernunft und moderne Entdeckungen sich als falsch erwiesen hatten, und sich auf Philosophie und Wissenschaft zu verlassen, um soziale und politische Gleichheit zu erreichen mit ihren erhebenden und glücklichen Einflüssen.

Als er seinen Platz einnahm, wurde ihm applaudiert, und dann erhob sich der Missionar mit seiner Taschenbibel in der Hand und sagte: „Ich vertraue darauf, dass Sie, Herr Vorsitzender, und die Mitglieder dieser Gesellschaft mir die übliche Höflichkeit entgegenbringen werden." gegenüber Fremden, indem Sie mir erlauben, diese Frage zu bejahen; und da dies mein erster Versuch ist, an einer Debatte teilzunehmen, bin ich mir sicher, dass Sie mir Ihre Nachsicht gewähren werden, falls ich versehentlich gegen Ihre Diskussionsregeln verstoße. Jetzt , da Ihr Sekretär Philosophie und Wissenschaft in Widerspruch zu diesem Buch gestellt und erklärt hat, dass dies die Waffen Ihrer Kriegsführung sind, mit denen das Christentum und unser sozialer Staat zerstört und ersetzt werden sollen, möchte ich antworten, indem ich den Standpunkt vertrete: „Diese Philosophie." tappt nur im Dunkeln für die Bibel, und diese Wissenschaft humpelt ihr nur hinterher." (Gelächter.) Das ist ein großartiges Thema, und wir sollten es mit Bescheidenheit angehen, denn viele der besten, edelsten und gelehrtesten unserer Rasse haben an die Bibel geglaubt. Sir Isaac Newton beobachtete von seinem Observatorium aus den Sternenhimmel Baldachin und bestätigte dann die Aussage des hebräischen Dichters, dass „die Himmel die Herrlichkeit Gottes verkünden und das Firmament sein praktisches Werk zeigt ." Und ich möchte Sie hier daran erinnern, dass wahre Philosophie – die Beherrschung der Naturwissenschaft – schließlich ein spirituelles Produkt der Ausübung des menschlichen Intellekts auf die Werke der Schöpfung ist: So wie beispielsweise die Atomtheorie die Frucht der Vernunft in der Chemie ist . Sie müssen daher die Argumente von Philosophen akzeptieren, deren Argumentation Ihren Sinnen widerspricht, wie wenn sie uns sagen, dass sich die Erde um die Sonne dreht. Wenn wir dann bei Naturphänomenen unsere Vernunft nutzen müssen, um die Theorien der Menschen zu akzeptieren oder abzulehnen, dann ist das der Fall Führt es nicht zu der Überzeugung, dass die Vernunft selbst in Angelegenheiten aufgeklärt und geleitet werden muss, die über ihre Handlungsfähigkeit hinausgehen ? Gerade bei notwendigen Wahrheiten, die der Mensch durch Suchen nicht entdecken kann, werden Mitteilungen vom Schöpfer notwendig; und dieses Buch enthält solche Offenbarungen: Daher führt die wahre Philosophie dorthin. Und jetzt möchte ich Sie mit der Autorität des Historikers Neander daran erinnern, dass vor der Idee des Christentums niemand daran dachte, ein System der Aufklärung zu schaffen, das sich auf die Menschen erstrecken könnte. Die stoische, epikureische und platonische Form der Philosophie erkennt zwei Klassen der Menschheit an: die Edelgesinnten, die ihre Schüler bildeten, und die groben Massen, die sie als hoffnungslos im Verfall versunken mieden. Der Begründer der christlichen Religion erhob sich jedoch über die menschlichen Philosophen, indem er seine Mission dem einfachen Volk verkündete und auf diese Weise die Menschheit auf den Standard einer universellen Bruderschaft erhob." Der Redner wurde hier durch widersprüchliche Rufe gestoppt; aber Er sorgte für Schweigen, indem er ihm die Bibel hinhielt und leidenschaftlich ausrief: „Philosophie und Wissenschaft können den Menschen zum intellektuellen Genuss der Natur und zu Maximen der Weisheit führen; sie können ihn aber auch mit ernsten Schwierigkeiten belasten." Sie lehren ihn, dass Materie unzerstörbar ist und dass das Gesicht der Natur ständig wiederhergestellt wird; und auf diese Weise werfen sie in seinem Kopf die wichtigen Fragen auf: „Soll meine intellektuelle Kraft zerstört werden, während die Materie nur eine Veränderung erfährt?" und „Wenn ein Mann stirbt, soll er dann wieder leben?" Wer dieses Buch ablehnt, schaut ins Grab und entdeckt eine

Dunkelheit, die man zwar spüren, aber nicht durchdringen kann. Wir jedoch, die wir diese Offenbarung annehmen, blicken in ihre Dunkelheit und entdecken Blitze himmlischer Herrlichkeit, die den Weg zu einer Unsterblichkeit der Seligkeit ebnen. Das Lied vom Sieg über den Tod gehört dem christlichen Philosophen, der beim Blick ins Grab voller Freude ausruft: „Der *Herr* ist tatsächlich auferstanden, und weil er lebt , werde auch ich leben.“

„Die Philosophie tappt nur im Dunkeln für die Bibel, und die Wissenschaft humpelt ihr nur hinterher.“

Als der Redner seinen Platz wieder einnahm, herrschte große Aufregung unter den Ungläubigen. Alle hatten seinen Schlussworten mit atemloser Aufmerksamkeit zugehört, aber die alten Freidenker blickten ihn mit zornigen Blicken an, während die jungen Männer herzlich jubelten. Es dauerte einige Minuten, bis sich ein Mitglied erhob, um zu antworten, und er beschäftigte sich nicht mit der Frage; Er schimpfte eher über den Mann mit dem Buch und äußerte die Meinung, dass „er ein Enthusiast war und dass man ihm nicht erlauben sollte, ihre Häuser zu betreten, da sein Einfluss in ihren Familien und unter ihren Nachbarn die weltliche Sache ruinieren und fördern würde." Priestertum." Da es sich um eine persönliche Angelegenheit handelte, erhob sich der christliche Besucher und verließ mit einer freundlichen Bemerkung an den Vorsitzenden den Raum.

Eine Zeit lang blühte die Gesellschaft der Ungläubigen auf, da ihre Mitglieder große Anstrengungen unternahmen und eine große Verbreitung ihrer Bücher, Veröffentlichungen und Traktate herbeiführten. Der Missionar bekämpfte jedoch einen direkten Konflikt mit ihnen, indem er jedes Mitglied in seinem Haus besuchte, ihre Bücher gegen solche mit einem Gegenmittel austauschte und sorgfältig ausgewählte Traktate in großem Umfang verteilte. Als sie ihren Diskussionskurs in einen benachbarten Saal verlegten und eine Anwesenheit von 140 bis 180 Männern, darunter viele Ausländer, sicherten, nahm er an zweiundfünfzig Samstagabenden an den Debatten teil. Diese Bemühungen wurden unternommen, um Gutes zu bewirken; Der Missionar war jedoch traurig darüber, dass mehrere seiner Leute im Unglauben bestätigt wurden. Einer von ihnen war ein Arbeiter , der das „Zeitalter der Vernunft" las, an einer Diskussion teilnahm und immer ein Feind der Wahrheit war. Es gab andere, die die Einwände der Ungläubigen, die sie hörten, als Mittel nutzten, um ihr Gewissen zu verhärten, damit sie ihren bösen Wegen nachgehen konnten. Unter diesen befanden sich zwei Frauen, die vom Volk „ Strologiefrau " und „Koboldfrau" genannt wurden.

Ersterer gehörte einer Bande von Wahrsager-Betrügern an, die in den Armenvierteln West -Londons lebten. Einer von ihnen war ein Scherenschleifer, dessen Frau eine Mulattin war. Wenn er mit seiner Maschine unterwegs war, verteilte er unter den Dienstmädchen Karten mit seiner Adresse und der Ankündigung, dass seine Frau „Sonnenschirme reparierte und Karten schnitt". Ein weiterer Teilnehmer der Gruppe war ein vulgär gekleideter Mann, der sich selbst als „Professor" bezeichnete und einen Zauberspiegel besaß, zu dem dumme Mädchen hingezogen wurden, weil er ihnen einen Blick auf ihre zukünftigen Partner versprach. Die „ Strologie- Frau" unterstützte diese Personen, wenn ihre Geschäfte so bedrängt waren, dass sie Hilfe benötigten, und sie log auf eigene Faust ein wenig bei einer niedrigeren Klasse von Betrügern. Der Raum an der Ecke des Hofes war für ihre Schwarzkunstzwecke geeignet, da Personen unbemerkt hineinschlüpfen konnten und es für andere Mieter keinen Durchgang gab. Sie war etwa vierzig Jahre alt und unverheiratet. Sie empfing ihre Fragen erst nach sechs Uhr abends und kleidete sich dann in ein farbenfrohes orientalisches Kostüm mit fantastischem Kopfschmuck und einer großen Korallenkette, an der ein Bündel schwerer Amulette hing. Vorne war der Warteraum, hinten der Audienzraum. Letzteres war gut eingerichtet und seltsam dekoriert. Über dem Kaminsims hing eine schlecht gemalte Karte der zwölf Tierkreiszeichen und an der Seite ein Bild von Daniels Vision der vier Tiere. Auf dem Tisch lagen ein Gebetbuch, mehrere abgenutzte Kartenspiele, ein Himmelsglobus und eine Reihe von „Geburtspapieren" mit Platz zum Ausfüllen. An der Seite stand ein kleiner Tisch aus Tannenholz, der mit Flaschen und Puderpapier bedeckt war , mit wunderbaren Neuheiten für ihre törichten „Forscher". „Schicksalspulver (aus Ziegelstaub) mit Gebrauchsanweisung, um Zukunftsträume zu verwirklichen" – Threepence . „Komprimierung der Damastrose, um dem Gesicht einen unwiderstehlichen Charme zu verleihen" (Rouge und Schmalz in einer kleinen Pillendose), – Sixpence. „Der Geist der Liebe: eine Faszination" (gewöhnlicher Duft in kleiner Flasche), Tenpence; und andere Artikel von gleicher Anziehungskraft. Die Frau prahlte damit, dass sich unter den Mädchen, die sich drängten, um sie zu befragen, viele angesehene junge Frauen befanden, mit denen sie in den Parks und auf der Straße gesprochen und ihnen Karten gegeben hatte. Zuerst ging sie dem Missionar aus dem Weg, und als es ihm gelang, mit ihr zu sprechen, hörte sie mit deutlichem Respekt zu ; Seine Treue führte jedoch sehr bald zu einem Bruch, und es geschah auf diese Weise. Eines Abends versammelte sich eine Gruppe armer Mädchen, bevor die Frau, die von zu Hause kam, zurückkam, um die Tür zu öffnen. Der Missionar , der vorbeikam, gab Traktate und erklärte ihnen die Sünde und Torheit, eine böse Frau über die Zukunft zu befragen, die nur der Allmächtige kannte. Während er sprach, kam die „ Strologiefrau " auf ihn zu und die Mädchen huschten in ihrer Verwirrung davon. Zu seiner Überraschung bat sie ihn in ihr Sprechzimmer und machte ihm in einem milden, trügerischen Ton Vorwürfe, dass er sich in ihre Angelegenheiten einmischte. „Ich werde Ihnen anhand dieser Heiligen Bibel antworten", sagte der Besucher, „damit Sie wissen, dass es der große *Gott ist* und nicht ich selbst, der zu Ihnen spricht." Und dann öffnete er es und las: „Wenn ich zu dem Bösen sage: Oh böser Mann, du wirst gewiss sterben. Wenn du nicht redest, um den Bösen von seinem Weg zu warnen, wird dieser böse Mann wegen seiner Missetat sterben, sondern wegen seines Blutes." werde ich von deiner Hand verlangen.

" , fuhr sie fort, „diese dummen Mädchen lassen sich gerne täuschen, und keines von ihnen glaubt so recht an die Karten, wenn ich sie schneide , und an das, was ich über ihre Sterne und Krippen sage; aber es amüsiert sie und. " schadet ihnen nicht .

Die Seiten des Buches wurden umgedreht und die Worte lauteten: „Ihr sollt nicht stehlen, nicht betrügen und auch nicht lügen." Aber sie fügte mit sanfterer Stimme hinzu: „Astrologie ist wahr, wie es in der Bibel von den Sternen heißt, dass ‚sie als Zeichen gegeben sind' und dass ‚Er Weisheit gibt, um Geheimnisse zu verstehen';" und deshalb hat der Professor ein Gebetbuch, und ich habe eines hier, damit sie spüren können, dass es aus der Religion kommt; und es tut viel Gutes und macht sie standhaft und religiös, und es schadet überhaupt nicht ."

Die Blätter des Buches wurden erneut umgedreht, und in der Heiligen Schrift stand: „O voll aller List und aller Bosheit, du Kind des Teufels, du Feind aller Gerechtigkeit, willst du nicht aufhören, den rechten Weg des Herrn zu verfälschen?" " Als das Buch geschlossen wurde, runzelte sie die Stirn, sprang mit furchtbaren Verwünschungen von ihrem Stuhl auf, befahl dem Leser hinauszugehen und sagte ihm „das." Er war ein Betrüger, da viele Leute im Gericht wussten, dass die Bibel ein Lügenbuch war.

Die „Koboldfrau" war ein ganz anderer Typ Mensch. Sie war im mittleren Alter und hatte drei elende kleine Kinder, die auf sie angewiesen waren, da ihr Mann geflohen war. Zusammen mit einigen anderen, die sie aus geschäftlichen Gründen auslieh, sicherte sie sich einen guten Lebensunterhalt, da sie mehrere der unteren Theater mit Koboldkindern ausstattete, die in Pantomimen und Theaterstücken zur Darstellung riesiger Frösche, Katzen und anderer Tiere, auch Engel und Kobolde, eingesetzt wurden. Sie war eine große Ginkonsumentin; und es war bekannt, dass sie ihren Kindern Überfluss gab, um ihr Wachstum zu stoppen, da sie mit zunehmender Größe an Wert verloren. Früher kamen Arbeitgeber aus den Theatern, um die Felle anzupassen und die Kinder in ihre Aufgaben einzuweisen. Diese waren von der lächerlichsten Art, und ihr sechsjähriger Junge machte den Affen so gut, dass er zwei Weihnachtszeiten lang ein Pfund pro Woche verdiente. Dieses Training in den Fellen war schmerzhaft, bis die Kinder „in Form" kamen, wie es hieß. Eines Nachmittags näherte sich der Missionar der Tür, die teilweise offen stand, und wurde durch das unterdrückte Schluchzen des Jüngsten erschreckt – eines kleinen Mädchens von kaum fünf Jahren. Als er den Raum betrat , sah er, dass das Schluchzen von einem blauen Unhold ausging, der mit seinem gegabelten Schwanz wedelte und seine Fledermausflügel auf dem Tisch schüttelte, während die Frau mit einem Stock über der Kreatur stand. „Das ist beschämend", rief er und nahm den Unhold in seine Arme; und dann zerriss er die Schnur und ließ das Kind frei. Dann wandte er sich an die Mutter und sagte streng: „Dieser Fall wurde letztes Jahr für das Kind gemacht, und wenn Ihre Grausamkeit, mit der Sie sie zum Einzug gezwungen haben, bekannt wäre, müssten Sie sechs Monate Zwangsarbeit leisten . Wie dieses Buch sagt, Sie muss ohne natürliche Zuneigung sein, und es „wäre für euch alle besser, ins Arbeitshaus zu gehen oder um euer Brot zu betteln, als so zu leben."

„Du hast nichts damit zu tun, hierher zu kommen!" rief die Frau wütend aus. „Und sie ist eine Hostin hussey , sie ist; Und was die natürliche Zuneigung angeht, gibt es Männer, die besser sind als Sie, denn die Bibel hält uns im Stich und ist nicht wahr. Und ich liebe meine Kinder, und ich muss ihren Lebensunterhalt verdienen , so wie ich auch bin.

Das Kind zitterte und warf die Arme um den Hals seines Erlösers. Um sie beide zu beruhigen, sagte er leise: „Sie wissen sehr gut, dass ich jedermanns

Freund bin, und ich kann nicht anders, als mich um Ihre kleinen Kinder zu kümmern. Als der Erretter auf der Erde war , segnete er kleine Lieben auf diese Weise, und wir, die wir die Bibel kennen." Um wahr zu sein, muss man sie lieben und für sie sorgen.

Als er innehielt, brach sie in Weinen aus, und das Kind, das sah, dass der Sturm vorüber war, sprang ihr in die Arme und umarmte und küsste sie auf äußerst liebevolle Weise. Es war ein rührender Anblick und ebnete den Weg für ein wichtiges Gespräch. Die Mutter gab zu, dass die Gesundheit der Kinder durch ihr Training und den Kontakt mit der Nachtluft bei der Rückkehr aus dem Theater beeinträchtigt wurde, und als die Besucherin versprach, ihren ältesten Sohn, sieben Jahre alt, in einem Zufluchtsort unterzubringen, versprach sie es mit offensichtlicher Dankbarkeit „das Koboldgeschäft aufzugeben, Christin zu werden und bis auf die Knochen für ihre armen, verlassenen Kinder zu arbeiten." Die kleinen Leute verstanden und glaubten ihr offenbar, klatschten vor Freude in die Hände und tanzten ihrer scheidenden Freundin nach.

Unter der Gruppe heruntergekommener Männer, die die Herberge des Landstreichers zu ihrem Zuhause machten, befand sich ein altersschwacher Mensch, der offenbar sechzig Jahre alt geworden war. Seine Begleiter sprachen ihn immer mit „Strong Bill" an, ein Name, der seinem Aussehen so sehr widersprach, dass er einer Erklärung bedarf. Dies geschah an einem Wintertag, als der Vorleser des Buches mit mehreren von ihnen vor dem Küchenfeuer saß. Ein Fremder kam herein, der, nachdem er mehrere Taschen voller zerbrochener Lebensmittel auf den Tisch gelegt hatte, sich dem Feuer näherte und ein ernstes Gespräch mit dem Ausruf abbrach: „Na, wenn es nicht Strong Bill ist – ich habe dich schon lange nicht mehr gesehen, alter Kerl." Jahre. Wie geht es dir?" Der Mann mit dem mächtigen Namen schüttelte den Kopf, schlug sich auf die Brust und antwortete in einem traurigen Ton: „Sehr seltsam, sehr, nicht derselbe Mann wie ich. Sagen Sie es diesem Herrn , Bobby, denn er würde es nicht tun." Verstehen Sie, wenn ich es selbst sagte, was ich tat, als ich ein junger Kerl war – wie ich in ganz London als „der starke Mann" bekannt war, wie ich mich eng anzog und zwei Gewichte, jedes echte Hundert, mit mir herumtrug , und wie ich Menschen um mich scharte, indem ich die Gewichte hochwarf und sie wie Babybälle auffing. Habe ich nicht viel Geld bekommen, das ist alles; aber jetzt ist alles vorbei, es ist alles vorbei." Der Fremde bestätigte diese Aussage bereitwillig und ging auf die Krafttaten ein, die sein alter Bekannter einst vollbracht hatte. „Es ist eine großartige Sache, einen gut gebauten Körper zu haben, und ein Mann sollte sich freuen und Gott danken, wenn er sich so stark wie ein Löwe fühlt", bemerkte der Vorleser; „Aber die innere Stärke ist das Beste von allem; wir sind schwache Geschöpfe – die Stärksten von uns, ohne sie", und dann las und kommentierte er mit Gefühl die Worte:

„Gesegnet ist der Mann, dessen Stärke in Dir liegt." „Ich weiß hier nichts darüber", sagte „Strong Bill". „Aber ich bin ein schwacher Sünder, ich bin ein schlechter Mensch." „Dann kommen Sie morgen Abend zu meinem Treffen, und ich werde über ‚Stärke und Schwäche' lesen und darüber sprechen." „Das werden wir, Meister", riefen mehrere. Sie kamen, und in seiner Schwäche freute sich der einst starke Mann, von Ihm zu hören, der in seiner Barmherzigkeit schwache Sünder mit der Macht Gottes stärkt.

Auf diese Weise wurde Unwissenheit und Untreue in ihren unterschiedlichen Formen begegnet und bekämpft; Und obwohl Enttäuschungen und Verärgerungen an der Tagesordnung waren, gab es zuweilen gnädige und unerwartete Segensbeweise. Das erfreulichste davon ereignete sich eines Morgens, als der Missionar am Hof vorbeiging. Der junge Ungläubige, der ihn mehrere Wochen lang zurückhaltend behandelt hatte, öffnete sein Fenster, reichte ihm ein Paket mit Büchern und Veröffentlichungen und sagte mit zitternder Stimme: „Ich glaube, Herr, an den Herrn Jesus Christus und habe mich niedergelegt." meine Waffen der Rebellion; und als Beweis dafür gebe ich Ihnen diese Bücher, die meiner eigenen Seele Schaden zugefügt haben und durch die ich anderen Schaden zugefügt habe. Dieses Glaubensbekenntnis überraschte den Mann, der die Wahrheit verteidigen sollte , so sehr, dass er im Moment nicht antworten konnte; Er nahm jedoch das Paket und ging ins Zimmer, ergriff die Hand des Bekehrten und rief: „Der Herr, Jehova, hat barmherzig an dir gehandelt, und gepriesen sei sein Name."

Dann wurde die Tür geschlossen, und der junge Mann gab auf Nachfragen die folgende Erklärung ab: „Am ersten Abend unserer Diskussion fühlte ich mich durch Ihre Rede unglücklich, als ich sah, dass unser System ein System der Verneinungen war, und das." Unsere Ansprüche an Philosophie und Wissenschaft waren nur ein Herumtasten und Hinken nach der offenbarten Wahrheit. Seitdem habe ich viele Bücher gelesen, die gegen die Bibel verstoßen, und manchmal habe ich es mir im Unglauben bequem gemacht. Ihre Rede am Samstag hat mich jedoch überzeugt. und am nächsten Tag sprach ich mein erstes Gebet um Licht und Erlösung. Die vergangene Woche war eine Woche voller Bitterkeit, und gestern habe ich beschlossen, mich in einfachem Glauben der Gnade des Erlösers anzuvertrauen und ihn vor den Menschen anzuerkennen."

Wir müssen hinzufügen, dass er im Glauben an das Evangelium gestärkt wurde und dass sein geistlicher Vater mit ihm im Gebet kniete. Der Missionar eilte mit dem Paket zur Witwe, um den Inhalt zu untersuchen, der sehr merkwürdig war. Es gab zwanzig Nummern des *Reasoner* , viele Nummern des *Free Thinker* und des *Red Republican* , achtzehn Exemplare von „Warum sollte der Atheist Angst haben zu sterben?" mehrere Bände, darunter das lange gesuchte „Zeitalter der Vernunft", das Buch, das so viel

Böses unter den Menschen angerichtet hatte. Der Autor hat jetzt dieses Buch vor sich, und er hat noch nie einen abgenutzteren Band gesehen. Die Einbände und Kanten werden durch die Handhabung nahezu zerstört und jede Seite ist verschmutzt. Das sorgfältig erhaltene Frontispiz zeigt die Verachtung gegenüber den ordinierten Dienern Gottes, wie es auch der Text seines heiligen Wortes zeigt. Es stellt einen dicken Bischof dar, der vor einem Felsen davonläuft, auf dem das Wort „Vernunft" eingraviert ist, mit einem Lamm unter einem Arm und einer Garbe Mais unter dem anderen. Bei dem Treffen an diesem Abend saß der zurückgewonnene Ungläubige neben der Witwe und kniete zum Erstaunen des Volkes ehrfürchtig im Gebet nieder. Bei der nächsten Diskussion vertrat er die christliche Seite und bekannte sich mutig zu seinem Meinungswandel und seinem Glauben an Christus. Mehrere Monate lang gab er Hinweise auf einen Sinneswandel; und als er den Wunsch äußerte, durch die Teilnahme am Sakrament noch mehr zu Christus zu bekennen, wurde er dem Rektor vorgestellt; und nachdem er sich einer angemessenen Vorbereitung unterzogen hatte, hatte der Missionar die große Freude, mit ihm am Tisch des Herrn zu knien, um dort an jenes Blutvergießen zu erinnern, durch das wir allein Vergebung unserer Sünden erlangen, und um die reicheren Segnungen von Ihm zu empfangen Anmut.

Das Buch im Gericht:

ES IST SICHER GUT.

„So wie Winterbäche, die lange
in eisigen Fesseln lagen und dunkel gefesselt waren, wieder hervorspringen
und das Tal mit Gesang und Geräuschen erfüllen, wenn der Frühling
zurückkehrt, so kehrte jetzt ihr Frühling zurück, und die Liebe löste die
eisige Kette auf, und erstickte Hoffnungen begannen zu brennen „Und
Jenny war wieder sie selbst."

Frau Sewell.

KAPITEL VI.

Ein Lobpreistreffen – Tod der Witwe – Freude über die
Seligen – Aus dem Siegerring – eine Abschiedsrede – ein
Fagger – ein seltsamer Prediger – Dusty und der Fiedler –
Beten in der Zelle – Indianermädchen – Genesa –
Ungläubige Gesellschaft aufgelöst – FOLGENDE
WERKE – DAS BANNER DER LIEBE.

DAS BUCH VOR GERICHT:
Es ist sicher gut.

„Mein Wort, das aus meinem Mund geht, es wird nicht leer
zu mir zurückkehren." IST EIN. lv. 11.

Die Zeit verging angenehm, wie es immer der Fall ist, wenn man mit den
Aktivitäten des christlichen Lebens beschäftigt ist, und brachte den
Missionar zum dritten Jahrestag des Tages, an dem er zum ersten Mal den
Paradise Court betrat. Da dies für viele Einwohner zu einem Gedenktag
geworden war, der großes Interesse weckt, hatte der Besucher mit ihnen
vereinbart, einen Ebenezer zum Lob auszuheben. Als er mit seinem alten
Freund, dem Superintendenten, das Lokal betrat, waren von allen Seiten
freundliche Grüße zu hören. Die Kinder liefen ihm in Scharen entgegen; Und
wie um das Gute zu zeigen, das sie erhalten hatten, hielt ihm das älteste
Mädchen des „Übersetzers", der drei Jahre zuvor geprahlt hatte, dass „seine
Kinder nichts von Aberglauben wüssten", eine Belohnungskarte zur Prüfung
hin, die sie bei einem erhalten hatte Sonntagsschule. Die Erlösung war in das
Zimmer dieses Mannes gekommen, und er freute sich darüber, und seine
Frau und seine Familie freuten sich darüber. Der Hof selbst gab Hinweise
darauf, dass dort gute Einflüsse gewirkt hatten, da das allgemeine
Erscheinungsbild sauberer war und die Fensterbänke mit Blumentöpfen und
Kisten geschmückt waren. Das Geschenk einiger Blumen hatte den Armen,
die vom Land kamen, Freude bereitet und als Lehrmaterial für den Wert
reiner Luft und Reinheit gedient; Während es für viele eine Entdeckung war,
dass sie, obwohl die Atmosphäre faul und schwarz war, für einen Teil des
Jahres etwas Schönes und Duftendes an ihren Fenstern haben könnten. Das
Aussehen der Menschen war weitgehend gleich, alle sahen arm aus und einige
hatten zerschlissene Kleidung; aber die Polizei wusste, dass die
Auseinandersetzungen fast aufgehört hatten und dass es weniger
Verderbtheit und Gesetzesverstöße gab als früher; Und was noch besser ist:
Der Besucher wusste, dass der wiederherstellende Einfluss der Gnade einige
der Familien aufgerichtet hatte, da er sich auf den Weg zu Räumen machen

konnte, in denen die Bibel geschätzt wurde und in denen ihre Lehre zu rettendem Glauben und einem heiligen Leben geführt hatte. Am Sonntagmorgen gingen die Frauen wie üblich zum Markt und kehrten mit Schürzen voller Proviant zurück; aber diese waren nicht mehr so zahlreich wie früher, und diejenigen, die dies taten, zeigten ihr Unrecht, indem sie ihr Verhalten entschuldigten. Es war eine Bereitschaft zur Anhörung der Wahrheit geschaffen worden, da das Zimmer der Witwe längst zu klein geworden war und die Versammlung in Doppelzimmer in einer angrenzenden Straße verlegt werden musste. Diese Segensbeweise hatten dazu geführt, dass um zwölf Uhr im Zimmer der Witwe ein Lobpreistreffen vereinbart wurde, das voller Männer und Frauen war, denen es gelungen war, einen Teil der Essensstunde mit heiligen Übungen zu verbringen. Die Hymne „Lobt den Herrn, es ist gut zu erwecken" wurde gesungen; Der 145. Psalm wurde gelesen, mit einem kurzen Kommentar zu den Worten: „Alle deine Werke werden dich preisen, o Herr, und deine Heiligen werden dich segnen." und dann stieg die Sprache des Lobes von diesem armen Hof als Weihrauch zum Thron der himmlischen Gnade auf. Am Abend wurde den vierzig Personen, die normalerweise anwesend waren, im Versammlungsraum ein Tee serviert. Zwei Stunden verbrachten wir mit geselligem Verkehr und zwei mit dem Singen von Kirchenliedern, dem Gebet und dem Anhören geeigneter Ansprachen. Die wesleyanischen und unabhängigen Minister nahmen an der Verhandlung teil; und als der Rektor, der sich der Partei angeschlossen hatte, den Segen aussprach, trennte sich das Volk und lobte und segnete Gott.

Es gab nur eine Sache, die das glückliche Treffen trübte, und das war der Gesundheitszustand der Witwe. Alle bemerkten, dass sie zwar sehr glücklich war, aber nur wenige Worte sprach; und es gab ernstes Kopfschütteln und besorgte Bemerkungen darüber, dass sie seit einiger Zeit nicht mehr wie sie selbst sei. Dies wurde deutlich, als sie wie üblich am darauffolgenden Mittwoch mit dem Missionar zu Abend aß . Diese Vereinbarung war aus Rücksicht auf sie getroffen worden und um gemeinsam die Einzelheiten der Arbeit zu besprechen. Diese Stunde der Unterredung mit seiner Frau und der Witwe war von Bedeutung, da dadurch ein Wissen über den individuellen Charakter erlangt wurde (das für diejenigen, die klug in der Seelengewinnung sind, so wertvoll ist) und Aktionspläne ausgearbeitet wurden. Auf dem Weg zurück zum Hof schwieg sie und stützte sich schwer auf den Arm ihrer Freundin. Am folgenden Mittwoch war sie nicht in der Lage, ihr Zimmer zu verlassen, und so verbrachte sie einen Teil des Abends mit ihr in süßen Gesprächen über den Bund, der in allen Dingen geboten und sicher ist. Zum Abschied sagte sie leise: „Ich bin so glücklich und dem Himmel so nah, dass mich ein *Windhauch* in sich aufnehmen würde." und dann fügte sie nach einer Pause hinzu: „Um Jesus zu sehen: den Schönsten unter Zehntausenden!" Danach wurde sie immer schwächer ; Aber als ihre Freundin eines Abends anrief, schien es ihr besser zu gehen, obwohl sie schläfrig war. Deshalb sprach er ein kurzes Gebet und ging. Am frühen Morgen kamen zwei Frauen eilig zu ihm nach Hause und sagten, die Witwe sei tot. Er eilte mit ihnen zurück und fand den Ort in Aufruhr vor. Die Leute standen in Gruppen und vor der Tür stand eine Schar weinender Frauen. Er ging an ihnen vorbei und betrat mit sanften Schritten die Todeskammer, als er den feierlichen Einfluss spürte, der den Raum durchdrang. In der Stille der Nacht waren die Engel dort gewesen und hatten eine erlöste Seele mit in die ewigen Wohnstätten der Seligen genommen. Die Fensterläden waren teilweise geöffnet, und ein Lichtschein fiel auf das Bett, auf dem, als ob es für die Beerdigung vorbereitet worden wäre, die Überreste der Soldatenwitwe lagen. Er nahm die eiskalte Hand liebevoll in seine und blickte in das Gesicht, das in einen ruhigen Schlaf versunken zu sein schien, und fühlte, dass keine Todesschmerzen zugelassen worden waren, um den heiligen Sterbenden des alten Heiligen zu quälen. Auf dem Tisch lag die aufgeschlagene Bibel mit ihrer Brille auf einer Seite der Psalmen und daneben ihr Vierteljahresticket, auf dem „Ruth Peters" stand. Der Arzt, der sie am Tag zuvor gesehen hatte, sagte, dass eine Untersuchung nicht notwendig sei, da er ein ordnungsgemäßes Attest vorlegen könne; Die sterblichen Überreste wurden daher in die Obhut mehrerer Frauen gegeben, die sie wie eine Mutter liebten.

Dieselbe freundliche Hand, die für die Bedürfnisse der Witwe gesorgt hatte, sorgte für eine angemessene Beerdigung. Ach, und das war eine ehrenvolle Beerdigung, denn sie wurde von sechs Männern des Hofes zu Grabe getragen, die zu diesem Zweck ihre Arbeit aufgaben; und als der Sarg durch den Ort getragen wurde, gefolgt von mehreren Nachbarn , mit der Missionarin als Haupttrauernde, klagte das Volk sehr über sie. Und als die Erde mit dem feierlichen Ausspruch „Erde zu Erde, Asche zu Asche, Staub zu Staub" ins Grab geworfen wurde, spürten alle, dass dieser Körper bei der Auferstehung der Gerechten auferweckt und dem glorreichen Körper Christi gleich gemacht werden würde .

Der Missionar eilte von der Beerdigung, um das Kreismitglied zu treffen, da er für diesen Abend einen Besuch im Bezirk vereinbart hatte. Der ehrenwerte Herr war so gedrängt worden, Jungen in „Heimen" unterzubringen, dass er beschloss, die Menschen zu sehen, für die er so viel tun sollte. Als sie am Abend den Hof betraten, herrschte tiefe Stille, da der Platz so überfüllt war. und während sie von Raum zu Raum gingen, mussten sie tröstende Worte an die Menschen richten, die um den Verlust ihres Freundes trauerten. Und es waren süße Worte himmlischen Trostes, die der Fremde aussprach. Als er den Ort verließ, lehnte er sich einen Moment lang an einen Pfosten am Eingang und sagte nachdenklich: „Ich wünschte, du hättest mir von dieser Witwe erzählt, da ich sie gerne gekannt hätte." Bald darauf schickte er dem Missionar ein Buch zum Gedenken an seine heilige Frau („Unsere Freunde im Himmel") und schrieb darin: „Nicht der Tod, sagte sie, sondern Leben, Leben, Leben, Ewigkeit!" Und als die Tage seines Aufenthalts vorüber waren, begab er sich mit denselben Worten auf die himmlische Seite des Flusses. Und kann es sein, dass er die Witwe jetzt nicht kennt? Könnte es nicht eine der Freuden des himmlischen Staates sein, süße Gespräche mit Heiligen zu führen, von denen wir nur auf Erden gehört haben? Könnte es nicht in der Tat eine Beschäftigung bleibender Freude sein, unsere Bekanntschaft ständig zu erweitern, die zahllose Schar der Erlösten kennenzulernen und von ihr bekannt zu sein?

Die Entfernung der Witwe war ein gefühlvoller Verlust, aber der Trauerfall war das Mittel, um mehrere der Armen dazu zu bringen, sich Gott hinzugeben. Der Arbeiter hatte seine rechte Hand verloren, und dennoch sollte die Arbeit gedeihen. Über mehrere Monate hinweg nahm die Zahl der Teilnehmer an der Versammlung zu, obwohl es ständig zu Abwanderungen in den regulären Dienst kam. Bei einem dieser Treffen legte er die Rede des heiligen Paulus vor den Ältesten der Kirche in Ephesus dar. Zum Schluss bezog er sich zum zweiten Mal auf die Worte: „Darum wachen Sie und denken Sie daran, dass ich drei Jahre lang nicht aufgehört habe, Tag und Nacht mit Tränen zu warnen." und nachdem er sich bemüht hatte, die Neuigkeit sanft zu überbringen, sagte er abrupt: „Ich bin im Begriff, Sie zu verlassen, da der Herr in seiner Vorsehung deutlich gemacht hat, dass er anderswo wichtige Aufgaben für mich zu erledigen hat." Diese Ankündigung beendete das Treffen, als die Menschen ihre Plätze verließen und ihn mit Ausdrucksformen echter Trauer umringten.

Einige Tage lang gab es ernsthafte Besuche im Hof, da der Missionar sich verpflichtet fühlte, zum letzten Mal zu den Menschen zu sprechen; und als Beweis für die Macht der Hausbesuche bei der Überwindung des Widerstands gegen die Wahrheit äußerte keine einzige Person vom Anfang bis zum Ende des Ortes ein beleidigendes Wort; während viele ihn herzlich willkommen hießen und sich tränenreich verabschiedeten. Nehmen wir zum Beispiel den „Preiskämpfer", der sich von einem erfolgreichen Faustkampf mit einem Mann aus Birmingham noch nicht ganz erholt hatte, für zehn Pfund pro Seite, da sein Gesicht verletzt und verfärbt war und sein rechter Arm behindert war. Er empfing den Besucher mit einem für ihn schmerzhaften Lächeln und sagte dann vertraulich: „Es ist nicht schlimm , Sir, da ich immer weicher werde , habe ich mich entschlossen , aber ich bin noch nicht darüber hinweggekommen." Diese Rückhand, die du mir aus diesem Buch gegeben hast, lautete: „Wird ein Mann gegen seinen Schöpfer kämpfen?" und die Art und Weise, wie du dich angezogen hast, war umwerfend ; und ich sage mir, ich bin über die Seile geworfen worden, und ich werde die Schnurrhaare wachsen lassen und mit dem Kauen beginnen ; das ist doch das Beste , nicht wahr?" „Das Tragen eines Schnurrbarts", war die Antwort, „wird dich aus dem Preisring werfen; und du wirst feststellen, dass es mehr Glück bringt, ein ehrliches Leben mit dem Segen des allmächtigen Gottes zu führen, als es sein kann." Er trägt den „Champion Belt of England" mit seinem Fluch." „Habe ich mir nicht gewünscht, dass er aus dem magischen Kreis herauskommt", rief seine elende, vulgär aussehende Frau, „wie Sie sehen, ist das Gefühl schrecklich, wenn Ihr Mann in eine Mumie geworfen und geschlagen wird; Und du musst die rechtmäßige Ehefrau eines Kämpfers sein, um das Gefühl zu kennen , wenn es losgeht . Wenn du viel trinkst , warum kannst du ihn dann nicht auslaugen und mit einem Umschlag behandeln , was eine zarte Arbeit ist: und wenn er geschlagen wird, du wird nuffink ; und wenn er schlägt, behandelt man Ringkumpels und Wagabons ; und das Geld ist nicht gut, und es ist nicht christlich, wie du sagst; und wenn du bei ihm bleibst, obwohl du ein bist - Geh , ich werde für dich durch Meere aus Blut waten, wie es so schön heißt. Ihr Freund lächelte gnädig über diese Zusicherung, nahm dann Platz, schlug das Buch auf und las ihnen von Ihm vor, der wegen unserer Übertretungen verwundet und wegen unserer Sünden verletzt wurde.

Am Tag vor der Abreise kündigte der Missionar seine Absicht an, am nächsten Abend um sechs Uhr im öffentlichen Gerichtssaal Abschied vom Volk zu nehmen und ihnen dann seinen Nachfolger vorzustellen. Als sie zur verabredeten Zeit den Platz betraten, war er so dicht bevölkert, dass es ihnen schwerfiel, bis zur Biegung in der Mitte vorzudringen. Aus einem Fenster wurde ein Stuhl gereicht, und als ihr Freund darauf trat, brach das Stimmengemurmel in lauten Jubel aus. Als er sich umsah, sah er einen Ausdruck der Trauer auf dieser Masse nach oben gerichteter Gesichter, und in seiner Nähe standen der zurückgewonnene Ungläubige, der kämpfende Mann, der Sänger, Tom und Bess und andere, zu denen er eine christliche Zuneigung hegte. Für einige Augenblicke schwieg er vor Rührung, dann sagte er stockend und dann mit festerer Stimme: „Ich glaube, meine guten Freunde, dass ich jedem von euch in euren Zimmern die Hand geschüttelt und mich verabschiedet habe; aber das habe ich getan." Ich hielt es für gut, dass wir uns ein letztes Mal treffen und gemeinsam unseren himmlischen Vater um seinen Segen und die Fürsorge für uns bitten sollten. Die vier Jahre, in denen ich unter euch ein- und ausgegangen bin, waren Jahre des Glücks; zunächst haben wir einander nicht verstanden Aber seit du herausgefunden hast, dass mein einziges Lebensziel darin besteht, dich zum Herrn Jesus Christus zu führen, damit du gut und glücklich wirst, hast du mich als deinen Freund betrachtet. Einige von euch haben an die Rettung eures Lebens geglaubt Seelen. (Ein Ruf „Segne den Herrn.") Lasst mich, als euer Vater in Christus, euch bitten, dieses Heilige Buch so zu betrachten, wie ihr es mit eurer notwendigen Nahrung zu tun habt – ein Leben des täglichen, beständigen Gebets zu führen, immer darauf achtend Jesus. Es gibt hier andere, die mich als Boten des Königs respektieren, denen aber die Botschaft der Barmherzigkeit eines Erlösers , die ich ihnen überbracht habe, egal ist . Du gehst so schnell, wie die Zeit dich tragen kann , ins Grab, in die Hölle: immer schneller vom Himmel. Hören Sie meine letzten Worte, denn ich werde Ihnen begegnen, wenn die Toten, ob klein oder groß, vor dem Richterstuhl Christi stehen werden. Wendet euch von euren bösen Wegen ab, von euren Trunkenheitsgewohnheiten, von eurem Sabbatbruch, von euren Missetaten. Und im Namen Jesu, weil er am Kreuz gestorben ist, um Sie zu retten, bitten Sie den allmächtigen Gott um Vergebung und um die Gabe seines Heiligen Geistes, damit Sie tatsächlich Christen sein können.“ Und dann erhob er seine Taschenbibel und blickte zum Himmel auf Er fuhr fort: „Lasst uns alle so leben, dass wir uns in Herrlichkeit begegnen können: Die Witwe ist dort, und einige von diesem Ort sind ihr bereits gefolgt.“ Lasst uns die Sünde hassen, auf den Erlöser vertrauen und nach der Krone des Lebens streben.“ Hier wurde die Emotion des Volkes so groß, dass einige ausriefen: „Wir werden es tun“, und andere: „Möge der Herr barmherzig mit uns sein.“ Der Redner sagte dann: „Ich werde jetzt Ihren neuen Missionar vorstellen, indem ich ihn bitte, uns etwas aus dem guten alten Buch vorzulesen. Dann wirst du ihn sehen und seine Stimme hören. Wenn er fertig ist, werde ich beten. Danach wird er an meiner Stelle für dich eintreten. Empfange ihn als einen Gesandten Gottes, um dir den Weg zum ewigen Leben zu zeigen, und beweise deine Liebe zu mir, indem du ihn wie meinen Freund behandelst.

Dann nahm der Fremde seinen Platz auf dem Stuhl ein und las den hundertdritten Psalm, woraufhin der alte Freund aufstand, um das Abschiedsgebet zu sprechen. Als die Worte „Lasst uns beten“ durch den Hof erklangen, wurden zerschlissene Hüte und Pelzmützen abgenommen, sodass alle Männer unbedeckt dastanden und einige der Frauen niederknieten; Während sie an den Fenstern und in der Menge saßen, bedeckten viele ihr Gesicht mit den Händen. Das Gebet war kurz, aber ernst. Am Ende wurde das Wort „Amen“ so laut und deutlich ausgesprochen, dass es schien, als käme es eher von einer Kirchengemeinde als von dieser seltsamen Versammlung von Gläubigen; und nach dem Segen wurde das Wort mit noch tieferem Gefühl ausgesprochen; Und dann verließ der Mann mit dem Buch inmitten der Tränen, des Danks und des Segens des Volkes und demütig vor Gott aufgrund der empfangenen Missionssegen den Paradieshof.

Er verlor jedoch nicht und hat bis heute nicht das Interesse an den Menschen verloren. Von Zeit zu Zeit besuchte er den Ort mit dem Missionar , stellte jedoch jedes Mal fest, dass einige seiner alten Freunde verschwunden waren, und schließlich wurde seine Bekanntschaft dort sehr klein. Unter denen, die zurückblieben, war der betrunkene (jetzt nüchterne) Sammy. Er wurde Mitglied der Baptistenkapelle und brach sein Versprechen nie. Er nahm regelmäßig an den Gnaden- und Abstinenzversammlungen teil und gewann den Respekt der Kirchenmitglieder und abstinenten Gefährten. Als der Freund, der ihn auf dem Weg in den Ruin aufgehalten hatte, anrief, behandelte er ihn mit einem Respekt, der an Ehrfurcht grenzte. Er starb im Alter von siebzig Jahren nach kurzer Krankheit, in der er seine Treue zum Himmel unter Beweis stellte.

Personen, die das Gericht verlassen haben, wurden häufig auf der Straße und anderswo angetroffen, und auf diese Weise wurden mehrere bemerkenswerte Beweise für das Gute ans Licht gebracht; wie zum Beispiel im Fall eines kleinen deformierten Mannes von ungewissem Alter, seltsamem Gesichtsausdruck und eher schwachem Intellekt, der mit einem Straßenfeger eine hintere Dachkammer teilte und einen Shilling pro Woche Miete zahlte. Er bezeichnete sich selbst als „ Schwuchtel “ und lebte wie viele Männer, indem er nachts und am frühen Morgen die Straßen Londons nach verlorenem Geld und Eigentum durchsuchte. Man sieht diese „ Schwuchtel “ in gleichmäßigem Tempo gehen oder sanft traben und scharfe Blicke über die Straße und den Bürgersteig werfen. An Ecken, an denen Omnibusse halten, halten sie immer an; an den Türen von Theatern und anderen geeigneten Orten. In der Saison machen sie sich alle auf den Weg zum „Haymarket", dem Ort, an dem Wertgegenstände wie Ringe gefunden werden können, und wenn die „Cafés" schließen, machen sie sich auf den Weg nach Hause und suchen unterwegs.

Unser „ Schwuchtel “, als Kind der Nacht, wurde tagsüber selten gesehen. Er war in der Tat ein ziemlicher Einsiedler, da er vor dem Spott zurückschreckte, dem ihn sein unansehnliches Aussehen von den Kindern und seinen unwissenden Nachbarn aussetzte . Deshalb sahen sie ihn nur, wenn er nachts hinausschlurfte oder frühmorgens zurück trottete. Monatelang verweigerte er dem Missionar den Zutritt zum Zimmer und war wütend, als sein Vermieter, der Kehrer, darauf bestand, die Besuche zu empfangen, und bei diesen Gelegenheiten setzte er sich mit mürrischem Gesichtsausdruck auf seinen Hocker in der Ecke. Nach einiger Zeit erlangte er sein Vertrauen, und dann stellte sich heraus, dass der arme, einfache Mann überhaupt keine Ahnung von der rettenden Wahrheit hatte. Er war als „Stadtaraber" ins Leben eingetreten, konnte nicht lesen, war noch nie an einer Kultstätte gewesen und hatte nicht einmal den Namen des Erlösers gehört . Da ihm der Samen des Königreichs so frei aus der Hand fiel, ahnte der Sämann nicht, dass er im Herzen des armen „ Schwächers “ guten Boden finden würde. Er interessierte sich intensiv für die Lesungen aus der Bibel, und beim Abschiedsbesuch rückte er seinen Stuhl näher, und seine Augen leuchteten, als der Kehrer und er selbst der Erzählung des heiligen Johannes von der Kreuzigung lauschten.

Fast ein Jahr war nach diesem Besuch vergangen, als sich eine Gruppe von acht oder zehn Personen im Oxford Circus versammelte. Es war lange nach Mitternacht und bitterkalt. Der Missionar , der vorbeikam, näherte sich und zwei Polizisten, die ihn kannten, teilten ihm mit, dass der gut gekleidete Mann, der mit einer schrecklichen Schnittwunde auf der Stirn am Bordstein lag , betrunken sei und gegen die Lampe gefallen sei. Post. Da der Mann betäubt, wenn nicht sogar ernsthaft verletzt war, wurde der Polizei geraten, ihn ins Krankenhaus zu bringen, und einer von ihnen machte sich auf den Weg, um zu diesem Zweck eine Trage zu holen. Inzwischen hatten sich eine Reihe verdorbener Männer und Frauen versammelt, von denen einige anzügliche Witze von sich gaben. Eine Frau meinte, „da der Herr tot sei, sollten sie besser in seinen Taschen nach Geld suchen, um damit auf sein Andenken zu trinken." „Und wenn er tot ist", rief der Missionar mit so lauter und feierlicher Stimme, dass die Menschen erschraken: „Wenn er tot ist, ist sein ewiger Zustand festgelegt; der Tag der Barmherzigkeit ist vorüber; und es gibt eine schreckliche Begegnung mit dem Richter des Himmels." Erde." Für einige Momente herrschte Stille, als ein Mann neben der Lampe sagte: „Er weiß nichts davon, da noch nie jemand aus der anderen Welt zurückgekehrt ist, um es uns zu sagen." Bevor eine Antwort gegeben werden konnte, rief ein seltsam aussehender kleiner Mann, der sich in den Kreis gedrängt hatte: „Er weiß es: Er hat es in seinem Buch. Sie haben Jesus ans Kreuz genagelt, das haben sie; Er ist aus dem Grab herausgekommen." „Er hat es getan; Er lebt und rettet uns, Er ist es; es steht im Herrenbuch, es ist: Er weiß es;" und dann trabte der kleine „ Schwuchtel ", denn er war es, davon, als wäre er über sich selbst erstaunt. „Dieser arme Mann hat recht", sagte der Missionar , „Der Herr Jesus lebt, um Sünder zu retten." Mehr konnte nicht gesagt werden, als der Polizist mit der Trage ankam und den Verletzten wegtrug. Ein Teil der Menge folgte ihnen, aber viele Sünder blieben zurück, um das Evangelium besser zu hören.

Der Missionar folgte der Richtung, die der „ Schwuchtel " eingeschlagen hatte, und fand ihn in Pall Mall. Sie standen einige Zeit unter der Kolonnade des Opernhauses, und dort rief der Mann mit schwachem Verstand Jesus, Herr, und wiederholte das einfache Gebet, das er benutzte. Einige Monate später wurde er in bitterer Armut und zunehmender geistiger Schwäche in die Krankenstation gebracht. Manchmal jedoch saß er auf dem Poverty Square (einem Hof im Arbeitshaus) und murmelte vor sich hin die einzige große Wahrheit, die er begriffen hatte: dass der gekreuzigte Jesus ein lebender Erlöser war ; und obwohl noch ein Funke Vernunft vorhanden war, gab ihm dies Trost. Als man das letzte Mal davon hörte, war sein Verstand völlig verschwunden, aber er war jahrelang ein lebender Beweis dafür, dass die große Wahrheit der Erlösung sowohl vom schwächsten als auch vom mächtigsten Intellekt erfasst werden kann.

Den „Niggern" begegnete man unter ganz anderen Umständen. Mehrere Sommer nach dem Besuch in ihrer Umkleidekabine und der Rettung von „Black Poll" spazierte ihre Freundin in Gesellschaft von drei Damen über den Sand von Broadstairs . Sie blieben stehen, um einer Unterhaltung zu lauschen, die einige „Nigger", die sich in einem Kreis gebildet hatten, geben wollten. Da er sie kannte und es ihm egal war, dass sie ihn dann erkannten , hielt er sich im Hintergrund der versammelten Zuhörer auf. Gegen Ende gab es ein eigenartiges „Gaffen" zwischen den „Künstlern" und einen Blick in eine Richtung, und dann beendeten sie ihre Unterhaltung plötzlich; und zur Überraschung der Gesellschaft und zum Entsetzen der drei Damen (die ausschlüpften) stürmten sie förmlich auf ihren Freund zu und erkannten ihn auf demonstrativste Weise als solchen an. "Ich habe „Ich möchte Poll sehen", rief Dusty, „und sie hat sich zu einem Wapper entwickelt und ist , wie es in ihrer Natur liegt, dem Verzehr verfallen ." Und sie hat mir einen Brief geschrieben, und wenn ich ihn sehe Du Ehre Wenn es dunkel wird, bringe ich es; Und jetzt, wo die Damen draußen sind, holen wir uns Vier- und Sechspennys , und wenn sie reinkommen, kommt die andere Sorte raus, und wir bekommen nur Braunmünzen." Für den Moment war es eine Erleichterung, sie loszuwerden, also wurde ein Termin vereinbart um zehn Uhr in dieser Nacht auf dem Sand. Die Männer, die ihre Instrumente zurückgelassen hatten, warteten, und eine seltsam angenehme Stunde wurde mit ihnen verbracht. Als sie am Rand standen oder vielmehr der zurückgehenden Flut folgten, wurde die Während der Mond sein sanftes Licht auf die kräuselnden Wellen warf, hörten die „Nigger" zu und unterhielten sich auf ihre Weise über Wahrheiten, die ihre Erlösung betrafen. Die vertrauliche Äußerung des Geigers wird den Einfluss christlicher Bemühungen auf solche Menschen zeigen. „Sie sehen , „Herr", sagte er, „das ist kein religiöses Geschäft, aber ich kann kein anderer sein als ein ‚Nigger', und ich habe eine Frau und drei Kinder, auf die ich immer hoffe . " Münder und muss einen Summand haben , den man in sie stecken kann . Aber ich habe es aufgegeben, mich wie früher zu betrinken und zu fluchen, und wo immer ich sonntags bin, schleiche ich mich hin, um religiöse Predigten zu hören, wenn es keine gibt Nichts davon, was im Freien passiert, wie ich es vorziehe.

Die Anwesenheit der „Nigger" erinnert uns an ihre nächste Nachbarin in London, die Witwe des Sträflings, und wir werden daher ihre kleine Geschichte beenden. Fast fünf Jahre lang schickte ihr Sohn in der Strafanstalt alle sechs Monate einen Brief an seinen Lehrer. Am Ende dieser Zeit schrieb der Kaplan, dass er mit einem Urlaubsschein entlassen werden sollte, da er sich sehr gut verhalten habe. Da man es für gut hielt, ihn von seiner Mutter fernzuhalten, wurde ihm ein Zimmer in der Nähe seines Lehrers, wie er ihn immer nannte, zugewiesen. Sein Fall wurde einem christlichen Mann, einem Bauunternehmer, erzählt, der versprach, ihm Arbeit zu geben, wenn ihm die

Haare wachsen würden, und das Geheimnis seiner Vorfahren vor anderen zu bewahren. Nach seiner Entlassung kam der Sträfling direkt zum Haus seines Freundes, wo seine Mutter bereit war, ihn zu empfangen; und das Treffen war äußerst berührend, als sie ihren Sohn, der zu einem großen Mann herangewachsen war, umarmte und küsste, als wäre er ein Kind gewesen. Als sich der Sträfling an diesem Abend in einem ruhigen Gespräch befand, erzählte er mit Gefühl von der Lesung auf dem Dach und fügte hinzu: „In dieser Nacht lag ich mehrere Stunden lang in der Polizeizelle auf meinem Gesicht, schluchzte und betete um Gnade. Ich wusste, dass ich es getan hatte." Unrecht getan und keine Angst vor der Strafe gehabt; alles, was ich wollte, war Gottes Vergebung, und ich glaube, dass Er mir am nächsten Abend, als ich betend in der Zelle des Gefängnisses lag, tatsächlich vergab, denn dann fühlte ich, dass Jesus mein Retter war , und es war der glücklichste Abend meines Lebens. In Dartmoor habe ich meine Strafe im Geiste des Gebets ertragen, und ich bin froh über meine Entlassung, damit ich das Lob des Erlösers verkünden kann ." Ein paar Sonntage später, als seine Haare so weit gewachsen waren, dass er sich unter andere mischen konnte, wurde er einer Zweigstelle der Young Men's Christian Association vorgestellt, deren Mitglied er wurde. Er ging seiner Arbeit nach und leistete bis zu seiner vollständigen Entlassung gute Arbeit. Bald darauf erfuhren seine Arbeitskollegen und christlichen Freunde, dass er ein zurückgekehrter Sträfling war, was ihn ständig und bitter verärgerte. Eines Abends kam er zu seinem „Lehrer" und sagte: „Wissen Sie, Sir, dass ich Soldat werden wollte und mich freiwillig gemeldet hätte, wenn ich nicht dieses letzte Verbrechen begangen hätte. Soweit alles über mich bekannt ist, kann ich das." „Ich bleibe nicht beim Baumeister stehen und weiß nicht, wohin ich gehen soll; deshalb denke ich, dass ich den Schilling der Königin nehmen werde, da ich in der Armee ein ebenso guter Christ sein kann wie außerhalb." Er tat dies und trat in ein Regiment ein, das damals in Indien diente. Er schrieb mehrere Briefe an seine Mutter und seinen Lehrer, in denen er ihnen mitteilte, dass er mit seiner neuen Berufung sehr zufrieden sei und dass er an einer Gebetsversammlung der Soldaten teilgenommen und an deren Ablauf teilgenommen habe. Eines Abends im folgenden Winter kam die Mutter in einem äußerst bedauernswerten Zustand zum Haus des Lehrers. Als sie ohne Haube und Schal und teilweise mit Schnee bedeckt an der Tür stand, zeigte ihr Gesicht einen Ausdruck erbärmlichen Elends. In ihrer Hand hielt sie einen Brief und große Tränen standen ihr in den Augen. Es war offensichtlich, dass ihre Trauer zu tief war, um sie auszudrücken, also nahm ihre Freundin ihr den Brief aus der Hand und als sie ihn durchblätterte, stellte sie fest, dass er vom Fahnenfeldwebel des Regiments stammte, in dem stand: „Ihr Sohn, sein Kamerad und Christ." Freund, war nach viertägiger Krankheit an Fieber gestorben und sein Ende war vollkommener Frieden. Die arme, angeschlagene Frau wurde in die Küche gebracht und vor das

Feuer gesetzt, während eine Tasse Tee für sie zubereitet wurde. Als sie sich erwärmt und erfrischt hatte, sprach ihre Freundin tröstende Worte, und dann suchten sie den beruhigenden Einfluss des Gebets. Eine Stunde später ging sie wohlberuhigt in die Kälte und den Schnee hinaus und murmelte vor sich hin über ihren „Eddy" und den Himmel. Von diesem Zeitpunkt an verschlechterte sich ihr Körper, ihr Gehör wurde schwer und ihr Gesundheitszustand verschlechterte sich allmählich. Manchmal war sie für ihren Freund ein Ärgernis, da er in ihrer Zuneigung offensichtlich den Platz ihres Sohnes eingenommen hatte. Obwohl sie ein seltsam aussehendes Objekt war, besuchte sie ihn zu den unpassendsten Zeiten. Als sich ihr Gesundheitszustand verschlechterte, wurden diese Besuche seltener, und während ihrer letzten Krankheit wurden sie wiederholt. Vor ihrem Tod, der erst vor Kurzem erfolgte, wurde der geduldige Arbeiter für seine jahrelangen Bemühungen belohnt, sie zum Erlöser zu führen , da sie sich mit der ganzen Inbrunst eines einfachen Glaubens an Ihn klammerte. Bis zuletzt hielt sie ihren törichten Eid, denn sie trug dreißig Jahre lang weder Haube noch Schal.

„In einem Londoner Gericht gerettet und aus Indien in die himmlischen Villen versammelt" ist der Inbegriff der spirituellen Geschichte des jungen Sträflings: und als ob er die Tatsache veranschaulichen wollte, dass London das große Herz der Welt ist, ein Inder, mit dem man zusammentraf in genau diesen Hof wurde er gezogen, gab dem Erhabenen das Lebensbild, und aus der Reichsstadt schloss sich die „große Schar aller Nationen und Geschlechter und Völker und Sprachen" an. So geschah es:

Missionar eines Morgens den Hof betrat, bemerkte er ein kleines indisches Mädchen, das von einer Reihe anderer Kinder umgeben war. Sie war etwa acht Jahre alt, von dunkelgelber Hautfarbe, mit pechschwarzen Haaren, die ihr über die Schultern hingen, und an ihren Handgelenken trugen dicke silberne Armbänder. Als sie sie befragte, sagte das Kind mit eigenartigem Akzent, dass sie mit ihren Eltern aus Bombay gekommen sei; dass ihr Vater Koch war und nach London gekommen war, um in einem großen Laden Gurken herzustellen; und dass sie im Hof gewohnt hätten, bis ihr Vater und ihre Mutter zur Arbeit gingen. Er ging mit dem Kind in das Zimmer und sah dort den Vater, einen reinen Indianer, gekleidet wie ein Lascar. Es gab nur eine hängemattenartige Matratze und einige Schiffsutensilien im Zimmer. Auf dem Kaminsims standen viele Flaschen Currypulver und ein kleines Idol aus weißem Elfenbein, das einen Jungen mit einem Elefantenkopf darzustellen schien. Als der Besucher ein Gespräch über das Geschäft begann, wurde er kommunikativ und gab an, dass er aus Hyderabad stammte, aber viele Jahre in Bombay gelebt hatte, wo er Koch für einen britischen Sahib wurde und anschließend als Koch für Gurken angestellt wurde Export nach England. Er zögerte, über Religion zu sprechen, sagte aber, dass Vishnu und Ganesa große und mächtige Götter seien; dass er eine Mischlingsfrau geheiratet hatte, deren Mutter eine Mohammedanerin und deren Vater ein englischer Seemann war, und dass er nun in Bombay eine Herberge für Seeleute unterhielt; dass die Armbänder an den Handgelenken seines Kindes aus Silbermünzen bestanden, die das Bild des Gottes seiner Mutter trugen, und dass sie sie dem Kind angelegt hatte, als es noch ein Kleinkind war. Er fügte hinzu: „Er glaubte, seine Frau sei Christin, sie habe aber Respekt vor Ganesa gehabt, und es gefiel ihm nicht, dass sein Kind Christin sei, weil sie sich betrunken hätten und die Götter auseinandergebracht hätten." Als der eine *große Gott* erwähnt wurde, blickte er besorgt auf sein Idol, als fürchtete er, dass es verletzt oder ihm genommen würde; und dann murmelte er so laut in einer fremden Sprache, dass der Besucher es für gut hielt, zu gehen.

Einige Tage später wurde dem Missionar mitgeteilt, dass der Indianer krank sei, und er ging sofort dorthin, um ihn zu besuchen. Es ging ihm so schlecht, dass er losging und einen befreundeten Arzt holte, dessen Rezept ihm sofort Linderung verschaffte. An diesem Abend hörten die Heiden zum ersten Mal eine einfache Aussage über Jehova; Seine Werke, seine Barmherzigkeit und die in Jerusalem vollbrachte Sühne für die Sünden der Welt. Da es ihm am nächsten Morgen schlechter ging, besorgte sein Freund einen Brief für das Middlesex Hospital und brachte ihn mit einem Taxi dorthin. Er blieb fast zwei Monate lang in Behandlung, wurde während dieser Zeit dreimal pro Woche besucht und gründlich im christlichen Glauben unterwiesen. Nach seiner Entlassung kehrte er nicht an den Hof zurück, in dem er nur zwei Wochen gelebt hatte, da seine Frau angekommen war und ein Zimmer in der Nähe einiger ihrer Landsleute in der Drury Lane bezogen hatte. Da er seine Verachtung für Götzen und den Wunsch nach Erlösung zum Ausdruck brachte, wurde er dem Missionar des Bezirks vorgestellt, der ihm große Aufmerksamkeit schenkte und mehrere Geistliche mitbrachte, um ihn zu unterweisen. Eines Tages rannte er seinem alten Freund nach, den er in Holborn sah, und rief: „Oh, Sahib, Gott im Himmel ist so groß, und Jesus ist hier unser Retter!" Dieses Geständnis bereitete seinem Freund Freude, der mit ihm in seine Unterkunft zurückkehrte und erfreut feststellte, dass der Indianer und seine Frau regelmäßig in die Kirche gingen. Nach einem Gespräch über die Taufe ergriff der Missionar das Armband ihres kleinen Mädchens, das von dem Moment an, als er den Raum betrat, mit ihrer Hand in seiner gesessen hatte, und sagte: „Diese heidnischen Ornamente sollten nicht an euren Handgelenken bleiben." Kind, jetzt, wo du Christen bist. „Zieh sie aus, Sahib", antwortete der Vater, „sie sind viel Geld und ein Geschenk meines Herzens an dich." Ein paar Tage später öffneten der Missionar und seine Frau sie mit einem Handtuch, und er besitzt sie nun neben anderen wertvollen Denkmälern christlicher Arbeit. Es waren Vorkehrungen für die Taufe des Indianers getroffen worden, als er plötzlich krank wurde; Dieses Sakrament wurde jedoch von einem Pfarrer der St. Giles-Kirche gespendet. Er lebte einige Monate danach in großem Leid, aber er freute sich über Gott, seinen Erlöser , und schlief in ihm ein. Da die Mutter arm war und zwei jüngere Kinder hatte und das Mädchen in dieser heruntergekommenen Gegend viel Bösem ausgesetzt war , brachte der Missionar sie in ein „Rettungsheim". Sie wuchs als angenehmes christliches Mädchen auf und ging in den Militärdienst. Als sie ihre Freundin das letzte Mal besuchte, war alles in Ordnung mit ihr.

Der junge Mann, der sich von der Untreue bekehrt hatte, verließ, wie auch andere, die geistliches Wohlergehen empfangen hatten, den Ort, um sich eine respektablere Unterkunft zu suchen. Er kümmerte sich gewissenhaft um die Gnadenmittel und qualifizierte sich durch die Ausübung seines Berufes und die sinnvolle Nutzung seiner Freizeit für eine bessere Position. Er bildete eine Klasse junger Männer, die sich selbst den „Bible Defense Club" nannten, dessen Präsident der Missionar wurde. Sie trafen sich wöchentlich, um die Beweise zu lesen und sich darüber zu unterhalten, und nach Vereinbarung nahmen sie an den Diskussionen der Ungläubigen teil. Das Ergebnis war, dass mehrere führende Skeptiker konvertierten und die Meinungen der Arbeiter der Nachbarschaft so beeinflusst wurden, dass der Ungläubigenclub auflöste und ihr Diskussionsforum so dünn besucht wurde, dass es ebenfalls zu Ende ging. Das war ein großer Sieg und Anlass zur Dankbarkeit. Der junge Konvertit hatte einen Onkel, der Leiter einer großen Firma in einer der Städte im Mittelland war; Die Briefe seines Neffen gefielen ihm so sehr, dass er ihm eine Anstellung anbot, die er gerne annahm. Er stieg schnell auf, und als er einige Jahre später im Auftrag der Firma nach London kam, war er so ein Gentleman geworden, dass sein Freund ihn kaum kannte. Kurz nach seiner Ernennung zum Leiter einer „Abteilung" heiratete er eine Christin, sang aber weiterhin im Kirchenchor und unterrichtete in der Sonntagsschule.

Diese bleibenden Fälle haben dem christlichen Arbeiter Freude bereitet und dazu beigetragen, ihn bei noch belastenderen Pflichten zu unterstützen. Im Vergleich zu den Enttäuschungen sind sie jedoch gering. Zur Zeit der Wiederbelebung des Gerichts herrschte eine große Blüte, da die Suche nach Erlösung allgemein war; Doch als man nach Früchten suchte, war es offensichtlich, dass eine geistliche Plage über den Ort gekommen war und viel Gutes zerstört hatte. Der „Omnibuswäscher" zum Beispiel wurde in der Untreue bestärkt, widerstand jedem guten Einfluss und starb in einem hoffnungslosen Zustand; seine Frau wurde zur Trunkenboldin, und seine ältesten Kinder gingen zugrunde. Die „ Strologiefrau " profitierte vom Lohn der Ungerechtigkeit und wurde Königin einer Londoner Höhle. Darüber hinaus traf sich der Missionar häufig mit denen, auf deren Erlösung er einst hoffte, die sich den Sündern in den Weg stellten und auf dem Stuhl der Verächtlichen saßen. Tatsächlich stieß er bei mehreren, auf die er einst spirituellen Einfluss hatte, auf erbitterten Widerstand. Vielleicht ist bei einem so realen Konflikt wie diesem mit den Mächten der Dunkelheit mit solchen Fehlschlägen zu rechnen; Sie haben jedoch eine demütigende Tendenz und führen dazu, dass man sich einfältig auf die Verheißungen ausruht, da sie beweisen, dass das Instrument an sich von geringem Wert ist – dass Seelen nicht durch Macht oder Macht, sondern durch den Geist gewonnen werden der Herr. Der einzige Trost bei diesen Entmutigungen ist jedoch die Tatsache, dass wir nie wissen, wann das Wort, das treu gesprochen wurde, keimen wird. Es kann Jahre später dauern, und am Tag des Herrn kann man manche freudige Überraschung erleben, wenn man unbekannte Fälle findet, in denen die Gnade gesiegt hat.

Auch hier sind die „Werke, die" auf vergangene Arbeiten folgen, Anlass zur Freude, und um diese Erzählung zu vervollständigen, sollen drei aufgezeichnet werden.

Als er den Ort zum ersten Mal betrat, stieß der Missionar auf Widerstand von einem verliebten Mann und seiner Frau. Er war stellvertretender Potman , oder besser gesagt „Mitläufer" in einer Gin-Bar, in der er täglich viele Stunden lang stand. Seine Frau verrichtete Putz- und Gelegenheitsarbeiten für die Unterschicht der Handwerker und war in ihrer Ausschweifung eine gute Gesellschafterin für ihren Mann. Er wurde krank und erhielt die lang ersehnte Gelegenheit, mit ihnen zu lesen und zu diskutieren; Der arme Mann bekannte Reue, sank schnell und starb. In ihrer frühen Witwenschaft suchte und fand die Frau Gnade. Sie verließ den Hof, wurde Kommunikantin und ist seitdem regelmäßig am Tisch des Herrn anwesend. Sie hat jetzt ein fortgeschrittenes Wachstum in der Gnade erreicht und besucht gelegentlich ihre alte Freundin, und sie unterhalten sich liebevoll miteinander über Angelegenheiten, die das Himmelreich betreffen.

Für die Rechte war etwas gewonnen, als der kleine Franzose, der in Nr. 10 wohnte, verhalten und aufmerksam wurde. Seit seiner Flucht aus Paris vor zwölf Jahren hatte er sich im „Hain" niedergelassen und seine eigene Sprache vergessend gelernt, die Umgangssprache des Hofes „wie ein Einheimischer" zu sprechen. Er lebte davon, billige Möbel zu polieren und wurde von vielen seiner Nachbarn als lustiger Bekannter angesehen. Seine Meinung und sein Leben waren schlecht, da er seinen Hass gegenüber Geistlichen und Religionsprofessoren zum Ausdruck brachte, und seine Zunge war so verdorben, dass einige der Menschen (die in Unwissenheit und Sünde versunken waren) ihn mieden. Als man ihn allein traf, wurde er ruhig und geduldig in die Lehren der reinen Religion eingewiesen; aber als man ihn unter anderem traf, wurde er mit der Verteidigung seiner niederträchtigen ungläubigen Sprüche und seines falschen Lebensstils konfrontiert. Schließlich richtete er seinen Blick auf die Bibel, wenn sie aus der Hosentasche genommen wurde, und hörte zu wie jemand, der ihre Kraft spürte. Einmal wurde er von den Seligpreisungen verhaftet und mehrmals gebeten, sie ihm vorlesen zu lassen. Alles, was wir über ihn sagen können, ist, dass sein schlechter Einfluss neutralisiert wurde und dass seine Seele einige Strahlen vom Licht des offenbarten Wortes erhielt.

Das andere ist nur ein Teil einer Erzählung, da es sich um unseren amüsanten Bekannten „Black Poll" handelt. Anfangs war ihr Verhalten im „Heim" wild und widerspenstig, aber als der Zivilisationsprozess voranschritt, bewies sie, dass das Sprichwort der Alten wahr war: „Die wildesten Fohlen sind die besten Pferde, wenn sie nur richtig eingeritten werden." " Sie wurde richtig eingeritten und entwickelte einen tollen Charakter. Schnell im Lernen und fleißig in der Arbeit wurde sie zur Liebling der Damen und der Oberin. Sie hatte ein angenehmes Aussehen und war in ihrer Kleidung ausgesprochen ordentlich, so dass es keine Schwierigkeiten bereitete, für sie zu sorgen, nachdem sie fast vier Jahre im „Heim" gewesen war. Sie wurde als Unterschwester in eine gute Familie aufgenommen und machte sich sehr gut, wurde von ihrer Geliebten sehr geschätzt und von den Kindern geliebt. Unglücklicherweise betrachtete „Onkel Dusty" sie mit anhaltender Zuneigung; Nachdem er ihre Adresse erhalten hatte, hielt er eines Abends mit seiner Begleitung vor dem Herrenhaus an, in dem sie wohnte, und erzählte dem Lakaien, dass „er wusste, dass ‚Poll' dort lebte, was ihm zu verdanken war, denn er hatte sie gerade zu einer Frau gemacht, indem er sie mitgenommen hatte." sie aus der Arbeit raus . Die Familie war verärgert, und das Mädchen fühlte sich vor ihren Mitdienern erniedrigt und kam am nächsten Tag, um sich mit der Freundin zu beraten, die sie gerettet hatte. Da sie darüber nachgedacht hatte, mit anderen jungen Menschen, für die man freundlicherweise Vorkehrungen getroffen hatte, nach Kanada auszuwandern, wurde ihr dazu geraten. Bei ihrer Ankunft in der Kolonie ging es ihr gut, und sie schickte von Zeit zu Zeit viele angenehme und dankbare Briefe an ihre „Heimat"-Freunde in London. Das letzte davon galt dem, der in der Vorsehung Gottes eine so große Befreiung für sie bewirkt hat. Darin teilte sie ihm mit, dass sie im Begriff sei, einen jungen Mann mit guten Aussichten zu heiraten, und schloss mit diesen rührenden Worten: „Als, Herr, Sie mich auf der Treppe trafen, hisste Gott sein Banner über mir, und seitdem hat es das getan." War Liebe und ich werde immer dein dankbares Mädchen sein, MW.

Ja; Das Banner der Liebe eines Erlösers wurde über ihr und über dem alten Hof angebracht, als die Christen von Tunbridge Wells einen Boten des Kreuzes zu seinen Bewohnern schickten. und dieses Banner in purpurrotem Farbton schwebt immer noch über ihnen, und die Restaurierungsarbeiten gehen weiter, wie der verbesserte Zustand des Ortes und der Menschen deutlich bezeugt. Allerdings gibt es in diesem Viertel von Lisson Grove, obwohl es im westlichen Teil der Hauptstadt des christlichen Englands liegt, eine große Menschenmenge, die vom Gesetz des Geistes des Lebens in

Christus Jesus unbeeinflusst ist und von denen viele tief versunken sind in Unwissenheit und Sünde. Zehn Missionsbezirke werden nicht besucht, obwohl in jedem mehr als zweitausend kostbare Seelen leben. Christliche Händler der Edgeware Road, die mit den spirituellen Bedürfnissen des „Groves" bestens vertraut sind, haben sich zu einem Komitee zusammengeschlossen, um drei dieser Bezirke zu versorgen. Sie brauchen Hilfe. Der Autor [1] , der für die Unterstützung und Ausweitung der Missionsarbeit in diesem Teil Londons verantwortlich ist, nimmt gerne Mitteilungen über Geben und Empfangen entgegen. Er ist überzeugt, dass viele, die diese Erzählung lesen, gerne an der Freude teilhaben werden, dieser Vielzahl kostbarer Seelen das Evangelium zu überbringen; dass viele dabei helfen werden, das Banner der Liebe über diesen Hektar Wohngebieten zu hissen, die so dicht von heimischen Heiden bevölkert sind; dass ein Segen auf unserer Nation ruhe durch eine Zunahme ihrer Menschen, die Gerechtigkeit lieben und mit persönlichem Eifer in die süße Sprache des Dichters Weitzel eintauchen können: –

„Oh, gesegnet das Land, gesegnet die Stadt,
in der Christus, der Herrscher, ruht !
Oh, glückliche Herzen und glückliche Häuser.
Zu wem dieser König im Triumph kommt."

Das Buch in den Bars:

ES IST LICHT.

„Erstaunlich und ratlos stand er da,
der Schweiß strömte von seiner rauen Stirn; wie ein Mitternachtswanderer
in einem Wald, noch hoffnungsloser wurden seine Aussichten.

„Der Tag verging, er merkte es nicht, er spürte nicht, dass seine Wangen
nass waren; Er sah sich selbst als betrunkenen Trottel, fest im Netz des
Teufels gefangen.

„Er stöhnte unter seiner schweren Last.
Schließlich ertönte ein bitterer Schrei: ,
Sei mir gnädig, oh Gott, denn ich bin ein elender Sünder!'"

Mrs. Sewell.

Kapitel VII.

Zwischen den Fässern – das wahre Licht scheint – eine
Gefahr – das Licht im Clubraum – der Wandel wurde
herbeigeführt – der Sieg errungen – das Böse
widerstanden – ein guter Rat – ein weißer Sergeant – eine
kluge Entfernung – das Gute nahm zu.

DAS BUCH IN DEN BARS :
SEIN LICHT.

„Dein Wort ist eine Leuchte für meine Füße und ein Licht
für meinen Weg." PS. cxix. 105.

SIE sehen, Meister, wie es nicht anders sein kann; Mein armer Mann ist sehr
krank und kann wegen der Schwindsucht nicht lange leben. Ich muss
verkaufen, um unseren Lebensunterhalt zu verdienen, und ihm geht es ganz
alleine schlecht . Nun, obwohl ich es selbst sage , wird er vom Vermieter und
allen, die dieses Haus nutzen, sehr respektiert, und er hat immer Spaß hier .
Also haben sie die beiden großen Fässer an jede Seite des Kleinen gestellt,
und bevor ich hinausgehe, nehme ich ihn und setze ihn bequem hin, wie in
einen Sessel, und dann geben ihm seine Freunde einen Schluck Rum und
dergleichen Das ist eine Sache, und es tut ihm sehr gut – und er wird nicht
ohne seine Freuden für Ihresgleichen sein."

Der letzte Teil dieser Rede wurde in einem trotzigen Ton gehalten. Die
Sprecherin war die Frau eines Kundenhändlers, der in einem benachbarten
Gericht wohnte. Die angesprochene Person war der Missionar des Distrikts,
der durch eine freundliche Berührung des Arms und ein fröhliches „Wie geht
es Ihnen heute?" fragte. verhafteten sie ihren eiligen Eintritt in einen Gin-
Palast. Der Mann war etwa dreißig Jahre alt, und als er an der Marmorsäule
des „Palastes" lehnte und sich auf seinen Stock stützte, bot er einen
erbärmlichen Anblick. Die locker sitzende Jacke, die eingefallenen Augen,
die hektische Röte auf der Wange und das schwere Atmen deuteten darauf
hin, dass er dem Grab nahe war. Ein paar sanfte Worte des Tadels und der
Sorge um seine geistige Sicherheit provozierten nur eine Bewegung, die ihn
teils stützte, teils in die Bar drängte.

Als sich die massive Tür mit ihren mattierten Glasscheiben vor ihnen schloss,
huschte ein Ausdruck der Traurigkeit über das Gesicht des Missionars . Er
hatte gerade mit der Arbeit begonnen und erkannte zum ersten Mal in ihrer
Intensität die „Bürde der Seelen". Nur wenige Wochen zuvor hatte ihm das
Komitee der London City Mission gesagt: „Besuchen Sie die Bewohner des
Ihnen zugewiesenen Bezirks, um sie mit der Erlösung durch unseren Herrn

Jesus Christus bekannt zu machen und ihnen Gutes zu tun." mit allen Mitteln, die in deiner Macht stehen. Der Hof, in dem diese Personen lebten, lag innerhalb des Bezirks, und es war seine Pflicht, sich um die Rettung dieses Mannes zu bemühen. Als er weiterging, dachte er bei sich selbst: „Wenn ich mich nicht um sein Wohl bemühe, muss er verloren sein; aber was kann ich tun? Heute Abend wird es genauso sein. Er ist jetzt nüchtern; warum sollte ich ihn nicht in der Bar besuchen und treu mit ihm umgehen?" Nachdem er gebeterfüllt über die Angelegenheit nachgedacht hatte, drehte er sich um und betrat schüchtern den „Palast". Die Frau war gegangen, aber der Mann befand sich dort in der von ihr beschriebenen Position. Das kleine Fass wurde so zwischen den beiden großen platziert, dass eine bequeme Sitzfläche entstand. Mehrere Männer seiner Klasse standen neben ihm, und obwohl es schon früh am Tag war, hatten sich in den vier Abteilen, in die die Bar unterteilt war, Gruppen Gin trinkender Männer und Frauen versammelt. Der Boden war gefegt und mit Sägemehl bedeckt, was ihm ein angenehmes Aussehen verlieh, während seine Geräumigkeit und die hochlackierten Hundert-Gallonen-Hogsheads, der vergoldete Rahmen der Glasvertäfelung , die hellen Reihen von Wein- und Spirituosenflaschen und die aktiven Bewegungen des Wirts und zweier Barkeeper machten den Ort für die elend gekleideten Gäste attraktiv und angenehm.

Der Kranke war offensichtlich erschrocken über das Erscheinen des Besuchers, der ihn beruhigte, indem er sagte: „Sie müssen viel Zeit zum

Lesen haben, also dachte ich, ich rufe Sie an und gebe Ihnen ein paar interessante kleine Bücher, die ich zurücklassen wollte." in deinem Zimmer."

Dann wurden ihm mehrere ausgehändigt und er nahm sie mit der Bemerkung an: „Ich kann nicht viel lesen, aber ich werde die Jungs fragen, was die Zeitungen liest, damit sie sie mir vorlesen."

Die umstehenden Männer fragten nach Traktaten und hörten dann mit großem Interesse zu, während der Missionar das Gleichnis von den Baumeistern wiederholte. Es wurden nur wenige Bemerkungen dazu gemacht, als der Wirt dem Besucher in wütendem Ton versicherte: „Es waren keine natürlichen Narren, eine Reihe von Lügen zu glauben, die die Juden erfunden hatten."

„Die Worte, die ich wiederholt habe", war die ruhige Antwort, „wurden vom Erlöser der Welt aus Barmherzigkeit gegenüber den Sündern ausgesprochen. Glauben Sie ihnen, und Ihre Seele wird leben."

Inzwischen hatten sich die Kunden aus den anderen Abteilen versammelt, angezogen von der Neuheit des Religionsunterrichts an einem solchen Ort. Der Wirt sprach leise mit mehreren Männern, die in der Nähe der Bar standen, und gleich nachdem sich einer von ihnen auf den Weg zum Missionar gemacht hatte , riss er die Blätter eines Traktats ab und formte daraus Papierlichter. Er zündete sich mit einem von ihnen seine eigene Pfeife an und bemerkte spöttisch :

„Das hier sind nützliche Dinge, Chef , mit denen man sich erhellen kann: Geben Sie uns noch mehr."

Ein allgemeines Lachen wurde durch die prompte Antwort unterdrückt:

„ Natürlich werde ich das tun, denn es sind nützliche Dinge. Ich habe bereits genug gegeben , um euch alle zu erhellen – das heißt, auf die richtige Weise; und ich werde euch noch mehr geben und euch sagen, was ich meine. Nun, Es gibt Menschen, die immer im Dunkeln tappen, weil sie blind sind, und es gibt Menschen, die in ihrer Seele immer im Dunkeln sind. Sie sehen mit ihrem Verstand nicht die schönen Dinge, die in der Bibel stehen, und leben deshalb schlecht , als ob es keinen Gott gäbe. Das ist eine erbärmliche Lebensweise; und wenn sie krank werden, haben sie Angst zu sterben, denn das Grab ist ein dunkler Ort, an den man gehen kann. Nun, wenn ein Mann diese Traktate liest und nachdenkt Über das, was er liest, wird er seine Seele erhellen. Am Ende dieses Traktats gibt es einen kleinen Auszug aus der Bibel, der es für Sie alle tun würde: „Christus Jesus kam in die Welt, um Sünder zu retten." Wenn ein Mensch das glaubt, werden ihm seine Sünden leid und er bittet Gott um Vergebung, weil Jesus für ihn am Kreuz gestorben ist. Dann wird ihm vergeben und durch den Heiligen Geist Gottes wird er gut und glücklich gemacht. Er hat dann keine Angst mehr des Todes, weil er sicher ist, mit dem Erlöser im Himmel zu sein für immer ."

Weitere Bemerkungen wurden vom Wirt verhindert, der sich durch die Menge der eifrigen Zuhörer drängte, den Redner am Arm packte und ihn unter einem Fluch auf die Straße stieß. Und so endete der erste Missionarsbesuch in den Wirtshäusern.

Ein paar Tage später kam die Frau des Kundenhändlers auf den Missionar zu , der am Gericht vorbeiging, und sagte: „Bitte, Meister, mein armer Mann möchte religiös sein; er sagt, dass er ganz dunkel ist und er hören will." etwas Lektüre, und ich habe nichts gelernt; und er war nicht in der Bar, wie er vielleicht dachte, dass du sie nennen würdest.

„Ich werde ihn sofort sehen", war die Antwort; und der christliche Besucher trat mit ihr ins Zimmer.

Bevor ein Grußwort gesprochen werden konnte, rief der arme Mann mit dem ganzen Eifer eines Menschen in geistiger Not aus: „Herr, ich war zu meiner Zeit furchtbar böse, und es ist schrecklich, krank zu sein, und ich weiß nicht, was." Gebete zu sprechen."

Mitleidig blickte der Besucher in das verhärmte, blasse Gesicht des fast sterbenden Mannes, setzte sich neben ihn und erzählte ihm in einfachen Worten die wundersame und beruhigende Geschichte der Liebe eines Erlösers ein paar Gebetssätze. Solche Besuche wiederholten sich täglich, da die zunehmende Schwäche des Leidenden zeigte, dass die Zeit, ihn über den Weg der Erlösung zu unterweisen, tatsächlich knapp war.

Bei seinem letzten Besuch lauschte er mit fesselndem Interesse der Erzählung von der Himmelfahrt des Herrn und rief dann mit einem friedvollen Lächeln aus: „Er ist für mich gestorben, und jetzt hat er alles in Ordnung gebracht, und ich werde gehen." hoch zu ihm."

In dieser Nacht verstarb er; und es war eine Zeit lang die Rede des Hofes darüber, dass er glücklich starb, weil er im Wirtshaus zum Christen gemacht wurde.

Eines Abends, etwa dreizehn Monate nach diesem Ereignis, stand eine Menschenmenge, darunter viele der angesehenen Einwohner, in ernsthafter Unterhaltung um den Gin-Palast. Es war so anders als die lauten Menschenmengen, die sich versammelten, als Betrunkene hinausgeworfen wurden, dass der Missionar , der vorbeikam, sich nach der Ursache erkundigte.

„Der Vermieter hat ein Blutgefäß gebrochen", lautete die Antwort: „Drei Ärzte sind bei ihm und wir warten auf das Ergebnis."

Als bekannt wurde, dass die Ärzte Hoffnung auf seine Genesung machten, trennten sich die Menschen. Tagelang wurde gemunkelt , dass sein Leben in Gefahr sei, und bei dem kleinen Missionsgottesdienst im Hof wurde für ihn gebetet. Mehrere Morgen später erkundigte sich die Missionarin bei der Dienerin, die an der Privattür stand, nach dem Gesundheitszustand ihres Herrn.

„Ein bisschen besser", antwortete sie; „Aber er ist immer noch im Clubraum, da die Ärzte sagen, dass es gefährlich sein wird, ihn für einige Tage zu entfernen."

Dem Impuls des Augenblicks folgend, ging der Missionar an dem Diener vorbei, stieg mit einem lautstarken Gebet um Erfolg die Treppe hinauf und klopfte an die Tür des Clubraums.

„Kommen Sie herein", sagte eine schwache Stimme; Und der Besucher trat ein und sah den Wirt auf einem Sofa neben dem Feuer liegen.

Er trat sanft vor und sagte in gedämpftem Ton: „Ich muss Sie bitten, diese offensichtliche Unhöflichkeit zu verzeihen. Die Wahrheit ist, dass ich für Sie gebetet habe, seit ich von Ihrer Krankheit erfahren habe."

Es herrschte eine kurze Verlegenheit, bis der Patient mit besorgtem Gesichtsausdruck flüsterte:

„Wer hat dich gebeten, für mich zu beten? Ich glaube nicht an Theologie."

„Niemand hat mich gefragt", war die Antwort; „Aber wenn Sie nicht sprechen, was Ihre Genesung verzögern könnte, werde ich Ihnen in wenigen Worten sagen, warum für Sie zu Gott gebetet wurde. Nach Jahren des Bibelstudiums weiß ich, dass seine Aussagen wahr sind; und Dann habe ich seine Verheißungen auf die Probe gestellt und weiß, dass die Segnungen real sind. Du hast vielleicht aus Mangel an Gelegenheit das eine nicht getan und bist daher ohne die Segnungen, jetzt, wo du sie am meisten brauchst. Ich habe mir genauso viele Sorgen um dich gemacht als ob du ein alter Freund gewesen wärst; und wir haben gebetet, dass dein Leben verschont und deine Seele gerettet werde."

„Es nützt nichts, ich kann es nie glauben", war die Antwort; aber es wurde so schwach vorgetragen und mit einem solchen Ausdruck geistigen und körperlichen Schmerzes im Gesicht, dass es Gefühle des Mitgefühls hervorrief.

„Erlauben Sie mir", sagte der Besucher, „zwei Abschnitte der Heiligen Schrift zu wiederholen, und dann werde ich Sie verlassen: ‚Lass diesen Geist in dir sein, der auch in Christus Jesus war, der in der Gestalt Gottes war und es nicht dachte.' Raub, um Gott gleich zu sein; aber er machte sich selbst zu keinem Ansehen und nahm die Gestalt eines Dieners an und wurde den

Menschen gleich; und da er in der Mode als Mensch erkannt wurde, erniedrigte er sich und wurde ihnen gehorsam Tod, nämlich den Tod am Kreuz. Darum hat Gott ihn auch überaus erhöht und ihm einen Namen gegeben, der über alle Namen hinausgeht, damit sich vor dem Namen Jesu alle Knie beugen, von den Dingen im Himmel und von den Dingen auf der Erde, und Dinge unter der Erde; und dass jede Zunge bekennen sollte, dass Jesus Christus der Herr ist, zur Ehre Gottes, des Vaters.' „Dies ist ein treues und aller Annahme würdiges Sprichwort, dass Christus Jesus in die Welt kam, um Sünder zu retten." Der Besucher legte seine Taschenbibel auf den Tisch, drehte die Passage um und nahm die Hand, die ihm angeboten wurde und sagte: „Ich werde meine Karte hinterlassen. Schicken Sie sie mir als Freund, wann immer Sie möchten; und mögen Sie Frieden in der Liebe Jesu finden."

Während des Gesprächs war die Frau eingetreten, folgte dem Besucher aus dem Zimmer und dankte ihm für seinen Anruf. „Ich war einmal religiös", bemerkte sie; „Aber Jahre bevor die Bar mich völlig ruiniert hat; man kann keinen erstklassigen Gin-Handel betreiben und dabei religiös bleiben."

Man stellte ihr die alte Frage nach dem Nutzen, die Welt zu gewinnen und die Seele zu verlieren, und so trennten sie sich.

Drei Morgen später kam der Potman im Haus des Missionars vorbei und teilte ihm mit, dass sein Meister ihn sehen möchte, sobald er vorbeikommen könne.

„Danke, dass Sie gekommen sind", war die Begrüßung, mit der der Wirt den Besucher empfing, der seiner Bitte eilig nachgekommen war: „Ich möchte Sie um Verzeihung bitten, dass ich Sie so schlecht behandelt habe, als Sie in die Bar kamen, um die Armen zu sehen." Kerl, der krank war. Ich war betrunken – so kam ich dazu."

„Denken Sie nicht daran", war die Antwort; „Außerdem habe ich mich für Sie entschuldigt, da es für mich seltsam war, Ihre Bar zu betreten und über Religion zu sprechen."

„Das war es", antwortete er; „Aber nachdem der Mann gestorben war, erzählte uns die Witwe immer, dass er so glücklich gestorben sei; und ich habe oft gedacht, dass du dann so getan hast, als ob du an die Wahrheit des Evangeliums geglaubt hättest, denn ihm in meine Bar zu folgen war die Suche nach den verlorenen Schafen." , und kein Fehler.

Damit wurde das Thema der inneren Beweise der Bibel eingeführt; und nachdem der Besucher Teile des fünften Kapitels des 2. Korintherbriefes gelesen hatte, kommentierte er die Worte: „Wenn jemand in Christus ist, ist er eine neue Kreatur." Dies zeigt, dass zu den Beweissäulen, die die Bibel stützen, die Erfahrung der Tatsache gehört, dass alle, die rettenden Glauben an den Herrn Jesus ausüben, Besitzer eines versiegelten Friedens werden und durch heiliges Leben die Veränderung der inneren Natur beweisen.

Dieser Besuch war der Beginn einer Freundschaft zwischen dem christlichen Lehrer und dem Wirt, der mehrere Monate lang krank blieb. Seine skeptischen Einwände gegen die Wahrheit wurden geprüft und nach und nach beseitigt; während das ständige Lesen dieses Wortes, dessen Eintritt in die Seele Licht spendet, allmählich eine Veränderung in seinen Ansichten und Gefühlen hervorrief. Er legte kein Bekenntnis zur Religion ab, aber die Veränderung war für alle sichtbar, die ihn kannten. Er überwand die Gewohnheit des profanen Fluchens und zeigte Interesse an guten Dingen. Seine Anwesenheit in der Bar veränderte den Charakter des Hauses. Er unterdrückte nicht nur gotteslästerliche und schlechte Ausdrücke, sondern weigerte sich auch, betrunkene Personen zu bedienen, und erlaubte Müttern mit Säuglingen auf dem Arm nicht, in der Bar zu stehen. Die Besuche des Missionars wurden gefördert. Nach einem Gespräch mit der Familie ging er in die Bar, um sich mit den Männern zu unterhalten; Anschließend besuchte er die vier von den Kunden genutzten Abteile und beriet mit ihnen über Gerechtigkeit, Mäßigung und ein bevorstehendes Gericht. Diese Lehre war ein Segen für die Seelen, da bei einigen der schlimmsten Charaktere in der Nachbarschaft der Wunsch zum Ausdruck kam, die Wahrheit zu erfahren . Sie nahmen die Einladung an, in einem Raum am Ende des Hofes zu kommen und der Vorlesung der Heiligen Schrift zuzuhören, und als gnädiges Ergebnis bekehrten sich mehrere. Unter ihnen waren zwei betrunkene Frauen, die damit prahlten , wie oft sie eingesperrt worden seien; ein achtzehnjähriger Jugendlicher, der vom Diebstahl gelebt hatte; und ein Schuhmachergeselle.

Der gute Einfluss in der Familie des Zöllners nahm zu, als er plötzlich krank wurde und es offensichtlich wurde, dass seine Krankheit tödlich war. Er verweilte einige Zeit in großer Schwäche, war aber glücklich in der Liebe Gottes. Kurz vor seinem Tod sagte er zum Missionar : „Ich habe meine Angelegenheiten geklärt, da ich keine Hoffnung auf Genesung habe; und jetzt muss ich Sie um eine große Freundlichkeit bitten: Sie werden mir versprechen, ein freundliches Interesse zu zeigen." in meiner Frau und meinen Kindern, wenn ich weg bin. Nach der gegebenen Verheißung fügte er hinzu: „Zu meinem Trost möchte ich das Sakrament des Abendmahls empfangen, weil ich meiner Untreue abgeschworen habe und auf die Erlösung auf das Blutvergießen und die Verdienste des auferstandenen Jesus vertraue." ."

Einige Stunden später betraten der Rektor und der Missionar den Gin-Palast und gingen in das Krankenzimmer, wo sie mit dem sterbenden Zöllner des Opfers seiner selbst gedachten, durch das der Erlöser seinen Jüngern eine gegenwärtige Erlösung und einen Sieg über den Tod und die Zukunft verschaffte Grab.

Nach dem feierlichen Gottesdienst betrat der Minister die Barstube und blieb einige Zeit dort, wobei er mit großem Interesse die Aufmerksamkeit beobachtete, die verschiedene Kundengruppen den Anweisungen des Missionars widmeten . Als sie gemeinsam gingen, bemerkte er nachdenklich: „Während Sie in der Bar waren, erzählte mir die Wirtin, dass Sie nicht nur die Rettung ihres Mannes waren, sondern auch einige der schlimmsten Männer und Frauen, die früher das Haus ernährten, gebessert haben." Dies ist die Auseinandersetzung mit dem größten Übel in meiner Gemeinde, und Gott segnet diese Bemühungen. Ich wünschte, dass alle diese Häuser in der Gemeinde auf diese Weise besucht würden."

„Ihr Wunsch, Herr, soll in dem von mir besuchten Bezirk erfüllt werden", lautete die Antwort.

Der alte Geistliche nahm die Hand des Laienbesuchers und sagte voller Rührung: „Möge der göttliche Segen die Anstrengung kraftvoll machen, damit das Werk des Erlösers auf diese Scharen geistig Verstorbener ausgeweitet werden kann."

Der Grundbesitzer lebte etwa vierzehn Tage nach dem Gedenken an den Tod des Herrn, und sein Ende war Frieden. Nur wenige Stunden vor seinem Eintritt in die Ruhe bat er darum, diese Schriftstelle in seinen Grabstein eingravieren zu lassen: „Wenn Christus, der unser Leben ist, erscheinen wird, dann werdet auch ihr mit ihm in Herrlichkeit erscheinen."

Kaum war ein Jahr vergangen, musste die Witwe das Geschäft verlassen und zog in einen anderen Teil Londons. Sie versank schnell vom Wohlstand in extreme Armut. Als der Missionar von ihrem Zustand hörte , suchte er sie auf und war traurig, sie in einer Hinterküche im East End von London zu finden. Er nahm ihre beiden kleinen Mädchen im Alter von acht und zehn Jahren mit nach Hause und erreichte durch die Freundlichkeit führender Männer in der Branche ihre Aufnahme in die Licensed Victuallers' School. Der Witwe wurde eine Anstellung als Krankenpflegerin vermittelt, und sie führte seitdem ein nützliches und christliches Leben.

Beim Besuch dieser Familie ereigneten sich die folgenden Umstände, die dem Missionar Einfluss auf mehrere lizenzierte Opfergaben und deren Kunden verschafften.

Der Wirt in einem sehr niedrigen Wirtshaus ganz in der Nähe erkrankte schwer, und als der Wirt erfuhr, dass ein Christ ein anderes Haus besucht hatte, ließ er sich nach ihm erkundigen und schrieb dann eine Nachricht, in der er ihn aufforderte, bei ihm vorbeizuschauen Mann. Der Besuch wurde abgestattet und es folgten weitere, bis sich der junge Mann erholte. Der

Vermieter und seine Frau waren dankbar für die Aufmerksamkeit, die ihm entgegengebracht wurde, und baten ihn bei jedem Anruf in ihr Privatzimmer. Dies führte zu einer so engen Vertrautheit, dass er sowohl zu ihren religiösen als auch zu ihren geschäftlichen Schwierigkeiten befragt wurde: Diese können am besten mit ihren eigenen Worten erklärt werden, da der Besucher eines Nachmittags bei ihnen saß. „Sehen Sie, Herr", sagte der Wirt, „dass ich Ihnen alles sagen kann, da Sie nicht zu den religiösen und abstinenten Menschen gehören, die gegen uns reden und schreiben, uns aber nie anrufen, damit sie unsere Position verstehen." . Jetzt möchte ich nicht, und Tausende in der Branche wollen es nicht, Trunkenbolde zu machen oder zu bedienen. In unserem letzten Haus haben wir fast das gesamte Geld verloren, das meine Frau und ich in einem langen Dienst gespart haben; aber wenn ich nachgeholfen hätte Zum Laster hätten wir jetzt dort sein können. Während wir versuchten, das Haus respektabel zu machen, verloren wir „Einnahmen" von den Verdorbenen und Betrunkenen und waren infolgedessen nicht in der Lage, die Forderungen zu erfüllen, und waren gezwungen, das Haus zu verlassen und es anzunehmen Die Wahrheit ist, dass die Gastwirte als respektable Gruppe von Gewerbetreibenden Sympathie und christlichen Einfluss brauchen, statt Missbrauch, der uns nur beunruhigt und uns in Selbstverteidigung dazu bringt , Widerstand zu leisten, statt uns an den notwendigen Reformen zu beteiligen ; und da unser Gewerbe eine Versuchung ist, brauchen wir religiöse Einflüsse in unseren Familien: aber noch nie hat ein Geistlicher mein Haus betreten. Ich habe einen Fehler gemacht, weil ich dazu übergegangen bin, zu schlürfen, aber es ist schwer, den Prüfungen standzuhalten, die ich durchmachen musste." „Als wir heirateten", fügte die Frau hinzu, „hatten wir 200 Pfund und das haben wir gespürt." wir sollten in diesem Geschäft gut abschneiden; Der Sonntagshandel hat mich jedoch unglücklich gemacht. In den vierzehn Jahren, in denen ich Dienstmädchen war, ging ich jeden Sonntag zweimal in die Kirche; Und von diesem glücklichen Leben zum Dienen hinter einer Bar ist eine schreckliche Veränderung. Dies ist nicht notwendig, außer für zwei Stunden zu den Mahlzeiten, wenn der notwendige Verbrauchsartikel bereitgestellt werden könnte; Und dann sind die Streitereien im Wasserhahn für mich eine ständige Plage, und ich wünschte, wir wären ganz aus dem Geschäft raus."

„Sie haben mein tiefstes Mitgefühl", sagte der Missionar , „und ich werde Ihnen als wahrer Freund Rat geben. Ihr ständiger Alkoholkonsum, Herr Vermieter, muss aufhören, sonst werden Sie in ein frühes Grab gebracht, und der Fluch wird über den Trunkenbold ausgesprochen." Ich ruhe schwer und für die Ewigkeit auf dir. Was deine Frau betrifft, so ist es falsch, sie dem Elend auszusetzen, das eine Frau mit christlichem Gefühl in einem Haus dieser Art ertragen muss. Mein Rat ist: Raus aus der Sache. Davon könntest du genug sparen das Wrack, um einen kleinen Gemischtwarenladen zu übernehmen, und Sie könnten dann als Kellner Kontakt zu Ihren alten Bekannten aufnehmen. Die große Sache in dieser Schwierigkeit, wie in allen unseren Prüfungen, ist das Gebet: Das haben Sie beide vernachlässigt. Fragen Sie den Herrn , und Er wird dich leiten.

Vierzehn Tage nach diesem Gespräch trafen der Vermieter und der Missionar mit dem Vertreter der Firma zusammen, zu der das Unternehmen gehörte, und es wurde eine gerechte Vereinbarung über die Aufgabe des Hauses getroffen. Nachdem sie den Handel aufgegeben hatten, übernahmen sie ein kleines Lebensmittelgeschäft, wurden Mitglieder der Kirche und hatten in ihrer neuen Berufung Erfolg.

Ein anderer Gastwirt, den man in diesem Haus traf, sprach sich entschieden gegen das Sonntagsgeschäft aus.

„Nörgeln nützt in solchen Angelegenheiten wenig“, bemerkte der Besucher. „Handeln Sie: Stellen Sie eine Petition auf, in der Sie das Parlament bitten, Sie am Tag des Herrn ganz zu schließen, und bitten Sie eines Ihrer Mitglieder, sie vorzulegen. Eine Bewegung dieser Art in diesem Bereich wäre sehr für Sie und das Gemeinwohl.“

„Wenn Sie, Herr“, antwortete er, „die Petition aufschreiben, werde ich sie unterschreiben und mit Ihnen zu anderen Branchenmitgliedern gehen, um Unterschriften einzuholen.“

Dem Antrag wurde entsprochen und vierzig lizenzierte Schankwirte unterzeichneten die Petition für die Schließung des gesamten Sonntags, und sie wurde ordnungsgemäß vorgelegt.

Die fesselnde Kraft des Wortes Gottes wurde in diesen Gin-Riegeln häufig beobachtet. Zum Beispiel: Eine Frau, die eines Abends den „Globe“ betrat und nach ihrem ersten Schluck rief, wurde aufgrund der Argumentation des Missionars mit einigen Arbeitern verhaftet . Sie näherte sich ihm, das Zinnmaß in der Hand, und rief: „Du hast hier nichts zu suchen; geh raus, sonst werfe ich dir das über den Kopf.“ Die Männer stießen sie weg, aber er sagte freundlich: „Bevor du das tust, lass mich dir etwas aus diesem Buch sagen“, und dann, nach einer Pause, um eine passende Passage zu finden, las er deutlich: „So spricht der Herr.“ der dich gemacht hat ... Ich werde Wasser auf den Durstigen gießen und Überschwemmungen auf die dürre Erde. Ich werde meinen Geist auf deinen Samen ausgießen und meinen Segen auf deine Nachkommen.“ Es wurden nur ein paar Bemerkungsworte geäußert, als die Frau das Maß auf den Tresen legte, ihre Schürze an die Augen hob, in Tränen ausbrach und mit dem Ausruf „Oh, dass ich wieder ein kleines Mädchen wäre!“ ging. Sie probierte den Gin nicht und traf sich auch nie wieder in einer Bar. Es war offensichtlich, dass ein Pfeil der Überzeugung vom Wort Gottes ausgegangen war, aber bei ihr wie bei Tausenden anderen war die endgültige Wirkung nicht bekannt. Dies ist eine Ermutigung für ernsthafte Arbeit und einfaches Vertrauen in die Macht und den versprochenen Segen bei der Verkündigung der Barmherzigkeit Gottes in Christus; ja, bei der Äußerung jeder Wahrheit, die in Seinem eigenen inspirierten Wort enthalten ist.

Es ergaben sich häufig Gelegenheiten, sowohl das Wohl der Kunden als auch der Vermieter zu erreichen, und diese führten den Missionar zu der Überzeugung, dass das Wirtshaus ein sehr geeigneter Ort für missionarische Tätigkeiten sei. Das Folgende ist ein Beispiel. Als der Besucher eines ziemlich späten Abends an einer Gastwirtschaft in seinem Bezirk vorbeikam, bemerkte er eine Frau in der Nähe der Tür, die offensichtlich geweint hatte und ein Kleinkind auf dem Arm hatte. Als er mit ihr sprach , erzählte sie ihm, dass ihr Mann gerade mit dem ganzen Geld, das sie hatten, in den Schankraum gegangen sei und sie Angst habe, ihm zu folgen, da er sie sonst umstoßen würde.

„Warten Sie hier", sagte der Besucher; und dann betrat er das Haus und ging in den Wasserhahn. Es war voller niederer Männer, von denen einige verwirrt wirkten, als er sie dort sah. Er wandte sich jedoch freundlich an einen von ihnen und sagte: „Ihr Männer solltet besser vorsichtig sein, draußen ist jemand . "

"Wer kann es sein!" riefen einige der Männer aus und sahen unbehaglich aus.

„Ein weißer Sergeant", war die Antwort, und die Ankündigung löste schallendes Gelächter aus. Um den Grund der Heiterkeit zu erklären, ist ein Exkurs notwendig. Nun, ein „White Sergeant" im Schankraumjargon ist eine Ehefrau, die ihren Mann aus dem Wirtshaus holt. Dies gilt als schweres Vergehen, und Männer, die sich einer solchen Ausübung der „Frauenrechte" unterwerfen, werden von ihren Begleitern oft verspottet. Viele Streitigkeiten zwischen Mann und Frau sind auf diesen Grund zurückzuführen. An einem Montagmorgen sah der Missionar in einem von ihm besuchten Gericht fünf Frauen mit schwarzen Augen, die sich alle darum bemühten, ihren Männern den vollen Wochenlohn nach Hause zu bringen. Die Ankündigung, dass draußen ein „White Sergeant" auf einen von ihnen warte, galt daher als großer Witz.

Sobald ihre Fröhlichkeit nachgelassen hatte, sagte der Besucher ernst: „Und dieser ‚White Sergeant' ist eine Frau, auf die jeder Mann stolz sein könnte – hübsch und gepflegt in ihrem Kleid, mit einem lieben kleinen Baby im Arm; und." Meiner Meinung nach sollte der Mann, der eine solche Frau außerhalb der Öffentlichkeit zum Weinen bringen würde, vor Scham den Kopf hängen lassen.

Der Egoismus der Männer, die zu ihrem eigenen Vergnügen auf diese Weise handelten, wurde noch verstärkt, bis ein Mann aufstand und leise den Raum verließ. Ein paar Traktate wurden verteilt, und dann ging auch der Besucher hinaus und sah den Mann mit dem „Weißen Sergeant" davongehen. Er ging auf sie zu und sagte freundlich zu dem Mann, dass er gerne vorbeikommen und seinen Kindern Bilderbücher schenken würde. Auf mürrische Weise sagte man ihm, er könne tun, was er wolle, und so ging er mit ihnen bis zu ihrer Tür.

Am nächsten Sonntag rief der Besucher an und schlug nach einem angenehmen Gespräch die Bibel auf, um ihnen vorzulesen, als eines der Kinder anfing zu weinen. Ohne ein Wort zu sagen, nahm der Vater seine grobe Mütze ab und warf sie so heftig auf das Kind, dass es schwer auf den Boden fiel. Das arme Kind kroch in eine Ecke und blieb aus Angst still. Das Gleichnis vom verlorenen Sohn wurde vorgelesen, und der Mann war sehr daran interessiert, und die Darlegung zeigte die Liebe des Vaters. Während der Leser fortfuhr, sah der Mann das Kind freundlich an, ging dann hin und nahm es in die Arme. Der Besucher war über diese Tat erfreut, denn sie zeigte ihm, dass der Mann positiv beeinflusst werden konnte. Als er ging, sprach ihn der Mann folgendermaßen an:

„Sie kannten mich nicht, Chef , als Sie mich im Wasserhahn sahen; aber ich kannte Sie als den Kerl, der meinen Kumpel religiös gemacht hat, mit dem ich als Junge immer Pitch-and-Toss gespielt habe, und das auch immer um mit ihm etwas zu trinken zu gehen, nachdem wir Männer geworden sind; und als ich ihn zum Sterben brachte , sagte er zu mir: „Bob, nimm Religion, denn es ist nicht gut, gegen Schlechtes vorzugehen ." , denn Jesus Christus ist unser Retter . Und meine alte Frau wird dem Traktatmann sagen, er solle mit Ihnen aus seinem Buch mitreden.' Nun, wenn du auf diese Art und Weise in den Wasserhahn gekommen bist und vernünftig geredet hast, denkt ich, das bin ich , und da draußen ist mein Beck; also habe ich mich vertan (ist rausgerutscht) und sollte nichts dagegen haben, wenn du Beck und mich machst religiös, das sollte ich nicht tun."

Ihm wurde in einfacher Sprache die Bedeutung des Wortes „Bekehrung" erklärt und ein Termin für weitere Unterweisungen vereinbart. Diese Besuche dauerten mehrere Monate, und eine deutliche Wende zum Besseren hatte stattgefunden, bis er eines Nachts der Versuchung nachgab, sich betrank und es ihm schlechter ging als je zuvor. Er beraubte das Haus aller Annehmlichkeiten, und die ganze Arbeit schien ihm verloren gegangen zu sein. Eines Nachmittags begegnete man ihm jedoch, als er Geschirr feilbot, und überredete ihn, das Versprechen zu unterzeichnen. Dies behielt er drei Monate lang bei und erlitt erneut einen Rückfall. Sein Freund war zu dem Schluss gekommen, dass sein Fall aussichtslos sei, als er unerwartet Besuch von dem Mann erhielt.

„Bitte, Herr", sagte er etwas verwirrt, „ich werde direkt in Ihrer Nähe leben . Ich habe ein Zimmer mit einem Dachboden über einem Stall gebaut und es genommen, und ich werde mich stark fühlen, als würde ich in Ihrer Nähe leben . " Und ich soll mich nicht in der Nähe meiner Freunde aufhalten, damit ich etwas trinken kann. Es ist doch nicht relevant, wie etwa, dass ich hierherkomme ?"

Der arme Mann wurde für seinen seltsamen, aber weisen Vorsatz gelobt, und sein Freund rief sie sehr oft an. Daraufhin wurden die Kinder in eine Sonntagsschule geschickt und der Mann wurde auf den freien Plätzen in der Kirche gesehen, sauber, aber in seiner Straßenhändlerkleidung. Die Reformation ging mit ihm weiter, und er wurde nüchtern und gut geleitet. Eines Morgens besuchte er seinen Freund und sagte: „Ich habe mich nie um meine Kinder gekümmert, Sir, denn ich war ein Trunkenbold, und ich wusste nichts von unserer Seele und unserer Religion, und Beck und ich wollen die jungen Leute. " getauft zu werden, das tun wir , und wir werden der Kirche treu bleiben, als wären wir innerlich erneuert worden, genau wie die Religion."

Einige Tage nach diesem Gespräch rief der Pfarrer die Eltern und die älteren Kinder an, unterwies sie im christlichen Glauben und veranlasste dann die Taufe. Als der Missionar mit den sechs Kindern vor ihm am Taufbecken stand , freute er sich und dankte für die Veränderung, die die Familie erlebt hatte. Der „White Sergeant" und der betrunkene Straßenhändler hatten sich in jeder Hinsicht verändert, seit er den einen weinend vor dem Wirtshaus und den anderen im Schankraum sitzen sah. Sie blieben mehrere Jahre in der Nachbarschaft und gehörten zu den angesehensten Armen.

Auf diese besondere Weise gefiel es dem großen Oberhaupt der Kirche – das immer gnädig gegenüber seinen Dienern ist, die danach streben, Seelen zu gewinnen –, die Bemühungen zu würdigen, die unternommen wurden, um die Erlösung des armen Kundenhändlers sicherzustellen; und die Führung seiner Vorsehung machte es auch zu einer offenen Tür, durch die das Evangelium Hunderttausenden armen Londoner Menschen bekannt gemacht wurde. Gemäß seinem Versprechen gegenüber dem Pfarrer begann der Missionar mit der regelmäßigen Besichtigung der vierzehn Gaststätten und Bierlokale im Bezirk. Das war anstrengend und schwierig, aber es wurden gute Ergebnisse erzielt; und das Komitee der London City Mission forderte ihn nach Prüfung der Arbeit auf, als seinen Pflichtbereich alle Wirtshäuser einer großen Gemeinde zu besuchen. Die Ergebnisse waren so zufriedenstellend, dass sie in neun weiteren Pfarreien Missionare in die gleiche Klasse von Häusern entsandten und nun Anstrengungen unternehmen, die Arbeit auszuweiten. Es ist erfreulich zu wissen, dass in den Bars, Schankstuben und Salons von 3.450 der 10.340 lizenzierten Häuser in London ernsthafte Anstrengungen für die spirituelle Erleuchtung der

Männer und Frauen unternommen werden, die sie besuchen. Als gnädiges und bekanntes Ergebnis wurden Hunderte von ihnen von Trunkenheit und anderen Lastern befreit, und viele von ihnen sind Mitglieder christlicher Kirchen. Der Einfluss auf die Zöllner und durch sie auf den Handel war in vielen Fällen für immer bemerkenswert. Einige Häuser wurden vollständig geschlossen; andere über den ganzen Tag des Herrn; während sich der Charakter vieler zum Besseren verändert hat. Anwalts- und andere Bedienstete, die eine große und wichtige Klasse bilden, haben große Vorteile erhalten; nicht wenige konnten dazu bewegt werden, das Geschäft zu verlassen, und andere wurden gegen seine Versuchungen und Fallstricke gestärkt. Darüber hinaus gibt es täglich eine große Verbreitung von Evangeliums- und Abstinenztraktaten, während Veröffentlichungen mit einem hohen christlichen und moralischen Ton in Umlauf gebracht werden. Man kann in der Tat sagen, dass ein neues Feld für christliche Unternehmungen durch die Entdeckung eröffnet wurde, dass es *möglich ist*, den vernichtenden Fluch der Trunkenheit an seinem Ursprung zu bekämpfen und so viele bisher unerreichte Massen in unseren großen Städten zu Fall zu bringen der Einfluss der christlichen Lehre.

Das Buch in den Bars:

SEINE SPIRITUELLE KRAFT.

„Sir, sind Sie jemals nachts eine Straße entlang gelaufen,
eine niedrige Seitenstraße, wo sich Betrunkene treffen? Wo der Gin-Palast
die Nacht zum Tag macht und ein Wirtshaus und ein Bierladen den Weg
säumen? Sagen Sie, haben Sie zugehört? „Was, Sir, haben Sie gehört?
Unsere englischen Arbeiter genossen Bier. Kam das unhöfliche Geschrei
von glücklichen Männern
oder wilden Tieren, die wahnsinnig in ihrer Höhle tobten? Sie hörten das
teuflische Lachen, die Flüche, den Streit und die gehäuften Flüche über eine
hilflose Frau; Das Lied der elenden Hure, das Gebrüll des Trunkenboldes,
Die laute Geige und der klappernde Boden; Du sahst die zerlumpte Mutter
krank und blass, Du hörtest das Jammern des elenden Kindes; – Das war
das glückliche Los des Engländers: Das war die Musik zum Topf des armen
Mannes: „Hast du es gehört? Ja, unsere Arbeiter sind verrückt nach

Alkohol!
Etwas, das einen nüchternen Christen zum Nachdenken bringt!"

Frau Sewell.

KAPITEL VIII.

Die Uhr geht falsch – schicke Männer – der Mann aus der Rattengrube – ein Kind auf dem Fass – Urlaubsticket – ein Raub – das Haus eines Betrunkenen – ein Untergang und ein Aufstieg.

DAS BUCH IN DEN BARS :
SEINE SPIRITUELLE KRAFT.

„ Dann kommt der Glaube durch das Hören und das Hören durch das Wort Gottes." ROM. X. 17.

Die folgende Anzeige, die in mehreren Tageszeitungen erschien, veranlasste den Missionar, dem Wirt und den Bardienern einen Abschiedsbesuch abzustatten :

„ *Gin Palace zu verkaufen, in einem* Viertel , in dem gut gearbeitet wird und Gin getrunken wird ; die Bar kostet 240 Pfund pro Woche: elegante und umfangreiche Ausstattung. Moderate Konditionen. Sofortiger Besitz" usw.

Mit diesem Abschiedszweck betrat der christliche Besucher früh am folgenden Sonntagabend die „Flaschenabteilung", fand den Ort jedoch so voller Kunden, dass weder der Wirt noch die Barkeeper einen Moment Zeit hatten, um zu verschwenden. Deshalb schüttelte er ihnen einfach die Hand, vereinbarte einen Besuch in den ruhigen Stunden des folgenden Nachmittags und begann dann mit der Evangelisierungsarbeit unter den Menschen.

Drei hohe Trennwände teilten die Bar in vier Fächer; und wie es üblich ist, gab es zu jedem eine eigene Tür, so dass die Scharen der Kunden einander nicht sehen konnten, obwohl der Lärm ihrer Gespräche und Streitigkeiten zu Wortgefechten führte und eine ruhige Unterhaltung schwierig machte. Man hätte meinen können, dass die private oder „Flaschenabteilung" am einfachsten zu besuchen wäre, da ihr Name die respektable Gruppe der Trinker einzuladen schien. Bis zu einem gewissen Grad war dies der Fall, aber eine Jury aus Barkeepern würde mit Sicherheit der Meinung zustimmen, dass dieser schlaue Teil des Hauses, in den so viele gut gekleidete Personen für ihre Getränke schlüpfen, der lukrativste und normalerweise auch der lukrativste ist überfüllt. Nur wenige Wochen zuvor stand der Besucher mit einem jungen Mann in einem ähnlichen Abteil, als sieben Frauen, Ehefrauen von Arbeitern, eintraten und nach einem Liter Gin mit Ale-Gläsern riefen. Sie lachten herzlich über den ihrer Meinung nach glücklichen Gedanken an einen ihrer Gefährten, nämlich dass er sich zusammentat, um eine so große

Menge Spirituosen zu bestellen. Sie waren sehr beunruhigt über die vernichtende Zurechtweisung, die ihnen entgegengebracht wurde.

Am Abend unseres Besuchs waren acht oder zehn Männer und Frauen anwesend. Einer von ihnen, ein angesehener Kaufmann, lehnte ein Traktat mit der Bemerkung ab: „Ich will Ihren religiösen Unsinn nicht, denn ich tue das Richtige zwischen Mensch und Mensch; und wenn ich es nicht täte , würde mich das nicht stören." anderen Menschen in religiösen Angelegenheiten, da ich weiß, was richtig ist, und es auch tun könnte." „Die Uhr dort geht falsch", erwiderte der Besucher und schaute auf dieses sehr dekorative Objekt, „und weil sie außer Betrieb ist, erfüllt sie nicht den Zweck, für den sie gemacht wurde, da sie um Stunden zu langsam geht. Jetzt der Vermieter." wird nicht versuchen, es selbst zu reparieren, noch wird er es zu diesem Zweck einem Lebensmittelhändler oder einem Maurer geben: Er wird es zweifellos an den Mann schicken, der es hergestellt hat – an einen Uhrmacher, der sich mit dem Mechanismus auskennt; er wird es reinigen und reparieren es, und dann werden die Hände wieder in Ordnung kommen. Nun, es ist einfach so bei uns Menschen: Wenn wir Unrecht tun, beweist das, dass wir innerlich unrein und außerstande sind, und es nützt nichts, zu versuchen, uns selbst wieder in Ordnung zu bringen, denn wir können es Tun Sie es nicht; oder um andere Menschen dazu zu bringen, an uns herumzubasteln, da sie uns mit Sicherheit noch schlimmer machen. Unsere richtige Vorgehensweise besteht darin, sich an unseren allmächtigen Schöpfer zu wenden, mit dem Gebet: „Erschaffe in mir ein reines Herz, oh Gott." und erneuere einen rechten Geist in mir.' Wenn dies geschieht, gehen wir richtig und verherrlichen Gott in unserem Körper und unserem Geist, die Ihm gehören." Nach ein paar Worten über die für Sünde und Unreinheit geöffnete Quelle wurde der Redner ohnmächtig und ließ die Menschen zurück, deren Augen auf die Uhr gerichtet waren und deren Gedanken auf den Erlöser gerichtet waren .

Im nächsten Abteil hatten sich etwa sechzehn Arbeiter versammelt, alle nüchtern. Einige waren, wie einer von ihnen sagte, verärgert darüber, „an einem Ort wie dem, in dem es um Religion ging, angegriffen zu werden". „Nun, ihr seid alle im Baugewerbe tätig", rief der Eindringling, „und wenn ihr auf die Worte hört, die ich wiederhole, und sie befolgt, werdet ihr mit weisen Männern verglichen, die ein Haus auf einem Felsen bauten: ,Und der Regen.' Es stieg herab, und die Winde wehten und schlugen gegen das Haus; und es fiel nicht; denn es war auf einen Felsen gegründet."' Da die Aufmerksamkeit der Männer durch das Gleichnis gefesselt war, wurde es bis zum Ende wiederholt; und dann nahm der Leser die Bibel aus der Tasche und bemerkte: „Das sind nicht meine Worte; sie wurden vom Herrn Jesus Christus gesprochen." „Ich kenne viel von der Bibel", sagte einer der Männer, „und er hat nie so geredet." „Ich habe es schon einmal gehört", erwiderte ein Begleiter, „und es ist da." „Ja, ich habe recht", antwortete der Mann mit dem Buch; und dann las er, mit dem Rücken gegen die Theke gelehnt, das Gleichnis in klarem, ausdrucksvollem Ton durch. Dann schaute er auf und sagte freundlich: „Du baust nicht auf diesem Felsen; wenn du es tätest , wärst du im Haus Gottes und nicht an diesem Ort."

"Das ist richtig!" riefen mehrere, und drei von ihnen folgten ihm auf die Straße. „Ich werde nächsten Sonntag gehen", sagte ein Zimmermann. „Und ich auch", antwortete sein Begleiter, ein Schmied. „Und ich werde dich an dieser Ecke treffen und mit dir gehen", sagte der Vorleser. Diese Vereinbarung wurde durch Händeschütteln bestätigt; und die Männer gingen nachdenklich zu ihren Häusern, während der Missionar das nächste Abteil betrat.

Darin standen mehrere Gruppen von Personen beisammen, die in der Nähe der Tür waren Feger, die zu Ehren des Tages teilweise gewaschen wurden. Einer von ihnen, ein junger Mann, sagte, seine Mutter sei krank und wolle jemanden, der mit ihr bete. Der Besucher notierte die Adresse und versprach, anzurufen. Während er das tat, richtete sich seine Aufmerksamkeit auf mehrere Männer der „Schicksal", die sich lautstark über die Schwierigkeiten ihres Berufs unterhielten. Sie waren in schmutzige Fustians gekleidet, hatten bunte Baumwolltaschentücher um den Hals und Mützen, die ihre Stirn „ schurkisch niedrig" erscheinen ließen. Einer von ihnen hielt eine Bulldogge an einer Kette, und aus den Seitentaschen seines Mantels guckten mehrere Welpen. Er war offensichtlich der wichtigste Mann der Gruppe, da seine Gefährten ihm zuhörten und sich seine Beschwerden anhörten, die er folgendermaßen zum Ausdruck brachte: „Diese Trockenlegung Londons wird uns ruinieren, das wird es sein. Warum schauen?" Hier: Ich habe den ganzen gesegneten Tag damit verbracht, sechs Dutzend Ratten zu bekommen, und ich habe nur zwei Dutzend; und der Preis dafür ist ruinös. Ich meckere nie darüber, sie für vier Pence das Stück zu kaufen, wenn sie fett sind Und so lebhaft, das tue ich nicht, weil es ein fairer Preis ist; aber es reicht aus, um einen Kerl dazu zu bringen, Treppen zu steigen , wenn er jedem einen Bob Trinkgeld geben muss, oder elf Schilling pro Dutzend dafür, wie ich es heute Nachmittag getan habe; und das ist es Diese Austrocknung Londons bewirkt, dass sie weggeschwemmt werden. Und dann hatte ich letzte Woche ein Unglück. Ich bin mit meinem Kumpel, wie es Rattenfänger für die Königin ist, ausgegangen, um zwei Tage lang Windsor zu erkunden , und ich habe drei Dutzend zurückgelassen in der niedrigen Grube. Nun, als ich zurückkam, sagten meine Frauchen wie ein Bin Queer: „Oh mein Gott, ich habe vergessen, die Ratten zu füttern!" Also ging ich los, da ich wusste, wie es sein würde. Als ich hineinschaute, war ein Dutzend weg, und sie fraßen immer mehr voneinander; also warf ich das Zeug hinein, weil es durcheinander war für sie , und ihre Barbarei hatte ein Ende, denn Ratten sind gutmütig, wenn sie reichlich Futter haben; aber wenn der Preis hoch ist, ist es, wie ich sage, Verderben."

„Und so haben Sie den ganzen Tag versucht, Ratten zu kaufen, nicht wahr? Eine hübsche Art, sicher zu sein, dass ein Mann seinen Sonntag verbringt", bemerkte der Missionar, als er sich zu dem Mann umdrehte und einen hübschen kleinen Spaniel streichelte, dessen Kopf ruhte auf der Klappe seiner Tasche.

„Das habe ich", war die scharfe Antwort, „und ich bekenne mich nicht zur Religion, also schadet es nicht; wie diese Heiligen, von denen ich weiß, dass einer von ihnen dich durch dick und dünn betrügt; also tue ich das Richtige und schnappe." Mein Finger, und ich sage: Nichts von deiner Religion für mich.

„Ich sehe, wie es ist", entgegnete der Besucher. „Du bist einem falschen Christen begegnet, einer Fälschung, wie wir schlechtes Geld nennen, und aus diesem Grund wirst du kein echter Christ sein. Ist es das, was du meinst? Wenn ja, ist es so, als würde man sagen: ,Ein Mann hat ein schlechtes Geld durchgemacht.' Schilling auf mich, also habe ich nie vor, einen guten zu nehmen.'"

„Das ist ein Rätsel", antwortete der Mann nachdenklich; „Wie ich weiß , was gute Christen sind, so wie mein Vater und meine Mutter, so wie Waliser, so wie ich. Sie haben das Richtige von mir getan; aber ich hatte in London viele Leute, die sich amüsierten , also bin ich weggelaufen." Sie bettelten und machten es hier oben zunichte. Und ich stieg mit ein paar jungen Idioten in Whitechapel ein und wurde vor dem Schnabel geschnappt, weil es nicht viel war; und er gab keinem Burschen eine Chance, sondern setzte auf drei Monate hart; und als ich rauskam, konnte ich nicht weitermachen, also ging ich mit einem Kerl los, um Vögel und Ratten zu fangen , und heiratete seine Tochter. Und jetzt habe ich einen Vogelladen in Shoreditch und eine Rattengrube , wie es nützlich war, bevor diese Entwässerung ins Leben gerufen wurde , da Herren ihre Hunde mitbringen, um ihnen beizubringen , wie man Ratten tötet, und manchmal streiten sie sich heimlich; und sie sind Herren, die es tun und bezahlen und sagen denn ich bin der beste Rattengrubenmann, den sie kennen."

Als Antwort auf Fragen gab der Rattengrubenmann zu, dass er in den achtzehn Jahren, die er in London verbrachte, nur einmal in einer Kirche gewesen sei, und zwar bei seiner Hochzeit. Als er daran erinnert wurde, dass er das Kind vieler Gebete und der in den Himmel gekommenen Eltern war, wurde er sanfter und sagte: „Wenn ich jemanden kennen würde , der religiös ist, wäre ich besser; aber ich kenne keinen Ordensmann." Junge, das tue ich nicht.

„Gib mir deine Adresse", sagte der Besucher, „und ich werde einen Missionar, der in der Nähe wohnt und ein Freund von mir ist, bitten, dich zu besuchen." Dies geschah und die Parteien verließen gemeinsam die Bar.

Das vierte Abteil war mit Leuten aus der erniedrigten und unordentlichen Klasse überfüllt, und es war offensichtlich, dass mehrere Männer in einer Ecke vom Alkohol begeistert waren. In der Mitte stand ein großes Fass, und darum herum standen drei Frauen. Eine von ihnen hatte einen Quarttopf auf dem Fass umgedreht und ihr kleines Kind, etwa ein Jahr alt, darauf gesetzt. Sie forderte „ein Quartern und drei Outs" (drei Gläser, um den Alkohol zu teilen), als der Missionar , der die Schwierigkeit spürte, die Aufmerksamkeit eines solchen Volkes zu gewinnen, mit dem Ausruf auf sie zukam: „Warum, was denken Sie? Wann." Der Erlöser der Welt war hier. Er nahm ein kleines Kind, so ein hübsches kleines Kind, setzte es in die Mitte seiner Jünger und sagte: „Wenn ihr euch nicht bekehrt und wie kleine Kinder werdet, werdet ihr nicht hineingehen." in das Himmelreich.""

„Hat er das, Sir?" riefen mehrere aus.

„Ja, das hat er", war die Antwort; „Und wenn du mir zuhörst, werde ich dir sagen, was Er meinte."

Daraufhin versammelten sich die Leute um das Fass, und der Sprecher nahm die kleine Hand in seine und fuhr fort: „Es gibt keinen Zweifel an der Liebe eines kleinen Schatzes wie diesem. Wenn es seine Arme um deinen Hals wirft, weißt du, dass es echte Liebe ist." " ("Das ist es", sagte die Mutter und umarmte das Kind); „Und der Erlöser meinte, dass wir Männer und Frauen, die wir Kinder des großen Vaters im Himmel sind, ihn von ganzem Herzen lieben und seinen heiligen Willen tun sollten. Nun glaube ich nicht, dass wir das alle tun."

„Das glaube ich nicht", sagte ein Mann mit rauem Lachen. „Wenn wir das täten, sollten wir uns hier an einem Sonntagabend nicht betrinken."

„Sie haben Recht", antwortete der Besucher. „Ihr seid nicht wie dieses hübsche Kind; ihr seid schlechte Kinder und müsst, wie Jesus sagte, bekehrt werden. Der große Vater liebt euch und sandte seinen Sohn, um euch zu sagen, wie ihr gut gemacht werden und für eure Sünden sterben könnt." " Weitere ermahnende Worte wurden gesprochen, als die Ansprache durch eine weitere Gruppe von Personen, die in die Bar drängten, zu Ende gebracht wurde.

Diese bestand aus einer alten Frau und drei jungen Männern der *Gattung* Rough. Die Frau, die geweint hatte und die neues Unkraut auf dem Kopf hatte, zögerte, einzutreten, als einer der Männer zu ihr sagte: „Macht dir nichts, Mutter; das ist es, worauf wir alle hinaus wollen. Er war es." Ein gutes

Un, wie es überall respektiert wurde. Kommen Sie herein und trinken Sie einen Tropfen Rum.

„Und waren Sie", fragte der Missionar , „den Ehemann und den Vater zu begraben?"

„Ja, Herr", antwortete die Witwe schluchzend. „Wir waren zweiundvierzig Jahre verheiratet, und es ist seine erste Nacht im kalten Grab, und mir geht es so elend, und meine Jungs haben mich mitgebracht, um mir etwas Rum zu geben." und dann schluchzte sie so tief, dass die Leute sie mitleidig ansahen.

„Fass den Rum nicht an", sagte der Besucher, „sondern lass mich mit dir nach Hause gehen und aus diesem gesegneten Buch die tröstenden Worte vorlesen, die der barmherzige Gott den Witwen gesagt hat." und dann verließen sie die Bar, gefolgt von den Söhnen. Sie betraten ein paar Türen weiter ein Haus und stiegen in die Hinterküche hinab, die trostlos und fast ohne Möbel war. Der Besucher setzte sich auf den Rand des Bettgestells und las den Bericht über die Witwe von Zarephath und Schriftstellen wie „Der Herr erleichtert die Waisen und Witwen"; „Lass deine Witwen auf mich vertrauen." und erklärte ihr dann, was es bedeutet, „tatsächlich eine Witwe" zu sein. Die jungen Männer waren sehr interessiert, aber als das Gebet gesprochen wurde , standen sie unbeholfen auf, obwohl die Mutter kniete; Es war offensichtlich, dass sie nie das Knie zum Flehen gebeugt hatten. Nach weiteren Worten des Mitgefühls wurde die Witwe sehr getröstet und mit der Zusage eines weiteren Besuchs zurückgelassen.

Danach besuchte der Missionar mehrere andere Wirtshäuser mit unterschiedlichem Erfolg und verstreute viel wertvolles Saatgut. Als der Abend schon weit fortgeschritten war, betrat er einen großen Bierladen und beabsichtigte einen letzten Besuch. Ungefähr dreißig Männer und Frauen aus der Unterschicht standen da, viele von ihnen mit dem Rücken zur Wand, da der Wirt die Sitze entfernt hatte, um zu verhindern, dass seine Kunden zu lange blieben. Als der Besucher sich umsah, bemerkte er einen Mann mittleren Alters, den er mehrere Jahre lang nicht gesehen hatte, und fragte ihn, wo er gewesen sei?

„Ins Gefängnis, wegen Körperverletzung einer Frau", antwortete er. „Ich war vier Jahre lang verpflichtet, und das war nicht viel, da sie nie darüber hinwegkommen wird; und ich bin sechs Monate früher mit einer Urlaubskarte unterwegs; und es war der Drink, der mich dazu gebracht hat." , da ich niemanden verletzen würde.

„Es hat keinen Sinn, es dem Getränk zuzuschreiben", war die Antwort; „Sagen Sie die Wahrheit und sagen Sie, dass es Ihre Liebe zum Getränk und Ihr Laster waren, die Sie zu dem Verbrechen bewogen haben. Sie können sich jetzt entschuldigen, aber der Tag kommt, an dem Sie dafür und für jedes andere Vergehen erneut vor Gericht gestellt werden." Ihres Lebens, da wir alle vor dem Richterstuhl Christi stehen müssen; denken Sie nun daran, wenn Sie von diesem Richter verurteilt werden, wird es kein Entrinnen aus dem Gefängnis der Hölle geben, in das Sie geschickt werden."

Zu Beginn dieses Gesprächs schwang die Tür auf und ein Mann von niedrigerem Schlag trat ein. Er hörte zu; aber er beendete das Gespräch plötzlich, indem er die Faust ballte, und mit dem boshaften Zischen, das schlechte Männer haben, wandte er sich an den Missionar und sagte: „Was haben Sie in unserem Laden zu suchen, wenn Sie hier so reden? für zwei." Nadeln, die ich in deinem Frontispiz einschlagen würde.

Der Mann mit der Urlaubskarte runzelte die Stirn, streckte seinen rechten Arm mit ausgestrecktem Finger und Daumen aus und machte einen seltsamen Ruck und rief: „Wenn du das tust, werde ich dir eine Garotte geben." Und eine Frau, deren Schwester der Besucher in einer Besserungsanstalt untergebracht hatte, aus Angst, er könnte verletzt werden, stürzte mit einem halben Schrei vor ihm her. Der Rohling, der sichtlich über das gute Gefühl, das zwischen dem christlichen Lehrer und den Leuten seiner eigenen Klasse herrschte, erstaunt war, trat zurück; Aber als die Aufmerksamkeit der heruntergekommenen Menge in der Bar auf ihn gerichtet war, hob der Besucher seine Hand und sagte laut: „Macht nichts, ich bin nicht verletzt. Aber es war einfach so vor Hunderten von Jahren, als der Retter der Welt." war hier. Er pflegte hungrige Menschen zu speisen, und heilte die Kranken und gab den Blinden das Augenlicht; aber es gab Männer, die ihn mit der Faust der Bosheit schlugen und schrien: „Kreuzige ihn, kreuzige ihn!", und dann Sie haben ihn ans Kreuz genagelt. Dann senkte der Redner seine Stimme auf einen feierlichen Ton und fuhr fort: „Ja; und –"

„Für solche wie euch ist er gestorben, für solche wurde er gekreuzigt, für solche regiert er oben."

Die Wirkung war verblüffend, als diese Gemeinde der Bösen in stiller Ehrfurcht dastand; während der Wirt und seine Barkeeper sich vorbeugten, um zuzuhören. Noch ein paar ernste Worte wurden gesprochen, und der Evangelist stieg aus und wischte sich den Schweiß von der Stirn. Fast im selben Moment wurde der Raufbold an der anderen Tür ohnmächtig, näherte sich dem Missionar und sagte: „Ich entschuldige mich , Herr Gouverneur , aber ich möchte Ihnen kein Haar krümmen. "

„Mir geht es dir gut, also ist das egal", war die freundliche Antwort, die durch eine freundliche Berührung des Arms untermauert wurde. „ Sehen Sie , Chef ", fuhr der Rough fort, „da ich ein schlechter Mensch bin, da ich einen Monat Zeit hatte, meine alte Frau zu schlagen, und das liegt daran, dass ich es nicht bin." hedicated , denn wenn ein Kerl es nicht ist Er gab an, dass er blöd ist .

Aus dieser Rede ging klar hervor, dass der Mann den Wunsch nach Belehrung verspürte, und der Besucher spürte, dass die Vermittlung dieser ihm eine Kraft verleihen würde, die zu einer moralischen und spirituellen Erneuerung führen könnte; Er fragte daher, ob er lesen und schreiben lernen möchte.

„Oh, sollte ich nicht: Das ist alles!"

„Nun, wenn Sie den Mut haben, sich an Ihr Buch zu halten, was für einen Mann von vierzig Jahren harte Arbeit ist, werde ich ein- oder zweimal in der Woche eine Stunde mit Ihnen verbringen und Sie unterrichten."

Der arme Kerl sah erstaunt aus, zappelte auf seltsame Weise und gab dann seinen Gefühlen Ausdruck, indem er ausrief: „Wenn Sie das tun , Herr, wenn ich mit der Arbeit beginne, werde ich Ihnen einen Tag auf dem Land gönnen."

Sein Freund konnte über dieses einzigartige Aufwallen dankbarer Gefühle nur lächeln, obwohl er die Bedeutung ihrer Bedeutung kannte. Für Männer wie ihn, eingepfercht in der Dichte der mächtigen Stadt, ist ein Tag auf dem Land das größte Vergnügen, das man sich vorstellen kann, und ein Versprechen, das zeigt, dass der Mann eine Seele und vielleicht eine latente Vorliebe für das Schöne hatte.

Da es notwendig war, dass der Lehrer wusste, wo der Mann wohnte, ging er mit ihm durch eine dieser engen, schmutzigen Straßen, in denen die Menschen im Hinblick auf Diebe bequem leben: Da sie nichts haben, was man stehlen könnte, lassen sie ihre Türen zu die ganze Nacht geöffnet bleiben. Der Mann trat durch eine dieser offenen Türen ein und stieg in tiefer Dunkelheit die Treppe hinauf; Sein Schritt war offensichtlich zu erkennen, als eine Frau aus dem hinteren Dachboden kam und in der Hand eine Schwärzungsflasche hielt, in der sich ein Stück Kerze befand. Alle Zweifel daran, dass sie seine Frau sei, wurden ausgeräumt, als der Rough seine neue Bekanntschaft mit der folgenden eleganten Sprache vorstellte: „'Ere Sarah, ' ere's „Ein Herr , den ich in einem Bierladen aufgeschnappt habe." Zur Verlegenheit der schmutzigen, zerlumpten Frau betrat der Besucher den Raum; und es war ein beklagenswerter Raum – das Haus eines Betrunkenen. Der Boden war schmutzig, ohne ein Stück davon Der Teppich war zerbrochen, und mehrere Glasscheiben waren zerbrochen und mit braunen Papierstücken überklebt, die gefettet waren, um ein wenig Licht hereinzulassen. Es gab nur einen zerbrochenen Stuhl, und ein Siebkorb, bedeckt mit einem rostigen Teetablett, bildete einen weiteren Sitz. Der Tisch war offensichtlich das sicherste Stück Ware, da die Frau ihren Besucher einlud, sich darauf niederzulassen. Es gab kein Bettgestell, aber eine Ansammlung von Lumpen in einer Ecke bedeckte zwei schmutzige kleine Kinder. Die arme Frau hatte das zerquetscht und der elende

Gesichtsausdruck, der bei den Frauen dieser Klasse von Männern so üblich ist. Eine Viertelstunde Gespräch beruhigte sie und sicherte ihr Wohlwollen. Bevor er ging, öffnete der Besucher, der seinen Platz am Tisch eingenommen hatte, seinen Bibel und Lesen, während die Frau mit ihrem Licht in der schwarzen Flasche auf der einen Seite von ihm stand und ihr brutaler, aber jetzt unterwürfiger Ehemann auf der anderen.

Ein paar Abende später betrat der Missionar wie verabredet das Zimmer mit dem Buchstabierbuch in der Hand, um die erste Unterrichtsstunde zu geben, und war froh, das Raue zu Hause vorzufinden und mit einem angenehmen Lächeln seine Schroffheit zu erwidern Anrede: „Ich dachte, Sie wären nicht gekommen; aber vielen Dank , Herr Gouverneur , dass Sie sich darum gekümmert haben." Dann ergriff er förmlich die Fibel und wiederholte das Alphabet so energisch, dass seine Absicht, „ in kürzester Zeit geheiratet zu werden", offensichtlich war, auch wenn er es nicht gesagt hatte. Das Buch wurde bei ihm gelassen, und am nächsten Unterrichtsabend erzählte seine Frau dem Lehrer: „Bill hatte eine Eins , eine Zwei und eine Eins , seit er dort oben angekommen war ." " Viele Wochen lang folgte die Lektion der Lektion, und obwohl die Aufgabe für beide Seiten unangenehm war, verstand er die Arbeit außerordentlich gut, und am Ende von drei Monaten konnte er einfache Lehrbücher lesen. Von diesem Zeitpunkt an gab es Anzeichen dafür, dass sich in der Familie eine Veränderung vollzog. Die anerkannte Regel der Londoner Stadtmission, dass kein Besuch ohne das Lesen oder Wiederholen eines Teils der Heiligen Schrift abgeschlossen werden darf, wurde eingehalten, und als Ergebnis wurde ein Großteil dieses Wortes, dessen Eindringen in die Seele Licht spendet, war diesem armen Mann und seiner Frau vorgelesen worden. Es gab eine Veränderung in ihrem Zuhause, denn eines Abends bemerkte die Lehrerin zwei neue Stühle und ein Stück Teppich; Danach wurden mehrere bunte Bilder und ein Kotflügel angebracht, dann wurden die Lumpen entfernt und an ihrer Stelle ein Punch- and- Judy- Bettgestell (ein Ding, das in der Ecke auftaucht) aufgestellt.

„Du kommst in der Welt voran", bemerkte ihr Freund eines Abends, als er sich im Zimmer umsah.

Der Mann warf seiner Frau unaussprechliche Blicke zu und sagte: „Das sollten wir denken, Sir, und ich lasse die Katze aus dem Sack, wie man sagt : und das ist diese Katze. Erst hatten Sie gelesen ." Und als ich eines Nachts rausgehe , kommt ein alter Kumpel zu mir und sagt: „Komm rein und gönn dir ein bisschen nasses Zeug!" und ich ging hinein; und dann gingen wir in die andere Ecke, und ich stellte etwas Gin hin, als er mit dem anderen in mein Zimmer kam; und als ich draußen war, setzte ich einen Schäler ein und meldete mich freiwillig , um gegen ihn zu kämpfen . Also er packt mich am Halsband und geht mit mir weiter, und meine alte Frau, die nach mir gesucht hat, kommt herbei und fleht den Schäler an, mich nicht hereinzutraben, da er einen Angriff macht. Also gab er mir „ weich" zu Sie; und als ich hier aufstand, war ich nüchtern und sagte: „Ich werde ein Christ sein, wie der Herr liest, der Schweinefleisch frisst" , und ging zurück zu seinem Vater ; und ich werde abstinent sein Morgen. Also trank ich am Morgen einen Pen'orth Kaffee im Totalladen und hoffte, mich an das Mädchen zu erinnern, das ihn gebracht hatte; und sie erzählte es dem Gouverneur , und er brachte ein Buch, und ich legte ein Ich habe einen Kratzer darin gehabt, und seitdem habe ich von dem öffentlichen Kram nichts mehr getrunken; und wir sagten, wir würden dir nichts sagen , bis wir einen Monat lang Abstinenz hatten, und jetzt ist es mehr als das.

Der Mann wurde für seine Entschlossenheit gelobt, und als die Lektion zu Ende war, wurde das Buch geöffnet und das Gleichnis vom verlorenen Sohn noch einmal vorgelesen und ausführlicher erklärt, und dann wurde der Familienaltar in diesem armen Raum aufgestellt, wie der Mann mit seine Frau und seine Kinder knieten gemeinsam im Gebet nieder.

Bald darauf erhielt der Mann eine Anstellung auf einem Holzplatz, um Sägemehl aus den Gruben zu räumen, und sein Fortschritt, ja sogar sein Aufstieg in der Gesellschaft nahm rasch zu. Eines Abends nahm sein Lehrer einen sehr lieben Freund zu sich , den talentierten Autor von „Die Fürsorge unseres Vaters" und „Mutters letzte Worte". Er holte eine Bibel aus der

Kommode (denn sie hatten diese Würde erlangt) und sagte: „Mama, hör mir vorlesen, so wie ich es gern mache . Als ich diesen Herrn in einer Bierbar sah, war ich …" Ich werde auf ihn losgehen, aber er hat mir beigebracht, erstklassig zu lesen. Dann las er das fünfte Kapitel des Matthäusevangeliums; und wie die Dame später bemerkte: „Er las es gut, da er die Kraft jedes Wortes zu spüren schien." Danach legte er Zeugnis von einer erneuerten Natur ab und wurde zum lebenden Beweis dafür, dass Gnade einen rauen in einen ruhigen und friedfertigen Menschen verwandeln kann und dass es möglich ist, böse Menschen aus der Mitte der Gottlosen herauszureißen, als Brandzeichen aus der ewigen Verbrennung.

NOTIZ. – Elf Jahre sind seit Mrs. Sewells Besuch im Groben vergangen, und wir nutzen die Gelegenheit für eine Neuauflage, um hinzuzufügen, dass der Mann und seine Frau den Grundsätzen der Mäßigkeit treu geblieben sind. Es dauerte lange, mehrere Jahre, bis er einer Kongregationskirche beitrat, und wie viele andere war er ein unauffälliges Mitglied, aber sein Leben war in Ordnung. Das Erscheinungsbild seiner Frau veränderte sich so sehr, dass sie eine Anstellung bei der Pflege bekam , und ihr Zuhause wirkte wirklich behaglich. Das älteste der Kinder, das zum ersten Mal auf den Lumpen zu sehen war, ein Mädchen, hat eine Stelle als Kindermädchen in einer Handwerkerfamilie erhalten, und der Rest hofft, dass es ihm gut geht. Dies ist ein erneuter Beweis für die Macht der Religion des Herrn Jesus, die Seele zu bekehren, ein heiliges Leben zu erzwingen und die heranwachsende Generation zu segnen. Warum sollte dann etwas aus Mangel an Wissen verloren gehen? Warum sollte nicht das ganze Volk im Gesetz des Herrn unterwiesen werden? Jeder Einzelne erhält den Ruf zur Reue, zum Glauben und zur gesegneten Hoffnung.

Das Buch in den Bars:

SEINE EMPFANG.

„Es wird eine Zeit kommen, Herr, wenn sie gekommen wäre,
in der Gerechtigkeit in jedem Haus herrschen wird und die gesegnete
Erkenntnis des Herrn wie die großen Fluten sein wird
, die das Meer überfluten, und in der alles schädlich sein wird." weggefegt,
und die Erde freut sich über einen langen Sabbattag; – Aber *dies* ist nicht
diese Zeit. Die Schlange sticht,
die Natter beißt und der Trunkenbold singt
in wahnsinnigem Gelage, während der britische Name zum Synonym für
Trunkenheit und Schande wird.Oh , Herr, lieber Herr, schieben Sie diesen

Vorwurf beiseite und beeilen Sie sich zum herrlichen Sabbattag, an dem
Christus in Gerechtigkeit und Frieden regieren wird und alle Unruhen der
Welt aufhören werden: Denken Sie an diese Zeit und um seiner
Herrlichkeit willen Unternimm dieses zehnfache Werk der Barmherzigkeit.

Frau Sewell.

KAPITEL IX.

Eine seltsame Bitte – das Zepter berühren – Sonntagstrinken – am Sonntag geschlossen – angenehme Opposition – schlechte Zungen – ein scharfer Tadel – hässlicher als ein Gorilla – eine knifflige Frage – Potmans Brief – der Ring des Faustkämpfers – die Schönheit des Alters – in Frieden ruhen.

DAS BUCH IN DEN BARS : SEINE REZEPTION.

„Diese waren edler als die in Thessalonich, da sie die Wahrheit mit aller Bereitschaft des Geistes aufnahmen." APOSTELGESCHICHTE xvii. 11.

DREIZEHN Jahre christlicher Arbeit in öffentlichen Lokalen, Kaffeehäusern und Nachtclubs, in denen 465 Sonntagabende in den Bars, Kneipen und Salons dieser Orte verbracht wurden, gaben dem Missionar Tausende von Gelegenheiten, mit Männern und Frauen über Gerechtigkeit zu diskutieren. Mäßigkeit und ein bevorstehendes Gericht. Ständig kam es zu interessanten Vorfällen, und wir wählen einige aus, um zu zeigen, dass das Schwert des Geistes, das das Wort Gottes ist, mächtig ist, um Widerstand und Vorurteile zu überwinden und die großen Ziele der Gnade zu erreichen.

DIE KRONE UND DAS ZEPTER . — Als der Missionar eines Abends dieses Haus betrat, fand er hinter der Bar einen neuen Vermieter. Da er mehrere der Kunden kannte, nahm er ein ernsthaftes Gespräch mit ihnen auf, wurde jedoch vom Wirt mit der Erklärung daran gehindert, dass „es für einen Mann eine abscheuliche Sache sei, in einem Wirtshaus über Religion zu reden"; und dann befahl er dem Eindringling zu gehen. Als der Mann wütend war, ging der Besucher zur Tür und bemerkte lediglich: „ Eines Tages werden wir uns kennen und unsere Bekanntschaft zweifellos noch erweitern, denn ich möchte Ihnen eine gute Tat erweisen – das Beste, was ein Mann tun kann." für einen anderen tun;" und dann verließ er das Haus. Er war jedoch noch nicht weit die Straße hinuntergegangen, als ihm zwei Männer nachliefen und sagten, der Wirt wolle mit ihm sprechen. Der Besucher hatte das Gefühl, dass Böses beabsichtigt war, aber da sich eine Gelegenheit bot, das Wohlwollen des Mannes zu sichern, betrat er mutig die Bar erneut. Zu seiner Überraschung reichte ihm der Vermieter mit einem Lächeln eine Reihe von Flugblättern und sagte: „Sie wollen mir doch einen Gefallen tun? Nun, so können Sie das hinbekommen. Mir wurde gesagt, dass Sie gehen sollen." in allen Häusern hier herum, und ich möchte, dass Sie in jedes Ihrer Traktate eines dieser Papiere legen, um mich bei den richtigen Leuten bekannt zu machen. Der Missionar las die Rechnungen laut vor und konnte sich nur in das Gelächter einstimmen, denn sie lauteten: „Krone und Zepter '." Der neue Vermieter bittet darum, der Öffentlichkeit mitzuteilen, dass er dieses alteingesessene Haus übernommen hat und dass er den besten Porter für vier Pence pro Quart und den guten alten Tom für drei Pence, einen halben Penny pro Quartier usw. usw. verkauft. Die Kunden überlegten Die Aufforderung, solche Rechnungen in religiösen Traktaten zu verteilen, war ein guter Witz, aber sie hielten in ihrer Heiterkeit inne, um die Antwort des Besuchers zu hören, der mit den Rechnungen in der Hand dastand. Diese Antwort wurde in der unerwarteten Form einer Frage an eine Gruppe von Kundenhändlern gegeben, die auf der anderen Seite der Bar standen.

„Wisst ihr Männer da drüben, was ein Zepter ist?"

„Von so einem Artikel habe ich noch nie etwas gehört", lautete nach einigem Überlegen die Antwort.

Da die Frage offensichtlich viele Kunden verwirrte, lächelte der Besucher und wandte sich an den Vermieter: „Wenn ich Ihre Rechnungen nicht für Sie verteilen kann, werde ich sie sinnvoll nutzen, indem ich Ihre Kunden mit der vollständigen Bedeutung Ihrer Rechnungen vertraut mache." Zeichen. Nun, Sie alle wissen, dass eine Krone eine Art goldene Kappe ist, die mit Juwelen besetzt ist und auf das Haupt von Königen gesetzt wird. Nun ist ein Zepter ein goldener Stab, ungefähr so lang (zeigt die Länge mit seinen Händen) und ist ein Abzeichen der königlichen Autorität, mit der man regieren und Barmherzigkeit zeigen kann. Ich habe das Zepter der Königin im Turm gesehen, und seine Spitze ist reich verziert und mit Edelsteinen besetzt. In diesem Buch (das die Taschenbibel produziert) gibt es schöne Dinge darüber Zepter , und wenn Sie möchten, lese ich Ihnen zwei kurze Passagen vor. „Alle Diener des Königs wissen, dass jeder, der zum König in den inneren Hof kommt, der nicht gerufen wird, ein Gesetz hat, das ihn mit dem Tod bestraft." , außer solchen, denen der König das goldene Zepter hinhalten wird , damit er leben kann.' „Und der König reichte Esther das goldene Zepter , das er in der Hand hatte. Da trat Esther näher und berührte die Spitze des Zepters ." Dann schlug er die Bibel zu und fuhr fort: „Und jetzt, Herr, muss ich es erzählen." Euch, dass die Krone und das Zepter mich hierher gebracht haben. Nachdem der Herr Jesus gestorben war, um uns zu retten, ist er aus dem Grab auferstanden und in den Himmel aufgefahren. Er wird dort zum König der Könige gekrönt und hat das Zepter der Gerechtigkeit und Barmherzigkeit in seiner Hand. Er hält jedem von euch sündigen Menschen diesen goldenen Stock hin. Durch den Glauben an Ihn könnt ihr ihn berühren und gerettet werden." Dann legte er mehrere Traktate auf die Theke und ging zur Tür. Er kehrte jedoch um, als ein irischer Arbeiter , der mit mehreren seiner Landsleute zusammenstand, ausrief :

„ Ach , sicher, und das ist die Wahrheit; und ich selbst bin es , der es tun wird, da ich das nie getan habe, und ich bin völlig elend."

Dies wurde mit tiefem Gefühl und einer Geste des betenden Aufblickens geäußert, die zeigte, dass das Verständnis des Schönen, dieser Charme des irischen Charakters, den armen Arbeiter dazu gebracht hatte , die schöne Wahrheit eines thronenden und verzeihenden Erlösers zu verstehen. Er wurde eingeladen, mit dem Besucher zu gehen, und sie standen einige Zeit auf der Straße und unterhielten sich über die Liebe Gottes in Christus Jesus. Der Mann gab an, dass er aus Tipperary stamme und ein guter Katholik sei, sich aber oft betrunken habe und dabei mehrere Personen verletzt habe. Als er aufgrund eines Unfalls, den er bei seiner Arbeit erlebt hatte, erkrankte, war er einige Wochen lang ein Insasse des Guy's Hospital. Dort las ein Herr einem Mann im Nebenbett aus der Bibel vor, und der Mann war sehr glücklich, obwohl er nicht dem wahren Glauben angehörte, da er immer von Jesus sprach und nie zu ihm betete Heilige. Seitdem war er über seine Sünden unglücklich, obwohl er oft zur Messe und zur Beichte ging . Ihm wurde einfach der Weg zur Erlösung erklärt, seine Adresse angenommen und ein Anruf versprochen. Ein paar Tage später wurde sein Zimmer in einer Kolonie namens Grey's Buildings betreten. Seine Frau, die den Besucher erwartete, rief aus: „In Wahrheit und es ist deine Ehre ; und war es nicht Mick, der mir von deiner Ehre erzählt hat , und er selbst hat Jesus gebeten, ihm den goldenen Stock entgegenzuheulen? " Während sie redeten, kam Mick herein und begrüßte seinen Freund mit echtem irischem Gefühl; und dann saßen sie vor dem Feuer und unterhielten sich über die Güte dessen, der mächtig ist zu retten. Als gesegnetes Ergebnis wurde der arme Ire dazu geführt, den Weg der Erlösung zu verstehen und durch den Glauben das Zepter der Unendlichen Barmherzigkeit zu berühren. Es vergingen einige Monate, bis er den Mut hatte, in eine protestantische Kirche einzutreten, und dann war er in Gesellschaft seines Freundes, den er nach Vereinbarung traf. Er blieb einige Minuten draußen und trat dann eilig ein. Danach war er regelmäßig anwesend; Er hielt es jedoch für notwendig, seine Unterkunft zu verlassen, da seine Bekehrung den Nachbarn bekannt wurde und er mehrere unangenehme Besuche vom Priester erhielt. Er hatte zwei Jungen, die er auf eine protestantische Schule schickte, obwohl seine Frau dagegen war. Seine Bekanntschaft pflegte mehrere Jahre lang aufrechtzuerhalten, und er pflegte voller Freude über den goldenen Stab und die Erkenntnis zu sprechen, die er ihm über den Erlöser vermittelte .

DER ELEFANT UND DAS SCHLOSS. – Beim Betreten der Barstube dieses Hauses begann der Wirt das folgende Gespräch mit dem Missionar über die Aussage, die er vor einem Ausschuss des Unterhauses vorgelegt hatte: „Ich habe, Sir, Ihre Aussage im Blauen Buch gelesen, und obwohl ich mit vielem, was Sie gesagt haben, übereinstimme, denke ich, dass Sie sich in zwei

Einzelheiten geirrt haben: Erstens, als Sie sagten, dass sich am Abend des Lord's Day mehr Personen in den Wirtshäusern von Marylebone aufhalten als in alle Kirchen und Kapellen dieser Gemeinde. Zweitens Ihr Rat für weitere Einschränkungen unseres Sonntagsverkaufs, verbunden mit Ihrer Meinung, dass eine große Anzahl unserer Häuser am Tag des Herrn mit und ohne Nutzen für die Öffentlichkeit vollständig geschlossen werden könnte Verlust für den Wirt."

„Ihre Meinung zu meinen Aussagen überrascht mich nicht, aber die scharfe Kritik am Handel hat mich davon überzeugt, dass ich maßvoll die Wahrheit gesagt habe. Was die entsetzliche Aussage über die Zahl der Personen betrifft, die am Abend des Herrn Ihre Häuser besuchen , Sie müssen bemerkt haben, dass ich zu diesem Punkt eingehend geprüft und mit vielen Einzelheiten bestätigt wurde; als ich fertig war, wurden der Chefinspektor der Polizei und andere wichtige Personen zu dieser Angelegenheit befragt und bestätigten meine Aussage; danach der Ausschuss Ich habe es dem Parlament als zweifelsohne wahr gemeldet. Es handelt sich also um eine schreckliche Tatsache, die sicherlich für alle armen Viertel Londons wahr ist. Was die Schließung an Sonntagen und ihre Auswirkungen auf den Handel betrifft, habe ich lediglich eine Meinung abgegeben; aber diese Meinung war kam nach einem Gespräch mit mehreren hundert Mitgliedern Ihres Gewerbes zustande. Wie Sie wissen, haben 47 Gastwirte in dieser Gemeinde eine Petition unterzeichnet und das Parlament gebeten, Sie für den gesamten Sonntag zu schließen. Nur wenige Männer sind mit dem Gewerbe besser vertraut als ich. und ich bin überzeugt, dass unter Ihnen ein starkes Gefühl gegen die Sabbatarbeit und andere Übel dieses Geschäfts wächst. Zum Beispiel schließen einige Ihrer Nachbarn jetzt den ganzen Tag über ihre Häuser, andere schließen ihre Schankstuben und viele verzichten darauf, die grellen Lampen draußen anzuzünden. Dies zeigt den Wunsch, die große moralische Macht, die Sie besitzen, zum Wohle der Menschen einzusetzen. Und was den Verlust betrifft, der durch den Sonntagsschluss entsteht, bin ich davon überzeugt, dass das Sprichwort des Buches wahr ist: „Dass es großen Lohn gibt, wenn man seine Gebote hält." Ich begnüge mich jedoch damit, den Punkt mit Ihnen aus handelspolitischer Sicht zu begründen. Es ist eine Tatsache, dass alle, die nahe sind, den Verlust leicht ertragen, falls es einen Verlust gibt. Ein Haus in Shoreditch besteht seit mehr als hundert Jahren, obwohl die folgenden „Regeln" über die ganze Zeit hinweg auf der Bar aufgedruckt waren:

„'1. Keine Person hat ein zweites Mal abgesessen.
„'2. Niemand wird bedient, wenn er auch nur im Geringsten betrunken ist."'3. Fluchen und unangemessene Ausdrücke sind nicht erlaubt."4. Rauchen ist nicht gestattet." 5. Wenn Sie ein Geschäft betreten, erledigen Sie Ihre Geschäfte und gehen Sie Ihren Geschäften nach.

„Der Wirt sagte mir, dass er nach der Erfahrung von einem Jahrhundert keine Lust habe, die Regeln zu ändern. 26 andere sonntags geschlossene Gastwirte, mit denen ich mich unterhielt, sagten mir, dass der Verlust wirklich gering sei. Sie verleihen Flaschen in verschiedenen Größen Sie bieten ihren Kunden gegen Zahlung einer kleinen Anzahlung etwas an, was die Samstagsrendite erhöht; und da sie ein Siebtel an Abnutzung und Benzin einsparen, sind die Kosten für einen Sabbat der Ruhe für viele in der Tat gering. Aber sei dem so Vielleicht bleibt die alte Frage bestehen, gestellt von Ihm, der allein den Wert der Welt kannte, die Er geschaffen hat, und der Seele, die Er geschaffen hat – denn alle Seelen gehören Ihm: „Was wird es einem Menschen nützen, wenn er die ganze Welt gewinnt?" seine eigene Seele verlieren?' Sie und viele meiner Freunde in der Branche geben eine praktische Antwort auf diese Frage, indem Sie die Trunkenheit unterdrücken, auch wenn dies sehr zu Ihrem finanziellen Verlust führt (denn in Ihrem Haus habe ich noch nie jemanden gesehen, dem es an Alkohol schlecht ging); erweitern Sie diese Antwort, indem Sie Folgendes beobachten: Sabbattag, um ihn heilig zu halten.

Einige Wochen nach diesem Gespräch betrat der Missionar in Begleitung eines Geistlichen von der Isle of Wight erneut das Haus. Der Wirt bat sie in die Barstube und rief seine Frau. Dann zog er eine Tafel hervor und sagte: „Seit unserem letzten Gespräch, Sir, habe ich über die Kosten nachgedacht, diese Tafel drucken lassen und beabsichtige, sie am nächsten Montagmorgen draußen auszulegen. Es wird zweifellos meine Handelsschwierigkeiten vergrößern, aber." mit Gottes Hilfe werde ich hoffen, noch weiterzukommen." Auf der Tafel stand: „ BEACHTEN SIE. Am nächsten Sonntag und danach bleibt dieses Haus während des ganzen Herrntags geschlossen." Sie wurden für ihren guten Vorsatz gelobt, und der Geistliche bemerkte beim Abschied: „ Sie sagten weise, Sie hofften, mit Gottes Hilfe Erfolg zu haben: Diese Hilfe kann nur als Antwort auf Gebete erlangt werden. Wäre es also nicht gut für uns?" den erforderlichen Segen zu suchen?" Daraufhin erhob sich die Wirtin und schloss die Tür ab, und während die Bardame die Gäste bediente, knieten ihre Arbeitgeber mit dem Missionar , während der Geistliche betete.

Die Tafel wurde außerhalb des Hauses aufgestellt und sorgte in der Nachbarschaft für großes Aufsehen und in der Bar für viel Scherz. Der Beschluss wurde jedoch beibehalten; und nach einem Jahr Sonntagsschluss brachte der Vermieter seine Entschlossenheit zum Ausdruck, auf die richtige Weise weiterzumachen, da er es für möglich gehalten hatte, das Geschäft nach christlichen Grundsätzen zu führen.

DER MOGUL. – Ein schmutziger kleiner Bierladen, der ausschließlich von niederen und verdorbenen Leuten getragen wird. Der Schankraum befand sich im Hof neben einem Kegelplatz und war über einen langen Durchgang zu erreichen. Als der Missionar es eines Abends betrat, traf er auf eine Menge von mindestens vierzig jugendlichen Dieben, Landstreichern und Tyrannen. Da der Lärm groß war, bestand die einzige Hoffnung, etwas Gutes zu tun, darin, mit ein oder zwei Personen ins Gespräch zu kommen. Dies konnte jedoch verhindert werden, da viele von ihnen den Besucher kannten und auf einen Trick stießen, um ihn loszuwerden. Einer der Männer begann ein Lied, und der Refrain wurde von der gesamten Gesellschaft übernommen, die mit ohrenbetäubendem Effekt die Worte wiederholte: „Er ist ein richtig guter Kerl." Als das Lied weiterging, wurde die Wiederholung so laut, dass der Besucher ahnte, dass er die Absicht hatte, ihn auszusingen. Er erkannte sofort die Schwierigkeit seiner Position, denn wenn sie Erfolg gehabt hätten, wäre die gleiche Praxis in anderen Schankstuben zum Nachteil seiner Nützlichkeit übernommen worden. Anstatt zu gehen, nahm er daher ganz unbekümmert in ihrer Mitte Platz. Der Refrain wurde fortgesetzt, bis viele der Sänger heiser heulten; Und als das Geschrei schwächer wurde, sprang der Besucher auf und sagte vehement: „Und sie waren gute Kerle, aber die Beamten befahlen, sie zu schlagen. Und als sie ihnen viele Schläge auferlegt hatten, warfen sie sie ins Gefängnis und beschuldigten sie." Kerkermeister, um sie sicher zu verwahren; die, nachdem sie eine solche Aufforderung erhalten hatten, sie in das innere Gefängnis warfen und ihre Füße in den Stocken festhielten.

Die Worte veränderten den Gefühlsfluss. Fast alle im Raum waren im Gefängnis gewesen, und diejenigen, die das nicht getan hatten, hatten tiefes Mitgefühl dafür. „Wer waren sie?" "Wo war es?" und „Was für eine Schande!" waren die allgemeinen Ausrufe.

Nach einer Pause, die zu völliger Stille führte, fuhr der Redner fort: „Und um Mitternacht sangen sie Loblieder auf Gott." Und dann schlug er seine Bibel auf und las in feierlichem, ernstem Ton die Erzählung von der Gefangenschaft von Paulus und Silas. Als er zu den Worten kam: „Er stellte ihnen Speise vor und freute sich und glaubte an Gott mit seinem ganzen Haus", schloss der Leser das Buch und erklärte in wenigen aussagekräftigen Sätzen die Natur des rettenden Glaubens an Christus und das Ergebnis dieses Glaubens – zu „neuen Geschöpfen" gemacht zu werden. Nach diesem Besuch fiel die Arbeit in der Schankstube und in der Familie des Wirts leicht.

DER KOPF DES KÖNIGS. — Eines Nachmittags, als der Besucher in dieser Bar mit mehreren angesehenen Männern sprach, sprach ihn der Barmann mit dem Ausruf an: „Gesegnet sind deine Lippen." Er war von den Worten so überrascht, dass er auf den jungen Mann zuging und fragte, was er meinte. „Nun, Sir", antwortete er, „ich höre den ganzen Tag bis zwölf Uhr nachts

Fluchen und Fluchen, und Sie sind der einzige Mann, der wirklich gute Worte spricht. Nun, wir haben einige Handwerker, die hierherkommen." Mittagessen, die bekanntermaßen religiöse Männer sind, und sie reden über Politik und alles Mögliche, aber sie haben kein Wort über Religion zu sagen. Es ist, als würden sie sich schämen, Gott anzuerkennen, wenn sie hier reinkommen: Jetzt verurteilen Sie die Sünde und Ich fluchte und sagte deshalb: „Gesegnet sind deine Lippen."

„Ich freue mich, dass Sie Zeit haben", war die Antwort, „da Sie ein Thema begonnen haben, bei dem ich die Hilfe des Handwerks, sowohl des Meisters als auch des Mannes, brauche. Diese Angewohnheit des profanen Fluchens unter den Menschen ist ein schreiendes Übel, und Sie sind die Opfer dieser Verschmutzung mehr als jede andere Klasse von Handwerkern, was nicht der Fall sein muss und sollte. In diesem Teil Londons ist die Angewohnheit zu allgemein; aber im East End ist die Abscheulichkeit noch schlimmer. Das habe ich Ich habe ein Exemplar der *Church and State Review bei mir*, in der ein Herr von seinen Besuchen neulich Abend bei einem Detektiv berichtet. Er schreibt: „Wir hielten vor einem Haus an, in dem alle Brotkrusten umgedreht werden, die auf der Straße gebettelt werden." in Gin verwandelt. Alle lästerten ab und zu, außer den Frauen, die überhaupt nicht aufhörten. Es gab alte Männer und alte Frauen – alles, was nach dem Bilde Gottes gemacht wurde, bis hin zum kleinen Kind – und die Verdorbenheit war bei allen gleich. Es war furchtbar, die Worte zu hören, die von den Lippen der alten Frau kamen, die voller Jahre und Lebensfreude war; Aber es war eine Qual, die Flüche aus den Mündern der Babys strömen zu hören, als Mitternacht vergangen war und der Morgen noch weit entfernt war. Jetzt haben wir einen Missionar, der die Häuser dort besucht, und er war zutiefst betrübt über die Verschmutzungen, die an seine Ohren drangen; Also ließ er eine Karte von etwa einem Quadratfuß drucken und mit einem doppelten blauen Rand beleuchten, der vier Mottos enthielt: „Sei nüchtern"; „Schwöre überhaupt nicht." „Seien Sie sicher, dass Ihre Sünde Sie herausfinden wird." „Du Gott siehst mich." Die Anforderung in der Mitte ist in scharlachroten Buchstaben gedruckt und bildet einen schönen Kontrast zum Rand. Sie lautet wie folgt: „Es wird respektvoll darum gebeten, dass die Besucher dieses Hauses keine unangebrachte Sprache verwenden." Er brachte sie zu den Wirten, und zu ihrer Ehre brachten sie fast vierhundert in ihre Bars und Zapfhähne; und viele schlossen sich herzlich dem Bemühen an, das Böse zu unterdrücken. Obwohl kaum ein Jahr vergangen ist, ist das Ergebnis äußerst zufriedenstellend; und ich möchte die Karten in diesem Teil von London einführen: Der Handel und ich können in dieser Angelegenheit zusammenarbeiten, und ich vertraue darauf, dass Ihr Herr die Platzierung einer Karte in dieser Bar zulassen wird."

„Ich bin sicher, dass er es tun wird", war die Antwort; „Und ich werde ihn und alle Barkeeper, die ich kenne, bitten, bei den guten Bemühungen zu helfen."

In dieser Bar wurde eine Karte angebracht, und viele der benachbarten Bars, Zapfstellen und Salons waren damit geschmückt; und als „Hausregeln" wurde den schuldigen Zungen eine wirksame Kontrolle auferlegt. Aus dem Gespräch mit dem Barmann ergab sich ein weiteres Gut von großer Bedeutung. Die besonderen Versuchungen der Klasse wurden berücksichtigt und besondere Anstrengungen unternommen geistig gut. Dreihundert von ihnen erhielten ein Taschentestament mit passenden Bemerkungen über den Wert des guten Buches und die Pflicht, es täglich zu lesen. Die Aufmerksamkeit vieler Zöllner richtete sich damals auf das Buch, und viele kauften größere Exemplare. Dann begann man mit der Verteilung unter den Gastwirten und Kaffeehausbesitzern, die Unterkünfte vermieteten, und Hunderte von Bibeln wurden in ihre Schlafzimmer gelegt; Die Bewegung erstreckte sich auf die Hotels (die Bücher trugen ihre Schilder in vergoldeten Buchstaben auf den Einbänden) und endete durch eine Vereinbarung mit den Managern des Great Western Hotels, durch die fast hundert Exemplare der Heiligen Schrift in ihren Schlafzimmern platziert wurden.

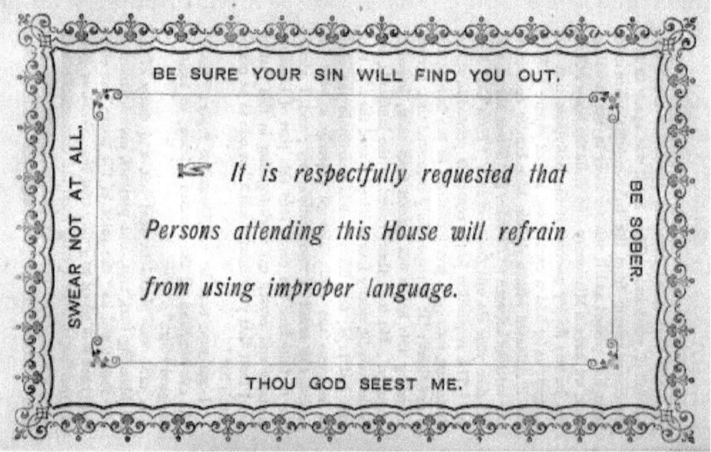

Die Bardamen waren wirklich dankbar für die Bibel- und Kartenbewegung, denn ihr Leid unter blasphemischen und schlechten Ausdrücken war groß. Der folgende Vorfall soll dies veranschaulichen: Der Besucher stand eines Nachmittags in einem Gin-Palast und unterhielt sich leise mit den beiden Bardamen, als drei gut gekleidete junge Männer von „Turfy"-Stil eintraten und nach „Brandys und Limonade" riefen. Sie unterhielten sich fröhlich über einen Vorfall, der einem von ihnen widerfahren war, wobei sie in jedem Satz falsche Wörter benutzten. Eine tiefe Röte stieg ins Gesicht der jüngeren

Bardame, die noch nicht lange im Geschäft war. Der Besucher drehte sich zu dem Mann um und sagte scharf: „Meine Güte, was kann mit dir los sein?"

„Mir geht es gut", antwortete er fragend.

„Es geht dir nicht gut", war die Antwort, „aber ich kann dir sagen, was mit dir los ist. Wenn ein Mann krank ist, untersucht der Arzt seine Zunge, und wenn sie belegt ist , weiß er, dass das auf eine üble Verunreinigung im Inneren hinweist, und dass die … Der Patient bedarf der Behandlung; und das ist auch so, wenn Menschen mit ihrer Zunge sich selbst und andere verunreinigen. Es zeigt einen krankhaften moralischen Zustand, wenn sich das Gift der Natter unter der Zunge eines Mannes befindet."

Der strenge Tadel erstaunte den Mann so sehr, dass er keine Antwort geben konnte; aber einer seiner Begleiter sagte: „Wir hatten es nicht böse gemeint, Sir."

Als die Bardamen ans andere Ende der Theke geflohen waren, änderte der Besucher seinen Ton in einen freundlichen, belehrenden Ton und sagte: „Sie kennen Ihre Krankheit nicht, und deshalb werde ich Ihnen eine Gefälligkeit erweisen, indem ich Sie darauf hinweise." zu dir." Dann öffnete er seine Bibel und las: „Die Zunge ist ein Feuer, eine Welt der Ungerechtigkeit; so ist es auch mit der Zunge unter unseren Gliedern, dass sie den ganzen Körper verunreinigt und den ganzen Lauf der Natur in Brand setzt ; und sie wird angezündet." Feuer der Hölle." Dann verwies er auf die Passage „Kinder, die Verderber sind" und sagte ihnen, dass dieses Böse, wie alles andere, aus dem verdorbenen menschlichen Herzen stamme; und von dem Blut, das von aller Sünde reinigt und den Menschen vollkommen gesund macht. Die Männer, die einen sehr anständigen Geist zeigten, versprachen, die hasserfüllte Angewohnheit zu unterdrücken, und schüttelten ihrem Tadel die Hand.

Bei seinem nächsten Besuch dankten ihm die Bardamen; und der Jüngste sagte: „Ich wurde religiös erzogen; und mein Großvater, der ein unabhängiger Geistlicher war, drängte mich, mein Herz Gott zu schenken, als ich ein kleines Mädchen war. Du hast mir alles in Erinnerung gebracht, und ich werde gehen." diesen Handel für häusliche Dienstleistungen, da ich beschlossen habe, in einem neuen Leben zu leben.

DIE MERLIN- HÖHLE. — Es gab einen besonderen Anreiz, dieses Haus außerhalb seiner normalen Ordnung zu besuchen, da Plakate verkündeten, dass „der Gorilla oder Affenmensch nicht entkommen war, aber von den Kunden, die die Bar benutzten, gesehen werden konnte." Als der Missionar eines Sonntagabends eintrat, war er überrascht, den Ort voller Trunkenbolde der niedrigsten Klasse vorzufinden, hauptsächlich aus Seven Dials. Ihr Ziel war es, die ausgestopfte Haut des Monsters zu sehen, und sie bildeten, für ein so respektables Haus, eine zerlumpte, schmutzige und heruntergekommene Gesellschaft. Der Wirt, der christlichen Besuchen gegenüber ablehnend gegenüberstand , beendete ein Gespräch, in dem großes Interesse herrschte, indem er den Besucher aufforderte, sich den Gorilla anzusehen. „Normalerweise zeigen wir es sonntags nicht", bemerkte er, „aber da Sie hereingekommen sind, werden wir Ihnen entgegenkommen und die Leute zufriedenstellen." Und dann zog er den Vorhang beiseite. Alle drängten sich vorwärts, um das Monster anzusehen; und der Missionar , auf die Theke gelehnt, starrte einige Augenblicke darauf.

„Wie er es anstarrt!" beobachtete einen der Männer.

„Ja, das bin ich", war die Antwort, „da ich dem Vermieter ein Rätsel ausdachte, und ich hoffe, er wird es zu unserer allgemeinen Zufriedenheit beantworten. ‚Wann ist ein Mann hässlicher als dieser Gorilla?'"

Nach kurzem Nachdenken antwortete er: „Ein Mann kann nie hässlicher sein, also werde ich es aufgeben."

„Ja, das kann er", antwortete der Besucher energisch: „Wenn er betrunken ist. Ja: Ein Trunkenbold ist das Bild eines Tieres und das Monster eines Mannes. In Lumpen gekleidet, mit fahlem Gesicht und blutunterlaufenen Augen." , und schmutziger Atem, er sinkt unter ein solches Tier, das dem Ende seines Daseins entsprach. Ein Trunkenbold erniedrigt seinen Intellekt und wird zu einem bloßen Tier – ein Frauenschläger und Kinderverhungerer – eine Plage für seine Nachbarn und eine Schande auf seine Familie und sein Land. Ein Trunkenbold hat den Fluch des Allmächtigen über sich, den kein Tier hat; weil er schmutzig und abscheulich ist – ein Kind des Teufels – hat Er, der große Gott, gesagt, dass solche Menschen Sein Königreich nicht erben sollen." Der Wirt war entsetzt über die Wärme dieser deklamatorischen Rede; und die Trunkenbolde schienen wie angewurzelt. Dann wurden die Traktate herumgereicht , wobei jeweils eine Bibelstelle wiederholt wurde.

Eine ganze Gruppe von Gewissensbissen geplagten Männern und Frauen war draußen stehengeblieben und wartete auf den Besucher. Eine von ihnen, eine Frau, schien den allgemeinen Gefühlszustand auszudrücken, als sie sagte: „Ich kann jetzt nicht ohne es auskommen, Meister. Ich kann ohne Essen auskommen; aber obwohl das Getränk mich umbringt, würde ich ohne es sterben." " Und dann weinte sie, wie es Trunkenbolde so gerne tun. Der Krankheitszustand, den der Alkohol bei ihr hervorgerufen hatte, wurde ihr erklärt, und ihr wurde gesagt, dass ein wenig ärztliche Hilfe, völliger Verzicht auf berauschende Getränke und regelmäßige Ernährung sie vor dem Grab des Säufers bewahren und sie in die richtige Lage bringen würden Suche nach Vergebung und Befreiung vom ewigen Fluch. Sie gab bereitwillig ihre Adresse an, und der Besucher versprach, am nächsten Tag anzurufen, um ihr Versprechen entgegenzunehmen und ihr weitere Ratschläge zu geben.

Dieser Besuch ging nicht verloren, denn die Frau, die in den „Dials" einen Bierladen betrieb, erholte sich von ihrem erniedrigten Zustand und wurde zusammen mit ihrem Mann moralisch geläutert.

DAS WEIẞE PFERD. — Der Potman in diesem Haus war ein junger Mann von ungewöhnlicher Nüchternheit und Intelligenz. In Stil und Arbeit war er der „Mann des Wasserhahns" in Perfektion, denn seine kurze Schürze war immer sauber, sein Zimmer komfortabel und seine Töpfe glänzten. Die Männer waren oft widerspenstig und streitsüchtig, aber er sorgte immer für Ordnung und meisterte den Vertrauensdruck so taktvoll, dass sein Herr nie einen Kunden verlor. Ein ernstes Kopfschütteln und ein Hinweis auf ein Bild an der Wand, das einen Hund namens „Trust" zeigte, der tot zwischen zwei Fässern lag, erledigten die Sache meist. Wenn nicht, las er die Inschrift: „Poor Trust ist tot: Schlechte Bezahlung hat ihn getötet." und drückte auf melancholische Weise sein Bedauern darüber aus, dass „er nicht dafür sorgen konnte, dass dieser Hund stirbt, sonst würde er es tun." Wie viele seiner Klasse war er stolz auf seine Position, da er im Zapfhahn den gleichen Rang einnahm wie sein Meister im Salon . Die Besucher des Raumes erkannten dies und wandten sich als Vertreter der Firma bei kniffligen Fragen an ihn. Eine solche Frage stellte sich eines Abends, als ein Mann, der die Angewohnheit hatte, seine Aufmerksamkeit auf etwas zu richten, das in einem Buch enthalten war, das er bei sich trug, ihnen vom Erlöser der Welt erzählte, der in einer weißen Wolke zum Himmel aufstieg, und hinzufügte: „Die Engel sagten:" „Dieserselbe Jesus, der von euch in den Himmel aufgenommen wurde, wird auf die gleiche Weise kommen, wie ihr ihn in den Himmel gehen saht." und dann verkündete er feierlich: „Siehe, er kommt mit den Wolken, und jedes Auge wird ihn sehen." Die Männer, die wenig vom Christentum wussten, waren sich dieser großen Wahrheit überhaupt nicht bewusst, und ihre Darlegung löste Nachdenklichkeit und ein Gespräch aus, das genau das Gegenteil von dem war, was normalerweise im Raum stattfand. Ein Mann fragte „Potts", wie er genannt wurde, ob das in allen Bibeln stünde; als ob es so wäre, könnte es wahr werden. Potts sah den Besucher sehr klug an und sagte: „Er weiß es höchstwahrscheinlich, und wenn er mir sagt, wo es ist, werde ich noch heute Abend in einer Bibel nachsehen, ob es dort ist." Er wurde für seine Antwort gelobt und erzählte von den Männern von Beröa, „die edler waren als die in Thessalonich, indem sie das Wort mit aller Bereitwilligkeit aufnahmen und täglich in der Heiligen Schrift forschten, ob das so sei." Anschließend wurden die Männer in einer kurzen, aber ernsten Ansprache an den kommenden Richter als den gegenwärtigen Erlöser verwiesen .

Einige Monate nach diesem Besuch betrat der Missionar eines Nachmittags den Schankraum, da er ein privates Gespräch mit Potts führen wollte. Dieser Würdige war allein und schrieb mit großer Mühe einen Brief.

„Es ist seltsam, dass Sie hereingekommen sind, Sir", bemerkte er, „da ich gerade einen Brief an meine Schwester schreibe, die mir sehr am Herzen liegt, da wir nur zu zweit sind; und das haben wir. " Bin Waisen, seit wir sehr klein waren, und sie ist Stubenmädchen in Maidstone ; und es macht mir nichts aus, wenn Sie den Brief lesen, Sir, da alles, was darin steht, wahr ist.

Sein Freund kam mit einigen Schwierigkeiten durch den Brief, da Schreibweise und Rechtschreibung sehr schlecht waren. Es begann im berühmten Stil: „Ich hoffe, es geht dir ganz gut, so wie es mir jetzt geht"; und dann, wie wir es in lesbarer Sprache ausdrückten, sagte er: „Ich habe mich entschieden, meine liebe Schwester, Christin zu sein. Ein Herr, der hier hereinkommt, hat die Pflicht, religiös zu sein, sehr deutlich gemacht, und ich habe es getan." Ich habe einen Blick auf Jesus wie folgt: Wenn Sie in der dunklen Nacht von einem Feuerwehrmann in Ihrem Zimmer geweckt würden, würden Sie zunächst nicht verstehen, was das bedeutet; aber sobald Sie ihn genau sehen würden, Du würdest an seiner Kleidung und seinem Helm sehen, was er war, und du würdest dich von ihm retten lassen. Genau so sehe ich Jesus Christus; alles an Ihm zeigt, dass Er der Retter ist , und ich lasse Ihn mich retten. Wie ich Ich kann mich jetzt hier nicht wohl fühlen, ich habe Arbeit bei einem Fischhändler gefunden und möchte, dass Sie nach London kommen. Ich werde versuchen, Ihnen eine gute Stelle zu verschaffen, und dann werden Sie den Versuchungen des Handels nicht ausgesetzt sein." Der gute Vorsatz, den er in die Tat umsetzte, stärkte und ermutigte ihn, und einige Zeit später leistete er seinem Freund wertvolle Hilfe bei der Gründung einer örtlichen Gesellschaft zur Abschaffung der Sonntagsarbeit .

DIE KUTSCHE UND DIE PFERDE. — In diesem Haus fanden, wenn auch in großen Abständen, zwei Besuche von erheblichem Interesse statt.

Als der Missionar eines Abends die Bar betrat, sagte der Wirt halb flüsternd: „Der Kampf um die Meisterschaft beginnt am Morgen und viele PRs sind im Clubraum."

„Kannst du an mir vorbeigehen?"

„Es hat keinen Zweck , dorthin zu gehen", war die Antwort; „Aber das werde ich, wenn Sie möchten:" und dann ging der Besucher nach oben und betrat den Raum. Etwa dreißig Männer waren anwesend, die meisten davon waren eindeutige Mitglieder des Preisrings. Da alle Augen auf den Neuankömmling gerichtet waren, war ihm seine Vorgehensweise peinlich; tatsächlich blieb ihm nichts anderes übrig, als seine Traktate hervorzubringen und mit der Verbreitung zu beginnen. Er hatte etwa ein Dutzend gegeben, als die Männer sie zu Kugeln zusammenrollten und anfingen, sich gegenseitig durch den Raum zu werfen und dabei abscheuliche Worte von sich zu geben. Der Händler erkannte sofort, dass seine Arbeit wahrscheinlich in Verachtung geraten würde und dass der Besuch Böses statt Gutes zur Folge haben könnte. Da viele ihn um Traktate drängten, steckte er sie daher in seine Tasche. Während der wenigen Minuten, die er dort verbracht hatte, war ihm ein älterer Mann mit beschädigtem Gesicht und ohne Schnurrbart aufgefallen, der mit zwei Herren an einem Tisch saß. Er trank aus einem großen silbernen Pokal, was darauf hindeutete, dass er ein Ex-Champion war. Seine Hand ruhte auf dem Tisch, und an seinem Finger glitzerte ein Diamant von großer Schönheit – er „spendete Feuer", wie die Lapidaristen sagen. Der Händler betrachtete es, näherte sich seinem Besitzer und bemerkte mit so lauter Stimme, dass ihn alle im Raum hören konnten: „Was für ein wunderschöner Ring! Ich habe seit einiger Zeit keinen so schönen Brillanten wie diesen gesehen: Das muss es auf jeden Fall sein." hundert Pfund wert.

„Das ist es", antwortete der Ex-Champion. „ Sie sagen, dass es hundert Guineen wert ist. Ein Herr, der tot und verstorben ist, hat zweitausend auf mich gewettet, als ich den Slasher besiegt habe; und am Morgen kam er, um mich zu , betreuen ', wie er sagte, und brachte mir das."

„Es ist das Juwel, das sein Geld wert ist", sagte der Besucher. „Das Gold des Ringes würde keine drei Pfund einbringen." Alle stimmten dem zu. Und er machte weiter. „Nun, es ist einfach so mit diesen Traktaten, die Sie herumgeworfen haben: Als Papierfetzen kosten sie wenig oder gar nichts und sind Ihre Annahme nicht wert; aber sie sind alle mit einem Juwel besetzt – der Perle von großem Wert:" und dann Er hob seine Stimme zu einem klaren, klingenden Ton und rief aus: „Der Name des Herrn Jesus, durch den allein jeder Mann in diesem Raum gerettet werden kann, ruht auf ihnen – Er ist das Juwel. Kein anderer Name wird Ihnen gegeben." kann Barmherzigkeit erlangen. Dann legte er einige Traktate auf den Tisch und verließ mit festem Schritt den Raum. Die Männer waren so interessiert und überrascht, dass kaum ein Wort gesprochen wurde. Ein paar Tage später teilte der Potman dem Händler mit, dass die Faustkämpfer kein Traktat zerstört oder eines zurückgelassen hätten.

Mehr als zwei Jahre nach diesem Ereignis stand der Missionar eines Morgens an der Bar und unterhielt sich mit der Wirtin, als er bei offener Salontür einen sehr alten Mann sah, der mit einem Glas Sherry vor sich saß. Sein Bart, der sehr lang war, und seine wenigen verbliebenen Haare waren so weiß wie der getriebene Schnee, und als er sich auf seinen goldköpfigen Stock stützte, sah er wunderschön aus – er hatte tatsächlich die reiche Schönheit des Alters, die heutzutage mehr ist lieblicher als die Blüte der Jugend. Der Besucher kam höflich auf ihn zu und bat ihn um die Annahme eines kleinen Buches. Er nahm es mit einem Lächeln entgegen und ließ sich ungezwungen auf ein Gespräch ein, das wie folgt endete: „Und nun, Herr, darf ich Ihnen die Frage stellen, was einer der Pharaonen einem alten Mann gestellt hat, der auf den Thron geführt wurde? von seinem Sohn?"

"Sicherlich."

„„Wie alt bist du?""

„Bin gerade vierundachtzig geworden."

„Ein ehrenvolles Alter. Aber Ihre Antwort ist nicht so umfassend wie die, die der gute alte Jakob gab. Er sagte dem König, dass ‚die Tage der Jahre seiner Pilgerreise einhundertdreißig Jahre betrugen ‘ ; und fügte hinzu: „Die Tage meines Lebens waren wenige und böse, und sie erreichten nicht die Tage der Lebensjahre meiner Väter in den Tagen ihrer Pilgerfahrt." Er bezeichnete das Leben als kurz, denn im Rückblick schien die Zeit schnell vergangen zu sein; er bezeichnete seine Tage als „böse", denn er hatte einige Sorgen und Kummer gehabt; aber das Beste von allem war, dass er es den Heiden gestand King, dass er nur ein Fremder und Pilger auf der Erde war, und so bekundete er seinen Glauben an und seine Hoffnung auf dauerhafte Ruhe im besseren Land. Ich vertraue darauf, dass Sie einen ebenso kostbaren Glauben haben und die Gewissheit, dass Sie in der Nähe der Vorbereitungen sind Villen – die Stadt der Behausung, deren Erbauer und Schöpfer Gott ist?"

"Nein, bin ich nicht;" Und als er das sagte, zitterte seine Stimme und ihm traten Tränen in die Augen. „Ich bin kein Christ und es geht mir sehr elend. Ich war Kaufmann und war bis zu meinem fünfzigsten Lebensjahr nur mit dem einzigen Ziel beschäftigt, Geld zu verdienen. Dann zog ich mich mit einem großen Vermögen zurück und liebte und liebte die nächsten zwanzig Jahre Ich genoss die Welt und sammelte Kunstwerke und schöne Dinge, mit denen meine Häuser gefüllt sind. Während dieser Zeit habe ich nie ernsthaft an ewige Dinge gedacht und kaum jemals meine Bibel gelesen. In den letzten Jahren habe ich aufgehört, Freude daran zu haben Dinge, und ich bin wirklich elend. Mein Sohn, der Diplomat ist, brachte in England mehrere Geistliche mit, um mich zu sehen, aber ich kann nicht zur Ruhe kommen. Heute Morgen ging ich spazieren und fühlte mich erschöpft, als ich hier hineinschaute. und da niemand im Zimmer war, rief ich um eine leichte Erfrischung – und ruhe mich aus. Es kommt mir seltsam vor, dass ein Mann wie Sie mich hier anspricht – und es könnte von Gott sein. Lasst uns Karten austauschen und zum Essen kommen mit mir."

Karten wurden ausgetauscht und am nächsten Tag aßen die „ Salonfreunde
“ gemeinsam. Einige Zeit wurde damit verbracht, die schönen und
merkwürdigen Besitztümer des alten Herrn zu begutachten, und dann
begaben sie sich zu einer intensiven geistlichen Besprechung. Viele Seiten der
Taschenbibel wurden umgeblättert und die Wahrheiten des Wortes
offenbarten sich. Dann wurde die Bibliothekstür verschlossen und ein tiefes,
ernsthaftes Gebet zum Gott aller Gnade gesprochen.

Es folgten viele Besuche und die Freundschaft festigte sich. Eines Tages, als
der Besucher das Esszimmer betrat, ergriff der alte Herr seine Hand und
sagte: „Die Wolke ist verschwunden: Ich fühle mich wie ein kleines Kind
und ruhe mit Trost auf Gottes Liebe in Jesus.“ und dann sprach er die
Sprache der Freude aus. Fünf oder sechs Monate lang war er glücklich und
seine Familie freute sich darüber. Eines Morgens erhielt sein Freund einen
tiefschwarz umrandeten Brief von seiner ältesten Tochter, die bei ihm in
seinem Landhaus wohnte, und lautete: „Als liebster Freund meines
verstorbenen Vaters schreibe ich, um Ihnen von seiner plötzlichen
Entfernung zu berichten. Er Es ging ihm seit mehreren Tagen schlecht und
er wurde gestern Morgen sehr krank. Wir hatten drei Ärzte, aber sie konnten
ihm nur ein wenig Linderung verschaffen, da er offensichtlich im Sterben
lag. Er war bis zuletzt bei Bewusstsein und sehr glücklich. Er schlief ein
Heute Morgen um zwei Uhr, mit dem Namen Jesu auf seinen Lippen. Unser
Dank an Sie für Ihr tiefes Interesse an ihm und Ihre freundliche
Aufmerksamkeit ist tief und wird ein Leben lang bleiben.“

Der Herr sandte die siebzig „zwei und zwei vor seinem Angesicht in jede
Stadt und jeden Ort“. In der effektiven Laienarbeit gilt das Prinzip trotz aller
Schwierigkeiten der Hausarbeit. Die Missionare von London und anderen
großen Städten haben jeweils einen verantwortlichen Helfer: ihren örtlichen
Superintendenten. So kam es, dass der Mann mit dem Buch bei seiner Arbeit
nie allein stand, und wenn er es getan hätte, wäre es nur dürftig erledigt
worden. Sein geliebter Vorgesetzter trug die volle Verantwortung. Zuerst
besuchte er ihn, um sich mit der Natur der Arbeit vollständig vertraut zu
machen, und dann übte er gebeterfüllten Einfluss aus, indem er ihm
christlichen Rat gab und sein Mitgefühl aufrechterhielt . Unter Gott ist ein
großer Teil des Erfolgs, der bei öffentlichen Besuchen und Kaffeehäusern
zu verzeichnen war und immer noch zu verzeichnen ist, der Leitung dieses „
ehrenwerten Beraters“, Herrn WR Ellis, zu verdanken.

Und hier ist es angebracht hinzuzufügen, dass die Hauptsekretäre der
Mission, Rev. John Garwood und der verstorbene Rev. John Robinson, in
diesem und jedem Zweig der Arbeit einen guten Eindruck hinterlassen
haben. Ihre klare Urteilskraft und ihr umfassendes Verständnis des Willens

des Ausschusses gaben ihrem Rat stets Wert; während ihre Hingabe an die Sache Christi in London den Eifer der jungen Missionare anregte und ihnen Festigkeit verlieh . Dieses Zeugnis kann nun gegeben werden, da einer von ihnen den Ruf nach oben vom Meister erhalten hat; und der andere hat sich nach vierzig Jahren treuer Dienste aus der offiziellen Verantwortung zurückgezogen, obwohl er immer noch als Direktor für die Angelegenheiten der Gesellschaft tätig ist. Gesegnet sind in der Tat diejenigen, die schon in jungen Jahren dazu berufen werden, sich für das Evangelium einzusetzen, und die mit einem langen Leben im höchsten und besten Dienst geehrt werden , mit sicherer Vorfreude auf die gesegnete Ruhe !

Das Buch in der Höhle:

SEINE MAJESTÄT.

„Und oft segnete sie die Nacht –
jene Nacht ohne Stern, als Mercy einsam Wache hielt und die Tür
angelehnt ließ.“

Frau Sewell.

KAPITEL X.

DIE SCHLAFLOSE STADT – TEDDIES HÖHLE –
EINE SELTSAME EINLADUNG – DER TEE – EIN
MITTERNACHTLICHER BESUCH – EIN BESUCH
AUF DER RAG-FAIR – VIELE GERETTET –
Smashers – Der bessere Teil gewählt – Schreckliche
Todesbettszene – Eine Festung zerstört.

DAS BUCH IN DER HÖHLE :
SEINE MAJESTÄT.

„Denn das Wort Gottes ist schnell und kraftvoll und
schärfer als jedes zweischneidige Schwert." HEBR. iv. 12.

LONDON schläft nie. Der Lärm und Lärm der mächtigen Stadt verstummt,
während die Nacht voranschreitet und die arbeitenden Millionen des Tages
zur Ruhe sinken; aber ihre Ruhe ist das Signal für die Aktivität anderer. Der
Schutz seiner enormen Anhäufung von Reichtum und Eigentum erfordert
eine Polizeiarmee. Die Versorgung seiner Märkte erfordert die Wachsamkeit
von Tausenden, während sein Verkehr einen umfangreichen Nachtdienst
von Taxifahrern und anderen erfordert. Zusätzlich zu diesen und den
Arbeitern an der Morgenpresse und anderen Söhnen der Arbeit, die nachts
ihr tägliches Brot verdienen, gibt es die große Schar derer, die das tun

„Lebe für die Sünde und Sünde um zu leben"

und die, wenn die Abende hereinbrechen, ihre Häuser und Höhlen verlassen,
um den Lohn der Ungerechtigkeit zu suchen. Diese beiden Stände der
Fleißigen und Verdorbenen würden eine Stadt von der Größe Birminghams
ausmachen, und sie erfordern die Einrichtung vieler Nachtlokale und
Kaffeestände, um ihren Bedarf zu decken. Und so werden die Kinder der
Nacht vermehrt, und wir wiederholen daher die Aussage: „London schläft
nie."

Missionar auf Gaststätten und Kaffeehäuser aufgedrängt , als er feststellte,
dass viele der letzteren den ganzen Tag über geschlossen waren, und ihm
mitgeteilt wurde, dass sie nur nachts geöffnet seien. Da es seine Pflicht war,
die Besitzer und Unterstützer dieser Häuser mit der frohen Botschaft des
Friedens bekannt zu machen, blieb ihm nichts anderes übrig, als sie in der
Nachtzeit zu besuchen. Als er sich die Mühe machte, entdeckte er, dass die
Bösen, die der Herr zu seinen Wächtern in der Stadt eingesetzt hatte,
schlummerten und schliefen, während die Bösen nie von ihrer Bosheit
abließen, sondern in den Stunden der Dunkelheit ihren bösen Taten

grenzenlose Freiheit ließen. Es gab tatsächlich eine riesige Menge, die die Dunkelheit lieber liebte als das Licht, weil ihre Taten böse waren; aber kein Strahl der Sonne der Gerechtigkeit konnte die Dunkelheit des Todesschattens durchdringen, in dem sie lebten. Sie lagen tief vergiftet durch die Reißzähne der Schlangensünde da, aber ihnen wurde weder Balsam aus Gilead noch ein Blatt vom Baum des Lebens angeboten. Als Gefangene des Teufels wurden sie durch die Stricke ihrer Sünden gefesselt und gefesselt, da sie den mächtigen Erlöser nicht kannten, der offenbar wurde, um die Werke des Teufels zu zerstören und die Gefesselten freizulassen.

Die Sünder waren erstaunt, als in der Stille der Nachtwachen eine Stimme auf den Straßen zu hören war, die mit liebevollem Tonfall die zärtliche Barmherzigkeit eines großen *Erlösers verkündete* . Mancher ehrliche Arbeiter oder Fahrer wurde durch Sprüche, die ihm aus dem Buch des Lebens zu Ohren kamen, verhaftet oder getröstet, oder es nützte ihm der stille Bote der Barmherzigkeit, der ihm in die Hände gelegt wurde. Manch einer von der Sünde zerstört, dem das Gefühl vermittelt wurde, dass es keine Hand gab, die ihn befreien konnte, und der in blanker Verzweiflung bereit war, ein Gefängnis oder ein nasses Grab zu suchen, hörte die süßen Töne der Erlösung und wurde vor dem Untergang gerettet in die Grube. Es gab jedoch viele von verwerflicher Gesinnung, die, erfüllt von aller Ungerechtigkeit, sich dem Boten des Königs widersetzten und sich erbittert der Wahrheit widersetzten. Dies war an einem Ort der Fall, den die Ausgestoßenen „Teddies Höhle" nannten ; und um die Macht des Buches zu veranschaulichen, werden wir die religiöse Geschichte dieses Hauses erzählen, so seltsam es auch klingen mag.

Es war ein alteingesessenes Unternehmen und verfügte über eine eigene Verbindung. Dies war offensichtlich, da die Kunden dem Wirt so gut bekannt waren, dass ihr Schritt, ihr Klopfen oder Klopfen ausreichte, um sich den sofortigen Zutritt zu sichern. Beim Missionar war das nicht der Fall . Als er klopfte und um Einlass bat, erhielt er nur eine schroffe Antwort, nämlich dass sie „den Mund hielten". Um sich Zutritt zu verschaffen , ließ er sich von einem ihm bekannten jungen Dieb einen Passierschein versprechen. Dies war jedoch unnötig, denn als er an einem Sonntagmorgen kurz vor zwei Uhr an der Tür vorbeikam, bemerkte er, dass sie teilweise offen stand, zweifellos zum Zwecke der Belüftung. Dies war eine seltene Gelegenheit, die er sofort nutzte, indem er einschritt. Er rief nach einer Tasse Kaffee, und während sie gebracht wurde, nahm er den Ort und die Menschen zur Kenntnis. Die Höhle bestand aus einem gewöhnlichen Laden und einem Salon ; der erstere war mit schmalen Tischen ausgestattet, an denen etwa zwanzig Männer und Frauen saßen; Viele von ihnen beugten sich auf ihren Händen vor und schliefen offenbar. Einige gehörten zur Klasse der Landstreicher und Bettler, die vielleicht nur genug Geld hatten, um sich ein wenig Essen zu kaufen, und das Recht hatten, dort ein paar Stunden zu bleiben; aber die Mehrheit gehörte offensichtlich der bösartigen und kriminellen Ordnung an. Der Raum war äußerst schmutzig, und das schwache Licht der alten Öllampen schien seine Düsterkeit noch zu verstärken. Der glitzernde Himmel konnte jedoch durch die oberen Glasquadrate gesehen werden, da die Reihe der Fensterläden nur bis zu den oberen Scheiben reichte. Das Hinterzimmer oder „ Salon “ hatte ein fröhliches Feuer, war besser beleuchtet und war zweifellos voller zahlender Kunden. Es gab Gelächter und Fröhlichkeit, aber die Flüche und Gotteslästerungen , die ans Ohr drangen, waren wirklich schrecklich. Es war offensichtlich, dass diese Männer und Frauen der niederen Sorte einen Fluchknüppel hielten – ein Vergnügen, das so höllisch war, dass wir auf eine Beschreibung verzichten. Es blieb keine Zeit für weitere Beobachtungen, als der Wirt, ein großer, brutal aussehender Mann, mit dem Kaffee auf uns zukam.

Ihm wurde eine illustrierte Publikation mit der Bemerkung angeboten: „Ich sehe, Sie liefern Ihren Kunden keine Papiere; deshalb werde ich Ihnen gelegentlich einige davon geben.“

Er nahm das Papier mit einem tiefen Stirnrunzeln, warf es auf den Boden und sagte mit einem bitteren Fluch: „Ich kenne dich: du Spion, du frecher Kerl!“ und als er sich umdrehte, schloss er die Tür ab; Dann näherte er sich dem Missionar mit dem Schlüssel in der Hand, zitterte vor Wut und drohte mit Rache. Bei diesem Ausdruck ihrer Wut erhoben sich die Kunden von ihren Sitzen und drängten nach vorne, während die schrecklichen Leute aus dem Hinterzimmer hereinströmten. Es war ein schrecklicher Moment für den Besucher, als er hilflos inmitten der Menge der Gewalttätigen und Schuldigen saß. Als er die Gefahr seiner Lage erkannte, sprach er ein inneres Gebet um Hilfe, dann sprang er auf, schlug heftig mit der Hand auf den Tisch, zeigte über die Fensterläden zu den Wolken und rief mit lauter Stimme: „Ein großer Weißer. “ DORT WIRD UNTER DEN STERNEN EIN THRON ERRICHTET WERDEN . Der Erlöser , der die für die Sünder gestorben sind, werden darauf sitzen, denn die Toten, die in ihren Gräbern liegen, werden seine Stimme hören und leben. Wir werden da sein.“

„Dort wird ein großer weißer Thron zwischen den Sternen errichtet werden!"

Daraufhin verstummten alle Zungen, und die Leute traten zurück und blickten nach oben oder in sein Gesicht. Deshalb zeigte er auf den einen und den anderen und fuhr fort: „Und du und du; denn wir alle müssen vor dem Richterstuhl Christi stehen. Ich bin kein Feind oder Spion, sondern ein Diener des Herrn Jesus, der es tun wird." Richte euch am Jüngsten Tag. Er ist jetzt der Erlöser der Verdorbenen und Verlorenen, und in seinem Namen biete ich euch Barmherzigkeit durch das Blut an, das er am Kreuz für euch vergossen hat. In seinem gesegneten Buch steht geschrieben: „Wer glaubt." auf Ihm wird gerettet werden."' Der Sprecher ging dann auf die Tür zu, die der Wirt mit zitternder Hand aufschloss, und er ging hinaus auf die kalte, stille Straße.

Die Einsamkeit einer schlafenden Stadt hat ihren Reiz. Das Summen der Menschenmenge und das ohrenbetäubende Klappern auf den Steinen werden unterdrückt, während der deutliche Schritt des Fußgängers und der gemäßigtere Schritt des Polizisten die einzige Verbindung zwischen den schlummernden Massen und den Aktivitäten des Tages zu sein scheinen. Während die Schritte in der Ferne auf das Ohr treffen, erfolgt eine instinktive Hinwendung zu den sich nähernden oder sich entfernenden Objekten. Der Besucher hatte sich noch nicht weit von der Höhle entfernt, als er Schritte hörte, und als er sich umdrehte, sah er den Wirt auf sich zukommen; Er blieb daher unter der nächsten Lampe stehen und wartete auf seine Ankunft. Mit stockender Stimme sagte er: „Kommen Sie noch einmal, Chef . Hat nichts bedeutet; und ein Kerl, der Sie kennt, sagt, es sei in Ordnung."

Die Worte „Komm wieder" waren für den Mann mit dem Buch wie Musik; denn er hatte das Gefühl, dass die Tür zu diesem schrecklichen Ort geöffnet war und dass er unter dem Schutz dieses bösen Mannes die Macht erlangt hatte, dort aus seinen Seiten des Urteils und der Barmherzigkeit zu lesen und im Namen von Namen die Verdorbenen zu retten gegenwärtige und ewige Zerstörung. Er antwortete daher: „Kümmere dich nicht um die Vergangenheit; es ist in Ordnung für mich. Ich tue, was ich kann, für die Menschen und verletze niemanden. Ich werde dich jetzt als Freund anrufen. Wann wird es sein?"

„Sehen Sie, Gouverneur ", antwortete er, „da wir anders leben als andere Menschen, weil wir nachts beschäftigt sind und um zwölf Uhr morgens aufmachen und um sechs Uhr morgens schließen, wenn wir um sieben Uhr zu Abend essen." geht ins Bett, und dann stehen wir um fünf Uhr zum Frühstück auf, so wie es Ihre Teezeit wäre; und wenn Sie heute Nachmittag vorbeikommen, wie am Sonntag, gibt es bei uns Zuckerschnecken und Muffins, und Sie werden es sehen Ich bin kein Tyrann wie manche, obwohl mein Temperament das nicht ist Zack richtig, Allus .

Das Versprechen wurde gegeben und pünktlich um fünf Uhr nachmittags betrat der geladene Gast das Wohnzimmer. Es war gefegt worden, aber der Boden, die Tische und die Wand waren von demselben düsteren Eindruck Farbe , während die Luft anstößig war. Das Hinterzimmer, in dem er von seinem neuen Freund begrüßt wurde, war im gleichen Zustand, aber besser eingerichtet, denn es gab ein altes Sofa und mehrere Stühle; Die Wände waren mit einer holländischen Uhr und alten Zinngeschirrstücken geschmückt, während auf dem Rost, der nie gereinigt worden war, ein großer Kessel und zwei Kessel standen. Das Haus war so eng zusammengebaut, dass nur ein dämmriges Licht durch die kleinen Seitenfenster drang; Dieses Licht reichte jedoch aus, um zu zeigen, dass die Familie des Vermieters und vier der verdorbenen Personen, die bei dem Besuch am frühen Morgen beeindruckt waren, anwesend waren.

Offensichtlich bestand die Familie aus dem Vermieter, seiner Frau und einer etwa zwölfjährigen Tochter. Die „Missus", wie sie mit angenehmer Vertrautheit genannt wurde, war eine niedrige, grobe Frau von fünfundvierzig Jahren, seltsam, aber teuer gekleidet. Ihr Kleid war aus brauner Seide mit Spitzenbesatz, davor trug sie eine geflochtene weiße Schürze mit großen Taschen, nicht unähnlich der eines Zolleinnehmers. Ihre Mütze war elegant mit einem roten Band besetzt; und um ihren nackten Hals trug sie eine dicke, mehrreihige Korallenkette und eine schwere, goldähnliche Kette; Ihre schmutzigen Finger waren mit mindestens acht Ringen verziert. Das kleine Mädchen war modisch gekleidet.

Sowohl Tee als auch Kaffee standen in rußbedeckten Gefäßen auf dem Herd bereit. An einem Ende des schmutzigen Tisches stand ein Tablett, auf dem gesprungene Tassen und Untertassen von fragwürdiger Sauberkeit standen; und auf dem Tisch selbst befand sich eine kleine Pyramide aus Immergrün; während auf einem Aschehaufen vor dem Feuer zwei Teller lagen, schwer beladen mit Muffins und Fladenbrot. Diese Beobachtungen wurden schnell aufgenommen und der Besucher wurde nachdenklich über das Fest, das vor ihm lag. Als der Tee eingeschenkt war, schaute er besorgt auf die Tassen und fragte sich, was ihm wohl zustoßen würde; Doch als die Muffins auf den Tisch gestellt wurden und ihm ein großzügiger Vorrat Immergrün zugeschoben wurde – die Frauen zupften Stecknadeln aus ihren Kleidern –, wurde er von einem plötzlichen Appetitverlust erfasst. Der gastfreundliche Gastgeber und die gastfreundliche Gastgeberin verschlimmerten sein Elend, indem sie entschlossen zeigten, dass er ihre guten Dinge genießen sollte. Über solche Schrecken wie diesen Tee darf man sich jedoch nicht Gedanken machen. Es genügt, dass die Zeit, die so viel Abhilfe schafft, so langsam sie bei diesem denkwürdigen Anlass zu vergehen schien, das Mahl endlich zu Ende brachte.

Während des Tees wurde die kleine Gruppe beruhigt und in angenehme Gespräche verwickelt; und als die Sachen weggeräumt waren, legte der Besucher seine Taschenbibel auf den Tisch mit der Bemerkung: „Dies ist Sonntag, der glückliche Tag, wie mein kleiner Junge ihn nennt; und wir alle sollten an diesem Tag glücklich sein." Wir werden an die Güte Gottes und die Barmherzigkeit des Erlösers erinnert ; nachdem er für unsere Sünden gestorben war, ist er am Sonntagmorgen von den Toten auferstanden. Nun, da keiner von Ihnen dem Gottesdienst beiwohnt, nehmen wir an, ich lese Ihnen etwas über ihn und seine Worte vor gesprochen?"

Es herrschte allgemeine Zustimmung, und der Besucher las das wunderbare Kapitel, das mit den Worten begann: „Da traten alle Zöllner und Sünder zu ihm, um ihn zu hören. Und die Pharisäer und Schriftgelehrten murrten und sprachen: Dieser Mann nimmt Sünder auf und isst mit. " „Die kleine Gruppe hörte mit gespannter Aufmerksamkeit zu, und einige waren zu Tränen gerührt, als die laufenden Kommentare zu den Gleichnissen abgegeben wurden. Der Wirt und seine Frau versicherten dem Leser auf ihre seltsame Art, dass er jederzeit kommen könne; und sie trennten sich so angenehm, als wären sie alte Freunde gewesen. Erschöpft, aber glücklich betrat der Missionar die erste Kirche, die er besuchte, mit dem Ziel, dem Herrn in seinem Tempel für die Befreiung aus der Gefahr und für die empfangene Missionsgnade zu danken; Anschließend betete er mit den Hütern dieses Nachthauses und ihren Unterstützern für spirituellen Erfolg.

Ungefähr eine Woche nach dem Tee stattete er der Höhle um Mitternacht einen Besuch ab, und als er eintrat, befahl er dem Wirt mit den folgenden Worten Stillschweigen: „Ich kenne diesen Herrn, und wenn Sie nicht den Mund halten, während er hier ist, werde ich …" Ich werde euch mit einem Schütteln und einem Tritt rausholen. Ihr schlecht erzogenen Kerle, damit ihr eure Hüte aufbehaltet, wenn eure Besserwisser reinkommen . Dies reichte aus, um Schweigen zu gewährleisten, während Traktate mit biblischen Bemerkungen vorgetragen wurden. Es wurde gut überlegt, dass die Besuche kurz sein sollten, bis Einfluss auf die Kunden gewonnen werden konnte. Der Missionar ging daher, nachdem er seine Aufmerksamkeit auf das Wort „*Erretter*" und seine süße Bedeutung gelenkt hatte. Dann steckte er seine Adresskarte an die Wand und sagte: „Lass das hier bleiben. Ich habe dir gesagt, wie du vom allmächtigen Gott Vergebung erlangen kannst; aber da es für einige von euch schwierig sein mag, ein Leben in Sünde zu verlassen, werde ich es tun." Ich freue mich, der Freund eines jeden zu sein, der wirklich reuig ist. Einige von euch freuen sich vielleicht über jemanden, der sich um ihre Verwandten bittet, und ich könnte anderen bei der Aufnahme in Institutionen der Barmherzigkeit behilflich sein."

Siehe S. 206.

Als Antwort auf diese Einladung suchten mehrere Ausgestoßene im Laufe der Woche den „Reformermann", wie sie ihn nannten, auf und wurden gerettet. Eines frühen Morgens kam der Besitzer des Nachthauses selbst und führte ein kleines Mädchen ohne Schuhe und Strümpfe an der Hand. Sie war auffallend schmutzig, hatte zerzaustes Haar und ihr Lumpenkleid war um sie herum festgebunden. Er zerrte sie förmlich an der Tür herein und sagte: „Dieses Mädchen, Sir, ist seit Monaten auf der Straße unterwegs, denn sie ist ein irischer Cockney, wie wir sie nennen . Ihre Mutter ist tot, und ihr Vater ist abgehauen." ; und sie schläft unter Treppen, wo die Türen offen sind, und unter den Bögen mit denen, die kein Zuhause haben; und sie geht in meinen Laden, um Essensreste zu holen; und eine Frau, die ein schlechter Kerl ist, will sie mitnehmen, und Wir hatten einen Streit, und ich habe sie zu dir gebracht – und hier ist sie.

Ja; da stand das arme Kind, ein Gegenstand, vor dem man schauderte und dem man aus dem Weg ging; aber ein geeignetes Objekt für christliches Mitgefühl. Für sie zu sorgen war eine Schwierigkeit, da der Missionar so viele Institutionen mit Fällen belastet hatte, dass er kaum wusste, an wen er sich wenden sollte. Nach Rücksprache mit seiner Frau wurde vereinbart, dass sie in der Hinterküche geputzt und in eines der alten Kleidungsstücke ihrer Kinder gekleidet werden sollte, während er sich auf die Suche nach einem Zuhause für sie machte. Der einzige Erfolg, den er nach stundenlanger

Arbeit hatte, war das Versprechen des Leiters eines überfüllten Heims, sie nach drei Tagen aufzunehmen, wenn ein Insasse das Haus verlassen sollte. Es blieb daher nichts anderes übrig, als das Kind für diese Zeit zu behalten.

In der Küche wurde ein Bett für sie hergerichtet und es wurde befohlen, alle Türen zu verschließen und sie sorgfältig zu überwachen. Dies schien kaum nötig zu sein, da das Kind schüchtern und zurückhaltend war; aber sie erwies sich als äußerst listig. Am nächsten Morgen, während die Familie beim Frühstück war, schlüpfte sie mit einem Schlüssel, der auf der Kommode gelassen worden war, nach oben, betrat ein Zimmer und stahl zwei Kleider – eines davon aus guter Seide – und fünfzehn Schilling in Geld. Der Diebstahl wurde bald entdeckt, der Dieb konnte jedoch entkommen. Da sie von der Schmackhaftigkeit des „Judenfisches" (in Öl gekocht) gesprochen hatte, vermutete man, dass sie zum Rag Fair gehen würde, und ihre misshandelte Freundin stieg deshalb auf das Dach eines Omnibusses, in der Hoffnung, sie zu sehen auf dem Weg. Davon war er enttäuscht und lief deshalb eine Zeit lang auf dem Jahrmarkt umher. Er wollte gerade in Verzweiflung gehen, als er in der Ferne ein Mädchen ihres Stils, aber von seltsamem Aussehen bemerkte, und als er näher kam, stellte er fest, dass es sie war, aber so verändert, dass er sich ein Lachen nicht verkneifen konnte, als er sie packte Arm. Ihre Kleidung war offenbar gewechselt worden: Anstelle des hübschen kleinen Kleides hatte sie ein schmutziges himmelblaues Seidenkleid angezogen, das viel zu groß war; An ihren Füßen trug sie ein Paar grüne Stiefel und auf ihrem Kopf einen Strohhut mit einer großen roten Feder. In einer Hand hielt sie ein Stück fettigen Fisch und in der anderen einen grünen Sonnenschirm.

Als Antwort auf die Frage: „Was hast du mit den Kleidern gemacht?" Sie antwortete: „Ich habe sie hier oben gesehen, und eine Frau hat mir neun Pence für das Seidenstück und zwei Schilling für das andere gegeben ; und ich bin reingegangen und habe diese hübschen Kleider gekauft; und das habe ich." hatte jede Menge Fisch und Tater und Bier und war auf dem Weg zur Gaffel.

Diese Aussage erfolgte auf so unaufrichtige Weise, dass es offensichtlich schien, dass das arme Kind, genau wie die Heiden, keinen Sinn für Moral hatte. Da es zwecklos war, die Kleider aufzuspüren, blieb ihr nur noch, sie zur Zuflucht zu begleiten, wo sie aus Rücksicht auf ihre Freundin sofort aufgenommen wurde. Wir können hinzufügen, dass sie sich mehrere Jahre lang in der Institution gut geschlagen hat und eine gute Generaldienerin geworden ist.

Dieses Mädchen war eines von siebzehn Ausgestoßenen, die der Besitzer von „ Teddie's Den" zur Missionarin brachte , die alle gerettet wurden; aber obwohl er ein „Helfer" bei der guten Arbeit war, erlangte er selbst kein geistliches Gutes. Manchmal schien er zu zittern, wenn aus dem Buch Passagen über Gericht und Barmherzigkeit vorgelesen wurden; und er behandelte den Leser mit Respekt – aber das war alles. Der schreckliche Einfluss seines Geschäfts und die Liebe zum Alkohol zerstörten schnell alle guten Eindrücke, und er tat weiterhin Böses: „Er sah das Bessere, doch das Schlechte verfolgte." Obwohl er schlecht war, zeigte er manchmal ein freundliches Wesen, das überhaupt nicht zu seinem Aussehen und Charakter passte; Als er zum Beispiel hörte, dass sein Freund krank war, ging er zum Covent Garden Market, kaufte ausgerechnet dort einen Granatapfel und ließ ihn bei sich zu Hause. Ein paar Nächte später war er betrunken, verließ seine Tür, lehnte sich an ein offenes Tor und fiel auf die Steinstufen zurück. Er erlitt einen Schädelbruch, blieb einige Stunden lang bewusstlos und starb in diesem Zustand. Die Trauer des Missionars war groß; Er hatte sich eifrig um die Rettung des Mannes bemüht und fühlte sich daher unter der Entmutigung niedergeschlagen. Der Evangelist hat seine Prüfungen und Herzenskummer, seine Enttäuschungen sind häufig und schmerzlich, auch wenn sie nicht so oft erwähnt werden, wie es vielleicht angebracht wäre. Es ist furchteinflößend, wenn die Worte, die er ausspricht, „zum Geruch des Todes zum Tode" werden; aber er hat in dieser Angelegenheit keine Wahl, denn der Befehl des großen Meisters lautet: „Du sollst zu allem gehen, was ich dir senden werde; und was auch immer ich dir gebiete, das sollst du sagen."

Der „Fräulein", denn niemand schien ihren Namen zu kennen, gelang es, die volle Kontrolle über die Höhle zu erlangen, und es wurde bald klar, dass sie durch das elende Ende ihres Mannes eher verhärtet als gemildert wurde. Sie brachte eine klare Abneigung gegen den Mann zum Ausdruck, dessen Treue ihr zweifellos Schwierigkeiten bereitete, und sie behinderte seine Bemühungen, Gutes zu tun.

„Der Herr war ein Narr", bemerkte sie ein paar Wochen nach seinem Tod, „Sie hierher zurückzubringen, denn es wäre ruiniert. Nachdem Sie neulich Nacht gegangen waren, waren die Leute ganz deprimiert ; und jetzt haben die Herren eine Menge davon." Es kommt kein Geld, um Leckereien auszuhalten, weil sie Angst davor haben, dich zu treffen; und ich habe einen Mann, der kommt, um zu helfen, der jeden rausschmeißen wird, und du wirst nicht kommen.

Dies war zweifellos ihre Entschlossenheit, aber der Missionar hatte bei den Anhängern des Ortes eine solche Macht erlangt, dass sie ihn vor Beleidigungen, gewiss vor Gewalt, verteidigt hätten. Alle kannten ihn als denjenigen, der in der Lage war, sie zu retten, und als den einzigen, der ihr geistiges Wohl suchte. So schlecht sie auch waren, so empfanden sie den Freund der Seele als ihren besten Freund und behandelten ihn auch so. Alles, was die „Frau" dann tun konnte, war, ihn zeitweise aus dem Hinterzimmer fernzuhalten.

Eine Veränderung ging jedoch vorüber, als sich die Klasse der Kunden allmählich veränderte. Die Zahl der Verdorbenen nahm ab, während die Klasse der erfahrenen Kriminellen zunahm. Magsmen und gut gekleidete Taschendiebe waren dort häufiger zu sehen, während die Diebe untereinander von der Frau als einem guten „Zaun" sprachen (d. h . einer Person, die zwischen Dieben und Empfängern steht und die Entdeckung schwieriger macht). . Der folgende Vorfall zeigt die Klasse der Kunden:

Eines Nachts besuchte dort ein Geistlicher, der jetzt ein Würdenträger der Kirche ist, mit dem Missionar . Der Laden war ungewöhnlich voll mit Jugendlichen und Männern der kriminellen Klasse, aber in der hinteren Ecke saß eine Gruppe von drei Personen, die vom Rest der Firma getrennt zu sein schienen: ein Mann, eine Frau und ein kleines Mädchen von zwölf Jahren. Sie beugten sich vor, als ob sie schliefen, wurden aber durch das Gelächter geweckt, das die angenehme Bemerkung des Missionars über „die Weisheit der Eulen der Nacht" hervorrief.

„Was machst du hier mit dem Kind?" fragte der Geistliche.

„Bitte, Sir", antwortete die Frau, „wir hatten großes Pech, denn mein Mann war krank und alle unsere Stöcke wurden für den Teil der Miete genommen, und wir haben um Sixpence gebettelt und haben Tee getrunken und isst." Bleiben Sie hier, bis es hell ist. Und wenn mein alter Herr morgen keine Arbeit bekommt, fahren wir am nächsten Tag zur Union über Battersea.

„Du solltest besser sofort dorthin gehen", antwortete er; „Aber setzen Sie das Kind nicht der Nachtluft aus. Wenn Sie mir versprechen, genug für eine Unterkunft zu sparen, gebe ich Ihnen eine halbe Krone, falls Sie morgen Abend unterwegs sein sollten."

Das Versprechen wurde gegeben und das Geld gegeben, obwohl das scharfe Auge des erfahrenen Besuchers anhand der Blicke, die die Gesellschaft wechselte, erkennen konnte, dass es sich um eine Täuschung handelte . Das Geld ging jedoch nicht verloren, da diese Gemeinde der Gottlosen mit tiefem Gefühl den klaren, liebevollen Äußerungen der göttlichen Wahrheit zuhörte, die über die Lippen dieses guten Dieners Christi Jesu kamen.

Am nächsten Abend kam der Missionar vorbei und erkundigte sich bei der „Frau", was mit der halben Krone geschehen sei.

„Wir hatten eine Flasche Gin dazu", antwortete sie, „aber einige der Narren wollten keine haben und gingen hinaus und sagten, es sei eine Schande, einen so guten Missionar wie den, der sie gegeben hatte, zu betrügen . " "

„Jetzt sagen Sie mir ", fuhr er fort, „wer dieser Mann, diese Frau und dieses Kind waren? Ich bin sicher, dass es sich nicht um Landstreicher handelt."

„Das glaube ich nicht", antwortete die Frau lachend, „warum sie Zertrümmerer sind (*d. h*. Hersteller von Falschgeld), und sie schicken zuerst das Mädchen rein, das Säcke voller schlechtem Geld unter ihrem Kleid hat, und einer von ihnen kommt ." rein, und wenn alles ruhig ist, kommt der andere , und dann machen sie Geschäfte. Als du zur Tür kamst , zwinkerte ich ihnen zu , bevor ich sie öffnete, da sie ihnen damals etwas verkauften , Jungs. Bei einem handelte es sich um einen Kaufpreis von sechs Pennorth Schilling, bei einem anderen um einen Schilling halber Kronen, je nach Qualität, wie man so schön sagt.

Es folgte ein weiteres Gespräch, und als die Frau Gelegenheit hatte, das Zimmer für ein paar Minuten zu verlassen, wandte sich der Besucher an die Tochter und sagte:

„Ich freue mich über das, was Sie mir vor ein paar Wochen gesagt haben, dass Sie immer zu *Gott gebetet* haben, er möge Sie zu seinem Kind machen und Sie vor dem Bösen bewahren, dem Sie ausgesetzt sind. Sagen Sie mir jetzt, ob Sie sich entschieden haben, dem Herrn zu dienen." ?"

„Das habe ich, Sir", antwortete sie und ihre Augen füllten sich mit Tränen. „Mutter lässt mich nicht aus den Augen; aber seit zwei Sonntagen bin ich in der Kapelle am Ende der Stallungen, wo ich alles verstehe und weiter bete; und der Herr hat letzte Nacht so schön gesprochen, dass ich Jesus dienen möchte." insgesamt."

Sie wurde in der klugen Entscheidung, die sie getroffen hatte, bestärkt, und die Freundin ging, voller Freude darüber, dass ihr Herz, genau wie das von Lydia, geöffnet worden war, um die Wahrheit zu empfangen.

Die Münzgeldgeber traf man nicht wieder; doch ein ganzes Jahr später schrieb der Gouverneur von Norwich Castle auf Anregung eines Richters, der ihn bei vielen Werken der Barmherzigkeit unterstützte, und bat den Missionar um Hilfe bei der Suche nach einem Zuhause für ein Mädchen, das mit ihren Eltern dort gewesen war wegen Weitergabe von Basisgeld festgenommen. Es schien, dass sie das Mädchen in der Ferne zurückließen und jeder ein Stück schlechtes Geld nahm und es an die Ladenbesitzer weitergab. Sie wurden mehrmals angehalten, aber da kein zweites Stück bei ihnen gefunden werden konnte , wurden sie nicht festgenommen. Sie wurden von London nach Norwich verfolgt, da sie schlechtes Geld hatten, und wurden mit den Taschen in ihrem Besitz in einer Herberge festgenommen. Die Eltern wurden jeweils zu neun Monaten Zwangsarbeit verurteilt und das Mädchen eingesperrt, bis ein Zuhause für sie gefunden werden konnte. Dies geschah und sie wurde nach London übergeben. Sie blieb einige Zeit im

Heim und flüchtete dann; aber einige Jahre später besuchte sie die Oberin und lud sie ein, ihren Mann zu besuchen, da sie gut verheiratet war.

Es vergingen mehrere Jahre, in denen „Teddie's Den" mit wechselndem Erfolg besucht wurde, bis zu dem Abend, an dem die Internationale Ausstellung geschlossen wurde. Der Missionar hatte in dem Gebäude einen Tee für tausend Personen arrangiert und kam sehr müde nach Hause, um einen Dieb im Haus zu finden – denn dort im Saal saß ein Mann, der häufig verurteilt worden war. Mit offensichtlichem Gefühl sagte er: „Der Frau, Sir, geht es die ganze Woche sehr schlecht, und jetzt geht es ihr sehr schlecht, und sie murmelt Ihren Namen; und der Arzt hat es schlimm. " agin , und sagt, wie man dich holen sollte, also bin ich gekommen." Ihm wurde gesagt, er solle ein Taxi holen; aber es war Mitternacht, als sie im Nachthaus ankamen.

Eine ängstliche Gruppe verdorbener Menschen stand an der Tür, aber der Besucher ging schweigend an ihnen vorbei und betrat das Hinterzimmer. Die Szene, die sich abspielte, war in der Tat feierlich, denn dort lag, gekleidet in die Schmerzen der Auflösung, auf ihrem Lager die Frau, die sich immer damit rühmte, dass sie einundzwanzig Jahre lang Höhlen geführt und in dieser Zeit nachts nicht geschlafen hatte Zeit. Sie schien im Sterben zu liegen, aber als sie die Stimme ihrer Freundin hörte, erholte sie sich und flüsterte: „Gnade! Gnade! – Bete, bete!"

„Ich sage Ihnen noch einmal, dass Sie als schuldiger Sünder für sich selbst beten müssen", antwortete er in einem langsamen, ruhigen Ton. „Das Blut Jesu kann dich jetzt retten: Bitte Gott in seinem Namen um Vergebung." Und dann wiederholte die sterbende Frau nach ihm kurze Gebete. Nach einer Pause nahm er ihre kalte Hand in seine, kniete nieder und flehte den Gott aller Gnade um Vergebung für sie an. Seine Stimme wurde jedoch durch das Schluchzen mehrerer Frauen und junger Diebe verstummt, die aus dem Laden hereingekommen waren. Der Todesausdruck auf dem Gesicht ihres schuldbewussten alten Bekannten, die feierliche Haltung und die Worte des Gebets überwältigten sie, und sie schienen reuig vor ihrem beleidigten Schöpfer zu knien.

Es gab Bewusstseinspausen, in denen Worte der Hoffnung aus dem Buch des Lebens vorgelesen wurden; und auf ihre durch Handbewegungen zum Ausdruck gebrachte Bitte wurde erneut gebetet. Sie wurde bald bewusstlos und verstarb um drei Uhr.

Ein paar tröstende Worte wurden an die weinende Tochter und die im Zimmer verbliebenen Frauen gerichtet; und der Nachtgast ging dann auf die Straße. Eine große Menge Krimineller und Verdorbener hatte sich aus anderen Nachthäusern versammelt, und als er ging, machten sie ihm einen Durchgang, während die beiden Polizisten ihre Volltreffer anstellten, um ihm den Weg zu weisen. Er trat jedoch zurück und stand auf der Schwelle der Höhle, hielt ihm seine Bibel hin und sagte: „Sie ist tot, und ihr ewiger Zustand ist festgelegt; du jedoch bist auf der Seite des Grabes, wo die Barmherzigkeit es kann." gesucht und gefunden werden. Schauen Sie jetzt auf, wo der Erlöser sitzt, zur Rechten Gottes, jenseits dieser dunklen Wolken. Streben Sie ernsthaft nach Erlösung und leben Sie dann für die Stunde des Todes und den Tag des Gerichts." Dann ging er schweigend die Straße entlang, kein Wort drang von der Versammlung der Bösen an sein Ohr.

Das elende Erbe ging auf die Tochter über, die mittlerweile eine junge Frau von zwanzig Jahren ist. Vor der Krankheit ihrer Mutter hatte sie von ihr verfolgt, weil sie sich mutig zum Glauben an Christus bekannte. Ein weiterer Grund für Anstoß war, dass sie Traktate entgegennahm und auf die Tische legte, bevor die Kunden Einlass erhielten. Sie zeigte jedoch ihrer Mutter gegenüber eine so pflichtbewusste Zuneigung, dass dies zweifellos ihr hartes Herz erweichte und dazu führte, dass sie dem unwillkommenen Besucher gegenüber ein besseres Gefühl zeigte. Ein paar Abende nach der Beerdigung besuchte sie ihre Freundin, und als sie den Raum betrat, brach sie in Tränen aus und sagte: „Ich kann diesen schrecklichen Ort nicht offen halten, Sir, denn ich bete immer, und die Sprache und die Sünde sind es." schrecklich: Ich werde zuerst um mein Brot betteln . Was soll ich tun?"

Sie wurde beruhigt und es fand ein ruhiges Gespräch zwischen ihnen über ihre Position statt. Nachdem er sich mit seiner Frau beraten hatte, sagte er: „Du bist in einer schwierigen Lage – niemand würde dich in seinen Dienst aufnehmen, wenn er wüsste, dass du an einem solchen Ort aufgewachsen bist. Wir werden jedoch tun, was andere nicht konnten, wie z. B Ich bin überzeugt, dass der Herr barmherzig mit dir umgegangen ist. Wir brauchen einen Diener und werden dich in unser Haus aufnehmen." Mit Ausdruck ihrer Dankbarkeit nahm sie das Angebot an; Also schrieb er Notizen an den Vermieter des Hauses und an einen Makler und schickte sie damit.

Am nächsten Abend stattete der Missionar „ Teddies Höhle" seinen letzten Besuch ab . Ein Handkarren stand vor der Tür und der Makler drinnen. Die Möbel, das Geschirr und die Einrichtungsgegenstände wurden schnell verkauft und entfernt, und dann gingen der nächtliche Besucher und seine verstorbene Geliebte. Mit freudigem, dankbarem Herzen schloss er die Tür hinter ihnen, denn er spürte, dass eine Festung der Sünde und Satans vor den silbernen Tönen des Friedensevangeliums gefallen war.

Die junge Frau machte sich an ihrem Platz gut und zeigte ein erneuertes Wesen. Nach ein paar Monaten waren ihr Herr und ihre Frau so zufrieden mit ihr, dass sie sie als Oberin in eine Besserungsanstalt empfahlen. Zwei Jahre lang füllte sie das Büro mit Ehre für sich selbst und zum geistigen Wohl vieler Insassen aus, darunter auch einer, der oft in der Höhle ihrer Eltern zu

Gast war. Diese Frau war jahrelang die Begleiterin von Dieben gewesen und hatte durch Laster ihre Gesundheit so geschädigt, dass sie lange im Londoner Krankenhaus krank werden musste. Nach ihrer Entlassung wurde sie in die Anstalt geschickt, und ihr Erstaunen war groß, als sie die junge Frau vorfand, die als Mädchen nachts auf sie wartete und eine Untermutter im Haus von Mercy war. Von ihr empfing sie freudig die gute Nachricht, dass Jesus Sünder aufnahm, und wurde dazu geführt, seinen Namen anzurufen und sich dann über seine Barmherzigkeit zu freuen.

Eines Abends besuchte die junge Assistentin ihre Freundin und sagte schüchtern: „Sie kennen Herrn Soundso, nicht wahr, Sir?"

„Das tue ich", war die Antwort; „Und denken Sie gut von ihm."

„Sie waren für mich mehr als nur ein Vater, und würden Sie mich bitte verraten?"

Das Amt wurde freudig übernommen und bereitwillig erfüllt. Nach der Hochzeit überreichte ihr der missionarische Freund und Vater eine Bibel mit der Aufschrift: „Gemeinsame Erben der Gnade des Lebens." Die Verbindung ist glücklich und sie ist ein lebender Beweis dafür, dass die souveräne Gnade ihre Untertanen aus den untersten Tiefen erheben und sie zu den Fürsten der Kinder des Lichts zählen kann.

Das Buch in den Straßen und Nachthäusern:

SEINE STILLE KRAFT.

„Säe in den wilden, wüsten Gegenden,
auch wenn deine Liebe niemanden besitze; Gott lenkt die Spermien der Distel ,
die der umherziehende Wind gesät hat.
Wird Jesus deine Schwäche tadeln oder deine Arbeit als vergeblich bezeichnen?
Das Wort, das du für ihn trägst ,
wird zu dir zurückkehren." Ihn wieder. Säe mit deinem Herzen im Himmel, deine Kraft, die Macht deines Meisters, bis die wilden Ödlande erblühen, in der Wärme des Lichts eines Erlösers .

Anna Shipton.

KAPITEL XI.

Ein vergoldeter Saloon – ein Taubenpflücker –
Entmutigung – der Kaffeemann – Mittellosigkeit – die
Einsamkeit der Stadt – Wahnsinn der Schande – der
Bettler und sein Junge – die „Ruhe des Reisenden" – die
schlaflose Kirche – Kaffeestände und Stände – der
Verdeckte aus DER STURM – DIE MACHT DER
BIBEL.

DAS BUCH IN DEN STRAßEN UND NACHTHÄUSERN :
SEINE STILLE KRAFT.

„Der Same ist das Wort Gottes." LUKAS VIII. 11.

ZWEIhundertsechzig Nächte voller Evangelisierungsbemühungen auf den
Straßen, in Gasthäusern und in den Höhlen der mächtigen Stadt bewiesen,
dass das Wort Gottes mächtig ist, um die Aufmerksamkeit der
gedankenlosesten Menschen auf sich zu ziehen – um die Schuldigen auf
ihrem Abwärtsweg aufzuhalten; und dass es die Macht Gottes zur Erlösung
von Sündern ist, die so tief gesunken sind, dass sie nach ihrer
Wiederherstellung als Wunder der Barmherzigkeit vor den Menschen
hervortreten. Es kam häufig zu Enttäuschungen, und wenn die Fortsetzung
der Arbeit von bekanntem Erfolg abhängig gewesen wäre, wäre das
niederschmetternd gewesen. Dies war jedoch nicht der Fall: Der große
Meister sendet seine Diener nicht auf eigene Kosten aus. Wenn Er aus Seiner
souveränen Gnade einen Sünder nimmt und ihn zu Seinen Kindern zählt
und ihn dann durch besondere Gunst zu einem Rad oder Hebel in Seiner
großen Maschinerie der Barmherzigkeit macht, verlangt Er nur Treue –
keinen Erfolg. Männer können im mächtigen Prozess der Erlösung nur das
Amt untergeordneter Instrumente und sichtbarer Agenten übernehmen.
„Gott war in Christus Jesus und versöhnte die Welt mit sich selbst", aber „Er
hat uns den Dienst der Versöhnung anvertraut." Diese Wahrheit sollte
Trägheit und Geiz von denen nehmen, die den Namen Christi tragen. Die
erlösten Menschen, die sich der Schuld bewusst sind, die sie ihrem Herrn
schulden, sollten danach streben, Stellvertreter und Vertreter der göttlichen
Liebe zu sein. Solche sollten arbeiten und studieren und um Erfolg beten,
denn der Heilige Geist arbeitet mit Werkzeugen, die für seinen Gebrauch
geeignet sind, und die bewaffnete Allmacht Gottes ist für reuige Sünder im
Einsatz. Das große Wiederherstellungswerk ist von Gott und nur von Gott;
und daher ist es die Pflicht Seiner Diener, ebenso freudig zu arbeiten , wenn
er abgelehnt wird, wie wenn er mit Beweisen des Segens beschenkt wird .

Diese Gedanken wurden angeregt, als Materialien für dieses Kapitel zusammengestellt wurden. Der Geist erinnerte sich an so viele Fälle des Scheiterns – an eine Reihe von Männern und Frauen, die Gegenstand vieler ernsthafter Bemühungen gewesen waren, aber dem Einfluss des Missionars entzogen waren, ohne auch nur die geringste Hoffnung auf ihre Erlösung zu machen. Wenn ein Teil von ihnen erwähnt würde, wäre dies eine düstere Bilanz. Zur Veranschaulichung der Art der Arbeit werden wir uns daher nur auf ein Beispiel beziehen.

Ein Kabinettsminister hatte sich mit dem Missionar über die Gesetzgebung für Nachthäuser beraten; und da mit Sicherheit weitere Interviews folgen würden, hielt er es für gut, alle Orte aufzusuchen, über die ihm die Polizei Auskunft geben konnte.

Eines Nachts folgte er mehreren modisch gekleideten Herren in ein Haus in der Nähe des Haymarket und fand sich in einem vergoldeten Saloon mit Billardzimmern im Obergeschoss wieder. Die Herren blieben zusammen, und da sich der Besucher seltsam fühlte, ging er zum oberen Ende und warf sich auf ein Sofa; Er überlegte gerade, was er dort tun könnte, als ein Herr mittleren Alters hereinkam, der Gruppe vertraut zunickte, dann einen scharfen Blick auf den Fremden warf, auf ihn zukam und seinen Platz am anderen Ende der Couch einnahm. Nach kurzem Nachdenken wurde ihm ein Umschlag mit einem Traktat überreicht. Er zuckte plötzlich zusammen, und der Missionar rief fröhlich: „Es ist kein Schriftsatz." und dann lachten beide herzlich. Die Aufmerksamkeit des Wirts und seines Kellners in voller Kleidung war von seinem Eintreten an auf den Fremden gerichtet; Er hielt es daher für gut, sich mit dem Herrn anzufreunden, und als er sich an ihn drückte, sagte er mit einem vertraulichen, halb flüsternden Ton: „Verpflichten Sie mich, den Umschlag jetzt nicht zu öffnen, da er nur ein religiöses Traktat enthält." Als er es voller Erstaunen betrachtete, fuhr der Geber fort: „Du hältst es zweifellos für absurd und weltfremd, mich mit Traktaten hierher zu wagen, aber du wirst mein Motiv respektieren, wenn ich dir erzähle, dass ich jahrelang die Unterschicht besucht habe." Nachthäuser und spendete vielen Wohltaten; und dass ich die Stimme von jemandem bin, der in der Nachtzeit ruft: „Siehe, das Lamm Gottes, das die Sünde der Welt trägt."

„Ein so gutes Motiv rechtfertigt die Tat", antwortete der Herr. „Ich gehe rüber in den türkischen Salon und werde mit dir ohnmächtig werden."

Auf der Straße unterhielten sie sich angenehm und vereinbarten einen Termin für eine weitere Nacht. Dies wurde beibehalten und es folgten neben zufälligen Treffen noch mehrere andere. Von seinen Freunden erfuhr er, dass der Herr angeblich aus gutem Hause stammte, dass er in Oxford studiert hatte und dass er den falschen Namen Clifford trug. Er war ein überaus faszinierender Mensch, auch wenn seine Miene einen zerstreuten und manchmal boshaften Ausdruck hatte. Er hatte einen großen Bekanntenkreis unter jungen angesehenen Männern, die zu dieser Zeit häufig auf dem Haymarket verkehrten, und wurde oft mit einem inzwischen verstorbenen Herrn gesehen, der durch schlechte Gesellschaft sein Vermögen verlor und einen langen Prozess durchstehen musste, um sein Vermögen zu beweisen Vernunft. Bei den unteren Schichten der Verdorbenen galt er als einer der vielen vornehmen Männer, die sie „Taubenrupfer " nannten .

Eines Abends unterhielten sich der Herr und sein christlicher Freund, die sich auf dem Haymarket kennengelernt hatten, miteinander, als er von einem jungen Mann angesprochen wurde, der offenbar volljährig war: „Ah, Clifford! Wie geht es? Ich freue mich, Sie zu sehen." Nur ein Wort zur freien Verfügung.

„Sicherlich, Mylord", war seine Antwort. „Ich werde in ein paar Minuten bei dir sein. Hätte auf dich warten sollen, wenn ich nicht diesen sehr angenehmen Freund getroffen hätte."

„Darf ich mich als Cliffords Freund um die Ehre sehnen , Eurer Lordschaft meine Hand anzubieten?" fragte der Missionar .

„Sicherlich", antwortete der junge Adlige (falls er einer war), und dann ergriff der christliche Besucher seine Hand, hielt sie mit milder Zurückhaltung, sah ihm direkt ins Gesicht und sagte: „Sie sind in Gefahr, mein Herr." Diese Verschwendung wird Ihrer Person, Ihrem guten Namen, Ihrem Vermögen und vielleicht Ihrem Land schaden. Seien Sie weise. Gehen Sie wie ein gewisser junger Herrscher, der im Evangelium erwähnt wird, zum Herrn Jesus und fragen Sie: „Was soll ich tun, um das ewige Leben zu erben?" '"

Eine tiefe Farbe stieg in das Gesicht des jungen Mannes, und er trat hastig zurück; aber als er sich wie aus einem plötzlichen Impuls heraus umdrehte, reichte er seinem Kritiker erneut die Hand und sagte: „Ich danke Ihnen, Sir." und verlor sich dann in der Menge der Schwulen und löste sich auf.

„Sie sind in Gefahr, mein Herr."

Einige Wochen nach diesem Ereignis traf der Nachtgast den Herrn und trank mit ihm Tee in einem Café. Als sie zusammen an dem kleinen runden Marmortisch saßen, bemerkte der Missionar : „Für mich ist es erstaunlich, dass Sie ein solches Leben führen können, in dem Sie Zorn gegen den Tag des Zorns anhäufen. Schon als Kind kennen Sie das Heilige." Heilige Schriften, und ich bin überrascht, dass Texte einem nicht manchmal in Erinnerung bleiben und eine ängstliche Vorfreude auf das Urteil hervorrufen!"

„Das ist nicht der Fall", antwortete er, „seltsam, wie Sie es auch finden mögen. Es gibt nur eine Erinnerungssache, die mich jemals beunruhigt, und das sind die Verse eines Kinderliedes, das uns unsere Mutter beim Knien beibrachte." an ihrer Seite im Kinderzimmer,—

„Allmächtiger Gott, Dein durchdringendes Auge durchdringt die Schatten der Nacht; Und unsere geheimsten Taten liegen alle offen vor Deinen Augen.'

„Manchmal blitzen mir diese Verse zu den ungünstigsten Jahreszeiten durch den Kopf und zerstören mein Vergnügen; sie kamen mir vor, als du zum ersten Mal im Saloon mit mir gesprochen hast, und neulich Abend habe ich mich dabei ertappt, wie ich sie wiederholte, als ich eine wichtige Partie Billard spielte." Die Taschenbibel wurde hervorgeholt und die Worte feierlich verlesen: „Er hat einen Tag bestimmt, an dem er die Welt in Gerechtigkeit richten wird durch den Mann, den er dazu bestimmt hat; worüber er allen Menschen, die er erweckt hat, Gewissheit gegeben hat." Er (Jesus) von den Toten."

Der Besucher wiederholte ihm dann die Verse einer von ihm selbst verfassten Gerichtshymne, die offenbar einen tiefen Eindruck hinterließ:

Rollt, rollt, ihr donnert mit schrecklicher Angst!
Schreit, schreit, ihr Engel, und erweckt die Toten!
Verkünden Sie den Auftrag des allmächtigen Königs;
Menschen, tot und lebendig, zum Gericht bringen.

Erhebe dich, erhebe dich, ihr Millionen ruhender Lehm!
Seht, seht, das Licht des ewigen Tages!
Der Glanz seines Kommens vergoldet den Himmel,
den glorreichen Mantel des höchsten Richters.

Freut euch, freut euch, ihr erlösten Söhne Gottes!
Singt, singt, die Kraft des Blutes des Erlösers !
Deine lauten, triumphierenden Hallelujas singen:
Mit großer Freude grüße deinen Erlöser , König.

Trauert, trauert, ihr Vernachlässiger der Liebe eines Erlösers ;
Weint, weint, ihr Ablehnungen der Himmlischen Taube;
Beleidigte Barmherzigkeit überlässt dich dem Gesetz,
das zum Tode verurteilt und dir keine Hoffnung mehr gibt.

Wachet auf, wacht auf, ihr schlummernden Sünder, betet;
Weine, schreie um Gnade, jetzt am Tag der Gnade;

Fliehe vor dem Sturm ins Verborgene und ruhe
deine bluterkauften Seelen auf der Brust des Erlösers .

Nach diesem Besuch gab es mehrere weitere Treffen, und dann folgte eine
lange Pause. Als der Besucher sich nach seinem Freund in den Diwanen und
Saloons erkundigte, wurde ihm mitgeteilt, dass „er seit einiger Zeit nicht
gesehen worden sei: dass er zweifellos auf den Kontinent gereist sei und in
der nächsten Saison wieder auftauchen würde." Er war im folgenden Jahr
nicht dort und wurde nie wieder in seinen alten Aufenthaltsräumen gesehen.
Es war bei ihm wie bei anderen: viel Mühe ohne sichtbares Ergebnis; und
doch ist es möglich, dass am Tag des Herrn das Gute an einigen von ihnen
offenbar wird.

In einer Klasse von Fällen gibt es Freiheit von Entmutigung, und das ist der
Fall, wenn der christliche Arbeiter in die Lage versetzt wird, Jünger in ihren
Bemühungen, ein Zeugnis für den Herrn abzulegen und unter
deprimierenden Umständen Gutes zu tun, zu stärken, zu ermutigen und
ihnen beizustehen.

Viertel einen Kaffeestand betrieb . Sein Laden bestand aus einem großen
Karren mit Planenbespannung, der an den Ecken von aufrechten
Holzstücken getragen wurde. An einem Ende hatte er einen kleinen eisernen
Herd mit einem großen Kessel darauf und einer Kaffeekanne auf der einen
Seite und einer Teekanne auf der anderen; Am anderen Ende stand ein
Schrank, der mit Butterbrot und Pflaumenkuchen gefüllt war. In der Mitte
des Hügelgrabs lag ein weißes Tuch, bedeckt mit Tassen und Untertassen,
und darunter befanden sich mehrere Eimer mit Wasser. Sobald es zwölf Uhr
nachts schlug, pflegte er die ganze Firma in seine Ecke zu rollen und sie
wieder wegzurollen, wenn das Publikum und die Kaffeehäuser um sechs Uhr
morgens öffneten. Die Bekanntschaft mit dem Besitzer erfolgte auf folgende
Weise: An einem bitterkalten Morgen, gegen drei Uhr, näherte sich der
Missionar , der vor der Kälte zitterte, die er beim Verlassen eines warmen
Nachthauses verspürte, dem Stand und hielt ihm die Hände entgegen das
Feuer. Der diensthabende Polizist machte aus demselben Grund eine Pause,
und es kam zu folgendem Gespräch zwischen ihnen:

Standbesitzer : „Ich habe das Buch gelesen, das du mir geliehen hast, und
glaube nicht, dass die Lehre vernünftig ist. Die souveräne Gnade ist zur
Erlösung vorherbestimmt, und die Heiligen, die nach dem göttlichen
Ratschluss erwählt wurden, müssen gerettet werden. Kein Mensch kann sie
herausreißen." aus den Händen des Erlösers .

Polizist : „Sie machen zu viel von Ihrer Lieblingsdoktrin der Erwählung.
Unser Herr ist für alle gestorben, die jemals auf der Welt gelebt haben oder
leben werden; und es steht geschrieben, dass es nicht der Wille Gottes ist,

dass irgendjemand zugrunde geht, sondern dass alle sterben." Komm zur Buße."

„Beide Lehren werden klar im göttlichen Wort gelehrt", bemerkte der Fremde; „Und wie die Farben im Regenbogen harmonieren und verschmelzen sie über dem Thron, auf dem Jesus sitzt. Wir tun gut daran, nach der völligen Gewissheit des Glaubens zu streben und uns über den sicheren Bund zu freuen; aber während wir das tun, lasst uns dafür Zeugnis ablegen." den Herrn, der uns erkauft hat, und versuche, andere zu gewinnen, indem du von seiner überreichen Gnade zeugst."

Mit einem glücklichen Lächeln setzten die Polizisten seinen müden Rundgang fort, während der Standbesitzer und der Nachtgast sich angenehm über die Gnade unseres Herrn Jesus Christus unterhielten, der allen Menschen erschienen ist. Dies führte zu einer Freundschaft mit dem Standbesitzer, einem Mann aus Cornwall und einem calvinistischen Baptisten; und zu einer leichten Bekanntschaft mit dem Polizisten, der ein Kongregationalist war. Dem „Kaffeemann", wie er genannt wurde, wurden mehrere Besuche abgestattet und ihm wurde Arbeit im großen Weinberg übertragen. Er wurde mit Traktaten versorgt, die er in seinem Schrank aufbewahrte, und mehrere Jahre lang war er ein wertvoller Verteiler. Gruppen verdorbener Menschen, die „die Nacht abscheulich machen", umzingelten seinen Stand; Diesen gab er Traktate und verkündete freimütig die Wahrheit. Er wurde tatsächlich zu einer Art spiritueller Berater für die Verdorbenen. Viele Reumütige sprachen vertrauensvoll mit dem guten alten Mann, und mehrere wurden von ihm zu seinem Freund geschickt und in Anstalten der Barmherzigkeit untergebracht.

Dies war kein Einzelfall, bei dem konvertierte Männer bei Nachtbeschäftigungen anzutreffen waren; und es wurde zum Ziel der Bemühungen des Besuchers, diese Menschen im Glauben zu stärken und sie dazu zu bringen, inmitten der Gottlosen mutig für ihren Herrn Zeugnis abzulegen. Diese Helfer waren kostbar und ihr Zeugnis wertvoll, denn die große Zahl der Menschen, denen man begegnete, war verrufen oder völlig niederträchtig. Viele kannten das wahre Licht nicht, aber es gab andere, die religiöse Vorteile erlangt hatten und sich durch die Ablehnung der angebotenen Gnade des ewigen Lebens für unwürdig hielten. Unter dieser Masse der Unheiligen befanden sich die Jungen, die Gedankenlosen und die Bedrängten, die, da sie vom Teufel und seinen Dienern leicht gefangen genommen wurden, den Platz derjenigen ersetzten, die ständig dem Untergang verfielen. Bei einigen von ihnen war die Arbeit endgültig wirksam, wie der folgende Fall veranschaulichen wird.

Eines Abends, kurz nach elf, ging der Missionar in Begleitung eines anderen Evangelisten die Oxford Street entlang, als sie an einem siebzehnjährigen

Mädchen vorbeikamen, das langsam ging, als wäre es krank. Der nächtliche Besucher warf einen Blick auf sie und war beeindruckt von dem Ausdruck von Elend und Krankheit – es schien, als hätten sich die Sorgen eines Lebens in diesem jungen Gesicht konzentriert. Deshalb drehte er sich plötzlich um, näherte sich ihr und sagte freundlich: „Haben Sie keine Angst: Ich bin ein religiöser Mann und ein Freund armer Mädchen in Schwierigkeiten. Sagen Sie mir jetzt, wohin Sie gehen?"

„Um unter den Bäumen im Park zu schlafen, Sir, wenn ich reinkomme", antwortete sie; „Wenn nicht, die ganze Nacht herumlaufen;" und dann brach sie in Tränen aus.

Auf Nachfrage gab sie folgende, sehr wahrheitsgetreue Aussage ab. Sie sagte: „Ich bin ein Dorfmädchen und kam von zu Hause nach dem Verlust meines einzigen Elternteils vor etwa achtzehn Monaten. Das Mädchen einer Nachbarin , die in London war, besorgte mir einen Platz. Es war in einer Herberge: und ich kam selten raus, denn sie ließen mich nur dreimal in die Kirche gehen. Alle Treppen waren aus Stein, und ich musste sie reinigen, was durch das ständige Auf- und Ablaufen zu einer weißen Schwellung an meinem Knie führte. Ich blieb so lange ich konnte krabbeln, und dann, da ich drei Pfund gespart hatte, zog ich zu der Putzfrau. Nach einer Weile ging ich für zwei Monate ins Krankenhaus. Ich kehrte zur Putzfrau zurück und versuchte, mich wieder an meinen Platz zu bringen, aber ich sah so krank aus, dass ich nicht mehr konnte Niemand wollte mich engagieren. Nachdem das Geld ausgegeben war, verpfändete ich meine Kleidung und man sagte mir, ich solle zum Arbeitshaus gehen. Ich ging zur Tür, aber der Mann redete so scharf zu mir, dass ich mich zurückzog, und jetzt war ich dort zwei Tage lang auf der Straße. Letzte Nacht habe ich mit ein paar anderen Mädchen unter den Bäumen im Hyde Park geschlafen, aber sie haben so schrecklich geredet, dass ich Angst habe, wieder hineinzugehen. Oh! Was soll ich tun?" Und dann schluchzte sie so laut, dass mehrere Personen von der anderen Straßenseite herüberkamen.

„Wenn Ihre Geschichte wahr ist, werde ich für Sie sorgen", sagte ihr Vernehmer, „auf jeden Fall werde ich dafür sorgen, dass Sie heute Abend versorgt werden." Dann brachte er sie in ein Kaffeehaus, in dem er bekannt war, und bezahlte Abendessen, Übernachtung und Frühstück. Als er ging, nahm er einen Umschlag aus seiner Tasche, zerriss ihn, gab ihr eine Hälfte und sagte: „Stellen Sie sich morgen früh um zehn Uhr mit diesem in der Hand in die Nähe des Brunnens im Regent's Circus, wenn eine Dame da ist." Die andere Hälfte wird mit dir sprechen und dich in ein Zuhause bringen.

Zur festgesetzten Zeit näherte sich das arme Mädchen dem Brunnen, wo eine Matrone der Rettungsgesellschaft darauf wartete, sie zu empfangen. Sobald sie das Heim erreichte, wurden ihre Aussagen überprüft und für richtig befunden. Pflege und richtige Behandlung stellten ihre Gesundheit bald wieder her und eine Dame nahm sie in ihre Dienste auf. Drei Monate später rief die Dame im Büro an, um der Sekretärin dafür zu danken, dass sie ihr eine so gute Dienerin geschickt hatte. Sie blieb mehrere Jahre an ihrem Platz und zeigte echte Dankbarkeit für die große Befreiung, die für sie bewirkt worden war.

Der Zustand, in dem dieses arme Mädchen gefunden wurde, veranschaulicht den einsamen Zustand derjenigen, die in einer großen Stadt keine Freunde haben. Die Elendsten und Verdientesten in der Menge können gegen die besten und freundlichsten Männer und Frauen antreten und dennoch unbemerkt und unbeachtet in die tiefsten Tiefen des Elends und des Lasters absinken. Daher die christliche Pflicht und wahre Menschenliebe, solche Wanderer zu verhaften und sie in die Lage zu versetzen, in dieser gegenwärtigen bösen Welt gottesfürchtig, gerecht und nüchtern zu leben. Der folgende Fall wird zeigen, dass solche Bemühungen nicht umsonst sind und dass die Worte des Buches mächtig sind, um sogar Ausgestoßene zurückzugewinnen:

Eines Morgens wurde ein zerlumptes, elend aussehendes Mädchen von neunzehn Jahren von einer Frau mit verdorbenem und betrunkenem

Aussehen zum Haus des nächtlichen Besuchers gebracht, die sagte: „Diese junge Frau wurde damals verrückt und fiel in Ohnmacht Sie rannte in das Nachthaus und sagte, sie wolle den Pfarrer haben, der nachts auf der Straße wie aus der Bibel predigt; und da das Ihre Ehre ist , habe ich herausgefunden, dass Sie hier wohnen, und das habe ich auch getan brachte sie. Ich musste sie behandeln, weil ich ein gutes Gefühl habe, und die Männer wollten sie zur Polizei bringen, weil sie verrückt ist, und ich denke, sie sollte nach Bedlam gebracht werden.

Der Gegenstand dieser Rede stand mit den Händen vor dem Gesicht und zitterte vor Rührung. Obwohl sie schmutzig war, brachten der Missionar und seine Frau sie in ein Privatzimmer und entlockten ihr mit beruhigenden Worten die folgende Aussage. Sie sagte: „Ich bin ein schottisches Mädchen, und mein Vater ist Kaufmann in einem großen Unternehmen. In schlechter Laune bin ich von zu Hause geflüchtet und war furchtbar böse. Eines Abends hörte ich dich bei einem Kaffee mit einigen Leuten reden." -stall, und dann hast du uns die Bibel gezeigt und gesagt, dass jedes Wort darin wahr werden würde und dass Jesus in der Nacht als Dieb wiederkommen würde. Als du gingst, hast du gesagt, dass „die Himmel mit einem großen Wunder vergehen würden." Lärm, und dass die Erde verbrannt würde und dass alle, die jetzt die Barmherzigkeit ablehnten, dann aus der Gegenwart des Erlösers verbannt würden . Ich fühlte mich so elend, dass ich in meine Unterkunft ging und am nächsten Tag an meinen Vater schrieb und ihn um Verzeihung bat. Er schrieb zwei Tage lang nicht, und ich war so besorgt, dass ich stundenlang nach dem Postboten suchen musste Zuletzt kam ein Brief in seiner Handschrift, und die einzigen Worte darin waren: „Du bist keine Tochter von mir. Schreib mir nie wieder." Ich wurde wütend, als ich es las, und spazierte den ganzen Tag durch den Regent's Park. Als die Tore geschlossen waren , versteckte ich mich und schlief im Gras. Ich wachte in der Nacht auf, weil es regnete, und ich war völlig durchnässt . Als ich die Brücke überquerte, fing ich an zu lachen und zu tanzen und dachte darüber nach, wie schön es wäre, mich zu ertränken; also nahm ich meine Haube und meinen Schal ab und wollte hineinspringen, als ich glaubte, dich von Barmherzigkeit und Jesus sprechen zu hören. und war so erschrocken, dass ich meine Sachen aufnahm und so schnell ich konnte rannte. Ich sprang über die Zaunpfähle, als ob jemand hinter mir her wäre, und rannte, bis ich zum Nachthaus kam, und dann fiel ich in Ohnmacht." Am Ende dieses Konzerts schaute sie sich wild um und schrie fast: „Oh, retten Sie mich, Sir, retten Sie mich! Lassen Sie mich nicht in den Park gehen."

Ihr wurde ihre Sicherheit zugesichert und es wurden Worte christlicher Zärtlichkeit zu ihr gesprochen. Nachdem sie eine Erfrischung zu sich genommen hatte, war sie so ruhig, dass man sie mit einer Nachricht an den Leiter des Zufluchtsorts für mittellose Menschen zur Obhut der Frau schicken ließ. Sie wurde aufgenommen und am nächsten Morgen, da sie krank war, in ein Krankenhaus gebracht . Ihr Vater würde mehrmals angeschrieben, antwortete aber nicht auf die Briefe; eine jungfräuliche Tante (diese Segnungen in einer Familie) schickte sie jedoch nach Schottland. Eine Woche später schickte die Tante einen sehr dankbaren Brief, in dem sie die vollständige Bezahlung der für die Rettung ihrer Nichte entstandenen Kosten enthielt. Außerdem einen Brief des Mädchens, in dem sie Gott und den Menschen ihre Dankbarkeit für ihre wunderbare Befreiung aus einem nassen Grab zum Ausdruck brachte. Danach wurden keine weiteren freiwilligen Briefe verschickt. Als er schrieb, waren die Antworten so kalt und kurz, dass er verstehen konnte, dass sie zwar dankbar waren, sich aber von allen trennen wollten, die von ihrem schrecklichen Sturz wussten.

Solche und noch viel schlimmere Fälle von Undankbarkeit, bei denen die größten Segnungen zuteil wurden, waren keine Seltenheit. Zunächst war es eine echte Entmutigung für den Mann, der das Leid und die Erschöpfung dieses verzweifelten Kampfes um Seelen spürte; aber schließlich versöhnte er sich damit, nur für den Herrn zu arbeiten . Selbst dann fühlte er sich manchmal traurig, nachdem er für das Wohl einer scheinbar wertlosen Person gearbeitet hatte und dann gemieden wurde, nachdem das Gute erreicht worden war. Es kam mir wie die Geschichte aus dem Evangelium vor, in der die zehn Aussätzigen geheilt wurden und nur einer von ihnen zurückkehrte, um dem großen Heiler zu danken. Der Anteil der Undankbaren ist sehr groß; Denn von den 374 Frauen, Mädchen und Jungen, die der Missionar durch den Herrn erretten oder aus Gefahren oder Elend befreien konnte, sind es in der Tat nur wenige, die im Laufe der Jahre Dankbarkeit zeigen. Auf eine davon soll hier Bezug genommen werden, da die Erzählung auch zeigt, dass der Segen, der Erfolg bringt, häufig auf der Beharrlichkeit im Bemühen, Gutes zu tun, beruht.

In einer nieseligen Nacht betraten ein Bettler und sein dreizehnjähriger Junge ein Wirtshaus, das bis ein Uhr morgens geöffnet blieb. Der Mann bat den Zöllner und dann den Missionar , mit dem er sprach, um Almosen und sagte, dass sie nur vier Pence für ihre Unterkunft bräuchten, da sie aus Chatham angereist seien und beide krank seien. Aus Mitleid mit dem Jungen, der vor Schwäche taumelte, ging der Besucher mit ihnen zu einer „ Reiseruhe " und bezahlte das Geld. Unterwegs erklärte der Mann, er sei ein entlassener Soldat und habe das Regiment mit schlechten Augen verlassen; er war fast blind und hatte im ersten Jahr eine kleine Rente. Seine Frau und sie selbst hatten im Sommer durch Betteln auf dem Land ziemlich gut gelebt, da er immer eine rote Jacke trug und seinen Entlassungsschein bei sich hatte. Unterwegs war seine Frau erkrankt und auf einer Krankenstation zurückgelassen worden; aber er hoffte, dass sie sich ihnen bald anschließen würde. Er schien sehr dankbar zu sein, als ihm angeboten wurde, den Jungen in einem

Zufluchtsort unterzubringen, und ein Anruf zu diesem Zweck wurde für den nächsten Tag vereinbart.

„The Traveller's Rest" befand sich in einer niedrigen Seitenstraße mit mehreren Höfen und einem Durchgang am Ende. Die Straße war auffallend schmutzig, als der Missionar am nächsten Nachmittag um zwei Uhr vorbeikam. Die Schwärme von Kindern waren wie aus der Gosse, ohne Schuhe, zerfetzt und schmutzig. An vielen Türen saßen Frauen mit heruntergekommenem Gesicht und rauchten kurze Pfeifen. Ein Geiger spielte im Eingang eines niedrigen Bierhauses – „The Dan O'Connell" –, während Männer, Frauen und Kinder drinnen und draußen zu einer irischen Melodie tanzten. Aus zwei Fenstern hingen lange Stangen mit Geldscheinen darunter und verkündeten die erfreuliche Tatsache, dass man dort für einen halben Penny eine „saubere Rasur und Wäsche" bekommen konnte. Dies waren zweifellos rivalisierende Friseure. „The Rest" war einer von mehreren und war offensiv dreckig. Im hinteren Bereich, dem Gemeinschaftsraum, standen zwei Tische und mehrere Tische, die Gesellschaft bestand aus acht Frauen und fünf Männern. Drei davon standen am Kamin, einer hielt mehrere Sprotten auf einem langen Spieß, ein anderer einen roten Hering und der dritte briet gerade Steak und Zwiebeln. Sie betrachteten den Fremden mit einem, wie er wusste, professionellen Blick, und eine Frau sagte ihm im gleichen Atemzug, dass „die Sojer oben war und dass sie sehr krank und fast ein Skelett vor Hunger war"; Und dann holte sie eine Flasche Medizin aus ihrer Tasche und lud ihn ein, sie zu probieren, um zu beweisen, wie schlecht es ihr ging. Er lehnte dies höflich ab und begab sich ins Schlafzimmer, dessen Luft fürchterlich anstößig war. Eine Reihe alter Matratzen auf dem schmutzigen Boden bildeten die Betten, während die Wände erschreckend schmutzig waren. Aber wie der „Soldat" sagte: „Welche Versorgung kann ein Mann für zwei Pence erwarten , wenn er Feuer und Wasser nutzen kann ?" Zur Enttäuschung des Besuchers begann der Mann, sich von seinem Versprechen zu lösen, den Jungen in eine Zuflucht gehen zu lassen; und als er darauf gedrängt wurde, wurde er unverschämt und sagte: „Da meine Augen blutunterlaufen sind und der Junge krank aussieht, können wir viel bekommen; und ich werde nicht für ihn verhungern." Beim Verlassen betrat der Leser den Gemeinschaftsraum erneut und erregte die Aufmerksamkeit des Volkes auf das Gleichnis vom barmherzigen Samariter. Dann hielt er die Taschenbibel hoch und sagte: „Hier ist sie und noch viele andere Dinge, die der selige Jesus gesagt hat."

Einige Wochen später sah der Besucher den Jungen zusammengekauert in einem Nachtkaffeehaus, während der Vater fest schlief. Der Junge erzählte ihm, dass eine Dame in der Upper Brook Street sehr freundlich zu ihnen gewesen sei, aber sein Vater habe das ganze Geld weggetrunken. Die Adresse wurde notiert, und am nächsten Tag besuchte der Missionar die Dame, die so freundlich war, sich zu bedanken, und sie planten gemeinsam die Rettung des Jungen. Durch Drohungen und Bitten wurde der Vater dazu gebracht, ihn in die Zuflucht in der Commercial Street zu lassen, und der nächtliche Besucher brachte ihn triumphierend dorthin.

Der Junge kam zu Hause gut zurecht und wurde in die Geheimnisse der beiden Berufe Schuhmacher und Zimmermann eingeweiht. Er hat seine Arbeit gut gemacht und ein dankbares Herz gezeigt. Er besorgte sich ein etwa neun Zoll langes Stück Leder, schrieb mit Schustergarn den Namen seines Freundes darauf und schenkte es ihm bei einem seiner Besuche, während ihm Tränen der Dankbarkeit in den Augen standen. Der Besucher zählt es nun zu den wertvollen Denkmälern seines Schaffens. Der arme Junge, er hatte kein Geld, um ein Geschenk zu kaufen, also erfand er dies, um zu zeigen, wie warm sein Herz war.

Als er die Zuflucht verließ, ging er bei einem Zimmermannsmeister in die Lehre, wobei die Dame freundlicherweise eine kleine Prämie mit ihm bezahlte. Es ging ihm gut, und am Ende seiner Zeit trat er in eine gute Werkstatt ein. Gelegentlich rief er seinen Freund an, um ihm von den Fortschritten zu berichten. Nach einer langen Pause kam er für kurze Zeit zurück und erklärte, dass er seit achtzehn Monaten Mitglied einer presbyterianischen Kirche sei und durch Traktate und Gespräche versuche, anderen Gutes zu tun. Es war ein angenehmes Interview, als der junge Zimmermann seinem Freund herzlicher denn je für seine Rettung dankte und sie dann gemeinsam im Gebet niederknieten. Ein Beispiel wie dieses entschädigt für all die Mühe und den Kummer der Arbeit und führt zur Demütigung vor dem allmächtigen Gott, dass er in seiner großen Barmherzigkeit irdene Gefäße für die Zwecke seiner Gnade verwenden sollte.

Wir machen in diesem Kapitel eine Lücke, um eine wichtige Ankündigung zu machen – eine Ankündigung, die es verdient , in großer Schrift gedruckt und mit goldenen Buchstaben versehen zu werden ; So wie London niemals schläft, so SCHLÄFT AUCH DIE GROSSE KIRCHE GOTTES IN DER MÄCHTIGEN STADT NIEMALS . Es gibt jetzt viele Arbeiter für Ihn in der Nachtzeit, und der Ruf der Sünder zur Umkehr hört in der Reichsstadt nie auf. Das erfreuliche Ergebnis kam so zustande: Die Menschen hörten von der Arbeit des Mitternachtsbesuchers und interessierten sich dafür. Unter ihnen war zunächst ein angesehener Geistlicher, dann an einem College in Oxford. Er schrieb an den Missionar und bat ihn, während der Woche des Cambridge- und Oxford-Bootsrennens Briefe, die er geschrieben hatte, an alle jungen Herren weiterzugeben, die er in Casinos, Saloons und Nachtlokalen antreffen würde und die dunkelblaue Krawatte trugen. Mehrere Nächte waren so mit Zinsen und Gewinn beschäftigt.

Bald darauf konsultierten ihn die Gründer der Midnight-Meeting-Bewegung zu diesem Projekt, das er tatkräftig unterstützte. Gleich in der ersten Nacht verteilte er die Einladungen und drang zu diesem Zweck in Orte vor, die niemand außer ihm selbst mit diesem Ziel zu betreten wagte. Der große Raum war überfüllt, nicht weniger als 250 junge Frauen waren anwesend; und er stand jubelnd mit betendem Herzen neben dem Ehrenwerten. und Rev. Baptist Noel, während er die erste Ansprache hielt. Der Mitternachtsbesucher wusste, dass dann eine Bewegung ins Leben gerufen wurde, die weiterhin viele Menschen von der Zerstörung erholen und die moralische Stimmung Londons heben würde. Mehrere Privatpersonen begannen nun, nachts zu Besuch zu kommen, und das Komitee der London City Mission hatte Mitleid mit ihrem überarbeiteten Diener und enthob ihn durch die Ernennung eines Missionars für Nachthäuser von diesen selbst auferlegten Pflichten. Es kam jedoch zu einer Bedeutungsveränderung. Seine Aussagen vor einem Ausschuss des Unterhauses, seine Schriften und sein privater Einfluss trugen dazu bei, dass ein vorteilhaftes Gesetz erwirkt wurde, das Nachtlokale von ein bis vier Uhr morgens schloss. Dies war ein großes moralisches Gut und führte zur Gründung von Hunderten von Straßenkaffeeständen. Es gibt noch viel Raum für christliche Bemühungen in der Nacht, wie die folgenden Auszüge aus gedruckten Erklärungen der beiden so eingesetzten Missionare deutlich zeigen werden. Wir stellen diese mit einem Auszug aus „Das Schwert und die Kelle" vor:

> „Die Missionare verlassen ihre Häuser immer um zwölf Uhr nachts und kehren gegen acht Uhr morgens zurück. Und die Zahl der Taxifahrer ist mittlerweile so groß und ihre geistliche Unterweisung so dringend nötig, dass sich die Mühe bewährt hat." Es handelt sich um eine der notwendigsten und zugleich fruchtbarsten Abteilungen der Evangelisierung. Es gibt fast 2.000 Nachttaxifahrer . Sie sind sehr fügsam und außerordentlich froh, wenn man ihnen die Botschaft der Liebe Gottes beibringt. Und tatsächlich scheinen die beiden Missionare allgemein mit ihr verbunden zu sein Sie sind aufrichtig um ihr Wohlergehen bemüht und erinnern sich daran, wie nah der Tod den meisten dieser alten Männer sein muss. Diese Boten des Friedens sehnen sich nach ihren Seelen. In zahlreichen Fällen wurden ihre Bemühungen gesegnet. Arme alte Männer, deren Furchen sich durchziehen Die Tränen der Reue sind über ihre Wangen geflossen, sie haben in Christus den wahrsten Trost für ihre müden Herzen gefunden. In

der Stunde der Lebensfinsternis – denn für den Christen ist
der Tod nichts weiter – haben sie ein gutes Bekenntnis
abgelegt und strahlende und herrliche Zeugnisse abgelegt
dass sie wiedergeboren wurden.

Ein Missionar schreibt:

„Die Kaffeestände und Stände, die überall in London an den Straßenecken
und in öffentlichen Durchgangsstraßen, in der Nähe von Bahnhöfen usw. zu
finden sind, sind ausgezeichnete Gelegenheiten für den Nutzen. Sie werden
von Leuten betrieben, die keine anderen Mittel haben.“ Menschen, die ihren
Lebensunterhalt bestreiten wollen, und die eine Tasse heißen Kaffee für
einen halben Penny und ein Stück Kuchen oder Brot und Butter für den
gleichen Preis verkaufen. Viele dieser Menschen sind christliche Männer und
Frauen und leisten dem Missionar große Hilfe bei der Aufklärung die
Botschaft der Barmherzigkeit und Erlösung an ihre Kunden. An diesen
Orten bekommen nicht nur Taxifahrer und Ausgestoßene eine Tasse Kaffee,
sondern auch Bauarbeiter, Eisenbahnarbeiter und andere versammeln sich
gegen sechs Uhr in großer Zahl um sie , um das zu bekommen, was ihnen
gut tut und ihnen den Gang in die frühe Gastwirtschaft erspart. Damit diese
Kaffeestandbesitzer ein wirklich nützlicher Teil der Gemeinschaft sind.
Diese Kaffeestände haben schnell zugenommen, so dass jetzt etwa
vierhundert und sechzig kann man nachts auf den Straßen Londons zählen.
Die Church of England Temperance Society hat tagsüber auch eine Reihe an
Hauptverkehrsstraßen stationiert. Wir geben ein Bild von einem davon, weil
es die neuesten Verbesserungen und deren optimale Nutzung enthält.

„Einmal gab mir ein Faustkämpfer seine Adresse und erzählte mir, dass seine Mutter ihm als kleiner Junge seine Gebete beigebracht hatte, von denen er einige wiederholte. Er fügte hinzu, dass er die beste Frau der Welt gehabt habe, aber Er behandelte sie wie ein Tier. Ich redete mit dem armen Kerl, bis er weinte wie ein Kind, und er ergriff meinen Arm und sagte: „Du sollst heute Nacht mit mir nach Hause gehen." Ich bat darum, mich zu entschuldigen, da es mittlerweile drei Uhr morgens war. Es gab jedoch keine andere Wahl, also ging ich Arm in Arm mit ihm los. Er rief seine arme Frau an, obwohl ich wünschte, er hätte es nicht getan Aber sie war keineswegs verärgert, als sie sah, dass ich versuchen wollte, ihren Mann zu reformieren, sondern dankte mir mit Tränen in den Augen. Er versprach mir, mit Gottes Hilfe ein neues Leben zu führen und ihm sein Herz zu geben zu Gott. Da ich ein Testament in meiner Tasche hatte, gab ich es ihnen, und wir knieten nieder und beteten um Gottes Segen für unser Treffen. Ich ging nach Hause und dachte über das Ereignis nach, das sich ereignet hatte, und konnte mich des Gefühls nicht erwehren, dass der Herr es angeordnet hatte Ich trete mit dem Mann zurück. Seitdem habe ich ihn angerufen und festgestellt, dass er von Beruf Säger ist. Er geht jetzt seinem Beruf nach, ist Abstinenzler und in einem hoffnungsvollen Gemütszustand."

Da mir beim Lesen des Wortes Gottes einige Beispiele von Nützlichkeit aufgefallen sind, beabsichtige ich, auf zwei oder drei zu verweisen:

„Herr – ist seit sechsunddreißig Jahren Nachttaxifahrer. Als Antwort auf meine Fragen sagte er, er könne sich nicht erinnern, wann er das letzte Mal in die Kirche gegangen sei, und wenn er gehen würde, sei er so taub, dass er nicht hören könne der Pfarrer. Ich fragte: „Wie verbringen Sie Ihre Zeit am Sonntagabend?" „Beim Lesen von *Lloyd's Newspaper* ", war die Antwort. „Oh", sagte ich, „könnten Sie dann ein Testament lesen, wenn ich Ihnen eines besorge?" „Ich wage zu behaupten, dass ich es könnte", war die Antwort. Ich brachte ihm eins, das er las, und es gefiel ihm so sehr, dass er die Zeitung bald beiseite legte und das Testament zu seinem ständigen Begleiter wurde. Obwohl er noch taub ist Er geht jetzt in die Kirche und ist in einem hoffnungsvollen und reumütigen Geisteszustand.

„Herr …, der arme Mann, war immer voller Probleme. Er hatte seine Frau durch den Tod verloren, vier Kinder begraben und sich das Bein gebrochen; und jedes Mal, wenn ich versuchte, mit ihm zu sprechen, schüttete er seine Last an Problemen hinein Mein Ohr, und ich glaube, niemand hatte Mitleid mit ihm. Ich besorgte ihm eine Bibel und lehnte für ihn Jesaja 11 und mehrere andere Teile des Wortes Gottes ab, die er las. Als ich ihn das nächste Mal sah, hörte ich nur wenig von ihm Schwierigkeiten, und die Zeit danach sagte er: „Mein Herr, meine Bibel hat mich völlig vom Klagen geheilt, denn wenn ich lese, was mein Erlöser erlitten hat, schäme ich mich zu murren oder zu klagen. Es ist die Bibel, die mich geheilt hat." Ich sehe, dass andere vor mir gelitten haben und dass mir nichts passiert ist, außer dem, was allen Menschen gemeinsam ist.'

„Der arme Alte sagte: ‚Ich habe Ihr Testament vollständig gelesen und weiß nicht, was ich hätte tun sollen, als ich im Arbeitshaus war, wenn ich nicht mein Buch gelesen hätte. Ich habe viel über die Bergpredigt unseres Herrn nachgedacht.' , und ich habe das Gefühl, dass es mich verurteilt, denn ich dachte früher, ich sei nicht so schlecht wie andere und dass ich durch meine eigenen guten Werke in den Himmel kommen würde. Jetzt fühle ich, dass ich ein Sünder bin und keine guten Werke habe. und dass ich durch die Gerechtigkeit eines anderen gerettet werden muss. Ich habe den Geistlichen im Arbeitshaus gefragt, und er hat mir die ganze Sache klar und deutlich erklärt.' Ich habe ihm oft die herrliche Lehre der Rechtfertigung durch den Glauben an das vollendete Werk und die Gerechtigkeit des Herrn Jesus Christus erklärt, wofür er sehr dankbar ist.

„Ein Mann namens – sagte: ‚Nun, wenn Ihr Testament nichts anderes getan hat, hat es mich von der Kneipe ferngehalten, und deshalb hat es mir gut getan; und meine Frau ist zufrieden, das kann ich Ihnen sagen.' .' Ich riet ihm, weiterzulesen und den Heiligen Geist um Hilfe zu bitten.

Da es immer erfreulich ist, eine Zunahme des Guten zu verzeichnen, freuen wir uns, hier mitteilen zu können, dass ein zweiter und gut qualifizierter

Missionar mehrere Jahre lang nachts in Ost- und Süd-London gearbeitet hat, und das mit bemerkenswertem Erfolg. Alle Nachttaxifahrer und Tausende von Menschen, die in der Bewahrung der Wahrheit nur bei Nacht unterwiesen werden sollen, werden jetzt heimgesucht.

Die folgenden Worte aus der Feder der Frau eines Geistlichen (Mrs. Hebert), die dieses gute Werk jahrelang unterstützt hat, werden einen höchst passenden Abschluss dieses Kapitels bilden:

„Nacht für Nacht ging die Arbeit weiter, und wie wir oft gesehen haben, wurde in einer einzigen Nacht viel getan, und das Ergebnis ist, dass viele Ruhe für ihre Seelen gefunden haben. Verschwender haben das Haus ihres Vaters gesucht, die Bedrängten haben es gehört." Mit dem Stab sind die Fragenden zu Jesus gerichtet und haben Ihn gefunden; die Alten wurden in der elften Stunde hereingebracht und geben ihren kleinen Rest ihres Lebens zu Seiner Ehre aus, der sie in Seinen Weinberg gerufen hat. Lasst uns danken und Beten Sie mehr. Identifizieren wir uns im Geiste mehr mit unseren Missionaren. Es ist unsere Arbeit ebenso wie ihre. Wir können diese armen Taxifahrer nur durch sie erreichen ... Missionsarbeit ist der Arbeit Christi so ähnlich, und es liegt ein so großer Segen darin darauf, dass wir alle danach streben, auf unsere eigene Weise daran teilzuhaben , das heißt auf die Weise, die Gott uns eröffnet hat. Dann werden wir nicht nur spüren, dass wir Mitarbeiter aller sind, die danach streben um das Evangelium zu verbreiten, aber wie es der heilige Paulus so wunderbar sagt, werden wir „Mitarbeiter mit Ihm" sein, deren Wort nicht leer zu Ihm zurückkehren wird ... Wir alle haben unsere Prüfungen gehabt, wie diejenigen, die wir streben danach, zum Gott allen Trostes zu führen. Das Leben und seine Schätze vergehen, aber die Dinge, die nicht erschüttert werden können, bleiben. Gottes Werk fordert uns immer noch. Wir können uns immer noch um die Angelegenheiten unseres Vaters kümmern . Und was ist inmitten von Sorgen, Ablenkungen und Verlusten so erhebend und beruhigend wie der Gedanke, dass es einen ruhigen, heiligen, stetigen Weg gibt, der von ihm für uns vorgezeichnet ist, und dass er sich herablässt, von uns verherrlicht zu werden, sei es durch unser Leben, oder durch unseren Tod?

Das Buch in den Autobahnen:

Es ist fesselnd.

„Es gibt in dieser großen, bewegten Flut
menschlicher Sorgen und Verbrechen, bei denen die Melodien des ewigen
Glockenspiels bleiben; die
Musik in ihrem Herzen tragen, durch düstere Gassen und streitende
Märkte, die ihre täglichen Aufgaben mit geschäftigeren Füßen erledigen,
weil ihre geheimen Seelen eine heilige Stammwiederholung.

KAPITEL XII.

IN DIE STADT UND VON DER STADT – UNSER OMNIBUS – BOX UND AFFENBRETT – DER VERLORENE TAG – KISTEN AUF DER PEITSCHE – NACHTLICHES VERSAMMELN DER KAHNKÄMPFER – GEBROCHENE FETTEN – DIE STILLEN WASSERWEGE – DIE BIBEL IN DER KABINE – DIE HOFFNUNG DES KAHNKAHMS.

DAS BUCH AUF DEN AUTOBAHNEN :
SEIN FETTER-BRUCH.

„Er ging hinaus und sah einen Zöllner namens Levi an der Zollstelle sitzen. Und er sprach zu ihm: Folge mir nach. Und er verließ alles, stand auf und folgte ihm." LUKAS V. 27, 28.

„Mein Sprichwort ist", bemerkte der Fahrer eines Omnibusses zu einem Herrn an seiner Seite, „dass es richtig ist, gesellig zu sein; denn wenn wir Freunde haben wollen, müssen wir selbst freundlich sein." „Große Bemerkung, das", dachten wir, während wir uns auf die andere Seite der etwas erhöhten Loge setzten und auf eine Gelegenheit warteten, uns an der Unterhaltung zu beteiligen. Der Mann war uns nicht ganz unbekannt, da wir auf unseren fast täglichen Reisen in die Stadt abwechselnd an seiner Seite mit anderen Rittern der Peitsche saßen, die Omnibusse von einem der Vororte ins Zentrum der Mächtigen fuhren Stadt – die Bank.

Schon einmal hatte er in unseren Ohren einen kurzen, knappen Satz gesagt, der einen positiven Eindruck hinterließ, und wir waren uns nun sicher, dass James ein Charakter war – ein Mann mit einer Individualität. Er wurde von seinen Mitmenschen gewiss respektiert, denn während viele andere einzigartige Namen erhielten, die Eigenheiten oder Verachtung zum Ausdruck brachten, wurde er immer mit James angesprochen; und aus den hastigen Worten, die die Fahrer riefen, als sie schnell aneinander vorbeifuhren, war klar, dass er es wagte, einzigartig zu sein, indem er ihnen den gleichen Respekt zollte. Auf diese Weise lernten wir die Vor- und Nachnamen von Männern kennen, die von anderen als Kitty, Cranky, Boosey angesprochen wurden; und selbst „Ugly Jib" – wie ein würdiger Mann aus Spott über eine Gesichtsdeformität genannt wurde – lächelte freundlich, als unser Fahrer in fröhlichem Ton schnell die Begrüßungsworte „Guter Morgen, Dan" oder „Roher Abend, Dan" überbrachte ; Knopf fest zuknöpfen.

Sein freundliches Wesen zeigte sich auch in der Art, wie er mit den „Bändern" umging; mit einer dem Mann eigentümlichen Sorgfalt und Entschlossenheit, als hätte er Angst davor, die Pferde mit dem Gebiss zu verletzen. Was die Peitsche betrifft, so nannte er sie einfach „sein Schmuckstück". Es kam ihm nie in den Sinn, es mit Gewalt gegen seine dummen Freunde angewendet zu haben. Dies wurde in einer trostlosen Nacht deutlich, als wir lange in der Stadt geblieben waren und zufällig der einzige außenstehende Passagier waren. Als der Hügel gegen Ende der Reise hinaufstieg, verlangsamten die Pferde ihr Tempo fast bis zum Schritt. Jetzt, dachten wir, ist es an der Zeit, das „Ornament" zu verwenden; und er nutzte es, aber auf sanfte Weise. Er klopfte damit einem Pferd auf den Hals und sagte in ermutigendem Ton: „Jetzt, Polly, komm, steig auf." und dann reichte er es dem anderen, streichelte es freundlich und sagte: „Das geht nicht, Sally; komm, zieh hoch." Dann folgte das „Klick, klick, klick", eine Mundbewegung, die nur der gründliche „Bus"-Fahrer erreichen kann; und dann nahmen die Pferde, wie mit einem menschlichen Gefühl für die Macht der Güte, das Halsband und krönten fröhlich den Hügel.

„Und so behandeln Sie Ihr Vieh wie junge Damen, nicht wahr?" wir beobachteten.

„Nun, sehen Sie, Herr", antwortete er, „wie das Sprichwort sagt: ‚Der Mann, der gut ist, denkt an sein Tier;' und es antwortet, denn ich kann die Zeit so gut halten wie jeder andere; und der Vorarbeiter des Hofes findet nie etwas auszusetzen, da ich sie ganz bequem einführe und nicht alle stinken und zittern, wie manche es tun. Und dann, wenn ich in den Einen Meter lang schauen sich die hübschen Geschöpfe um und schütteln ihre Mähnen, als würden sie sagen: „Guten Morgen, Meister, wir werden heute gut zurechtkommen." Sehen Sie, Sir", fuhr er nach einer nachdenklichen Pause fort, „ich habe zwei Töchter zu Hause, Mary und Sarah, und sie sind gute Mädchen, obwohl ich sie nicht oft sehe; und da ich immer an sie denke. " Ich erwähne sie gerne gegenüber den Pferden, wenn ich pünktlich anhalten möchte und dergleichen."

„Ich nehme an, Ihre Töchter gehen einer Beschäftigung nach, da Sie so wenig von ihnen sehen?"

Die Antwort wurde nicht sofort gegeben, denn der Mann senkte den Kopf und sagte mit kaum verhohlener Emotion: „Nein, Sir, dafür sind sie noch nicht alt genug; und ich habe ein Sprichwort gehört, dass es nichts Gutes bringt, wenn man es zeigt." Wunden, und „was nicht geheilt werden kann, muss ertragen werden." Sehen Sie, ich muss mehr Stunden pro Woche arbeiten, als Nigger in Westindien jemals tun mussten. Im Vergleich zu anderen Arbeitern schaffe ich fast zwei Tage Arbeit an einem. Das habe ich in diesen sechzehn Jahren getan, und zwar sehr Von meiner Familie und meinem Zuhause habe ich nur wenig gesehen. Ich habe oft das Gefühl, dass ich mich erschöpft habe, und denke an ein Sprichwort, das ein Vorarbeiter von mir für Männer hatte, die um einen freien Tag baten: „Ruhe in der Tat! Ruhe im Grab." , das reicht für dich.'"

Diese Antwort erfolgte in einem Ton der Verzweiflung, der das Gespräch für die kurze Zeit unterbrach, die erforderlich war, um das Ende der Reise zu erreichen. Das Abschiedswort „Gute Nacht, Kutscher" half ihm offensichtlich, seine gewohnte Fröhlichkeit wiederzugewinnen, als wir das Schütteln der Zügel und die übliche Äußerung hörten: „Alles klar, Sally; komm, steig ein, Polly."

Bei uns war die Fröhlichkeit nicht so leicht wiederzuerlangen. Die glücklichen Heim- und Familienfreuden schienen den Eindruck, den der Fahrer hinterlassen hatte, eher zu vertiefen als zu verwischen. „Jetzt ist es nach zehn", dachten wir, „und der arme Kerl hat noch eine Reise in die Stadt und zurück. Wieder auf der Kiste um acht Uhr morgens bis Mitternacht, mit wenig Aussicht auf einen Sonntag; nun ja, wir werden mit ihm reden." ihn zu diesem Thema."

Ein paar Nächte später, da wir absichtlich zu spät kamen, bestiegen wir wieder neben unserem sprichwortsprechenden Bekannten und warteten auf eine Gelegenheit, ihn auf die „Restrechte" seiner Klasse aufmerksam zu machen. Dies geschah bald, als der Fahrer bemerkte, dass seine Pferde frisch seien, „wie gestern im Stall".

„Und so haben sie hin und wieder einen Ruhetag", bemerkten wir, „und Sie haben ein natürliches und biblisches Recht auf einen von sieben. Wie oft bekommen Sie ihn?"

„Ich habe meines schon seit vielen Jahren verloren", war die Antwort; „Und wie man irgendwo sagt: ‚Verlierer haben immer Unrecht;' und so haben fünftausend oder mehr von uns, die sich sonntags auf den Steinen Londons abmühen, Unrecht – natürlich haben wir das – und wenn wir uns auf ein schlechtes Geschäft einlassen, müssen wir das Beste daraus machen. Für uns gibt es keine Hilfe, denn Heilige und Sünder sind beide gegen uns."

„Heilige gegen dich?"

„Ja, Sir, ich bitte um Verzeihung, die Heiligen oder die Art von denen, die noch nicht fortgeschritten sind und nicht weiterkommen, ohne dass es ihnen in den Ohren kribbelt. Wir, die wir alle unsere wachen Stunden erhöht in einem Bus verbringen, beobachten eine Menge." , und dass es zwei Arten von Christen gibt. Es ist wunderbar, wenn man genau vergleicht, was die Religion bewirkt: Die Hunderte von Herrenkutschen, die sie drinnen hält; die vielen Arbeiter und Stadtherren, die zu Hause glücklich sein können, und die wunderbare Zahl Das geht zu ihren eigenen Kultstätten, wie es richtig ist. Nun, diese religiösen Reiter sind in der Tat eine seltsame Gruppe. Manchmal schämen sie sich für ihre Gebets- oder Gesangbücher, und manchmal zeigen sie sie dreist. Mein Dirigent war ein Vor nicht allzu langer Zeit war er ein Sonntagsschuljunge, und er hasst ihren Anblick. Zwischen der Kiste und dem Affenbrett gibt es eine Verständigung, „Zeichen und Wunder", wie ich sie nenne , und wenn eine religiöse Partei hereinkommt, legt er seine Hände hinein zusammen und sieht feierlich aus; und wenn die Vergnügungssüchtigen – unsere schlimmsten Feinde – und davon kein Ende haben, reibt er sich die Hände und sieht fröhlich aus. Nun, diese religiösen Sonntagsreiter sind ein egoistischer, schäbiger Haufen; Wenn sie mit einem Schilling bezahlen, ist es durchaus üblich, dass sie sagen: „Gib mir bitte ein Dreigroschenstück , Schaffner." Das ist, wissen Sie, für die Sammlung; aber wenn er es verhindern kann , wird er es ihnen nicht geben, wie er meiner Meinung nach ist, dass diese Leute an ihren eigenen Kultstätten bleiben sollten und die Religion nicht durch die Unterstützung der Sonntagsarbeit verachten sollten . Nun ja, aber die Sonntagsvergnügungsleute sind großzügige Narren. Sie leisten harte Arbeit und bezahlen dafür, da sie nicht an die religiöse Art des Glücklichseins glauben. Nachts bringen die Männer ihre Frauen und Kinder hinein und kommen selbst hierher hinaus, rauchend nach dem Alkohol, den sie getrunken haben. Letzten Sonntagabend standen zwei dieser Art neben mir, und einer von ihnen fluchte heftig und bot mir eine Zigarre an; Aber ich sagte zu ihm: „Das Sprichwort besagt: „Die Zunge verunreinigt den ganzen Körper", und ich habe keine Lust, mit einem Mann zu rauchen, der flucht." Dann schikanierte er mich und drohte, mich zu verraten; und ich dachte später, ich hätte Unrecht getan, denn es entspricht nicht meiner Pflicht in dem Lebenszustand, in den Gott mich versetzt hat (wie der Katechismus sagt), wenn ich Reiter beleidige; Und so wie wir Ausgestoßenen – ja, ich sage Ausgestoßene, wie Männer, die keine Sonntage und keine Geistlichen haben, die sich um sie kümmern, sind –, können wir nicht hoffen, gerettet zu werden, wenn Gott, der Allmächtige, sich ihrer nicht erbarmt, weil sie ihre Pflicht erfüllen."

Der letzte Teil dieser Rede, die zwischen den Unterbrechungen gehalten wurde, wurde mit einem Ausdruck der Verzweiflung gehalten, der an den Seufzer des Tages des hoffnungslosen Gefangenen erinnerte. Nach einer Pause wurde die Bemerkung gewagt: „Aber, James, du kannst dir doch einen Sonntag frei nehmen, wann immer du willst; es geht nur mit dem Verlust des Tageslohns einher; und da ich schon seit einiger Zeit mit dir gereist bin, kam mir der Gedanke, darum zu bitten." Du sollst mir erlauben, dir einen Sonntag zu geben, damit du dann am Gottesdienst teilnehmen kannst?"

„Vielen Dank, Sir", antwortete er; „Aber ich konnte nicht mehr als einen in etwa zwei Monaten verlangen, obwohl wir jeden dritten oder vierten Sonntag haben sollten. Ich fühle mich alt, und ein Mann ist nicht beliebt, der oft nicht in seinem Bus ist. Der Vorarbeiter." würde bald sagen, dass ein jüngerer Mann bereit sei, die Zügel zu übernehmen; und dann das Arbeitshaus, seine Schande und die Trennung von einer so guten Frau wie je zuvor. Nein, Sir, persönliche Freundlichkeit kann uns Sonntagssklaven nicht viel bringen. Nein ! Es geht darum, der Öffentlichkeit das Gefühl zu vermitteln, dass es eine Schande für die Fahrer und eine Verletzung für uns arme Kerle ist, das allein kann es bewirken."

Das waren seine Meinungen; Aber bald darauf hatten wir die Genugtuung, zu erfahren, dass er einen glücklichen christlichen Sabbat genoss, und auf mehreren Reisen hörten wir seine urigen Bemerkungen über Prediger und Predigten. Daraus resultierte ein Interesse an seinem spirituellen Zustand (was immer einer echten Freundschaft gleichkommt); und bei vielen Gelegenheiten wurden Anweisungen zur persönlichen Erlösung gegeben. Die letzten zehn Minuten der Fahrt, in denen wir oft allein waren, waren wertvoll, denn mehr als ein Jahr lang hörte der gutmütige Fahrer in regelmäßigen Abständen wie ein kleines Kind die Botschaft von der Barmherzigkeit eines Erlösers. Der Sommer und der Herbst waren damit vergangen, und im Winter ritten wir selten mit ihm, da seine Stunden geändert worden waren. Bei einer dieser Gelegenheiten hatte er Schwierigkeiten, kalt zu sprechen; aber sein wettergegerbtes Gesicht drückte einen ruhigen Frieden aus, als er sagte: „Letzte Sonntagwoche hatte ich einen Tag frei und bin zweimal in die Kirche gegangen. Nachts wurde ein Ausspruch Jesu gepredigt: ‚Kommt alle zu mir.' Ihr, die ihr arbeitet und schwer beladen seid, und ich werde euch Ruhe geben.' Die Predigt machte mich so glücklich wie ein Fürst; und nach dem Abendessen las meine Polly das Kapitel durch, wo es steht; und dann las ich einen Psalm, der wie ein Gebet ist."

Wir hatten danach nicht mehr viele Gelegenheiten für ein Gespräch, erhielten aber häufig seinen Gruß (das Heben der Peitsche an den Hut), wenn wir an anderen Omnibussen vorbeikamen. Eines schönen Morgens gegen Ende des Winters, der sehr streng gewesen war, bemerkten wir beim Einsteigen in einen frühen Bus eine Kreppschleife AUF DER PEITSCHE und erkundigten uns danach. „Es ist James, der diesen Bus gefahren ist", antwortete der Mann mit Gefühl; „Aber er ist nur einer von mehreren alten Peitschenhieben, die in diesem schrecklichen Winter fertig gemacht wurden. Er musste sechs Wochen lang sechzehn Stunden am Tag auf dieser Box verbringen und hatte eine schlimme Erkältung; und als er am Sonntag versuchte, sich auszuruhen, So viele wollten es, dass er beschimpft wurde und Angst hatte, seine Peitsche zu verlieren, und so machte er weiter, bis er es nicht mehr konnte, und dann legte er sich ins Bett und starb in ein paar Tagen.

Die erschreckende Nachricht erzeugte während der Reise ein Gefühl der Traurigkeit und führte zu feierlichem Nachdenken mit dem Wunsch, die Fesseln zu sprengen und diesen Orden der Sabbatsklaven freizulassen.

Dieser „*Crape on the Whip*" sprach von einer Verletzung, die einem Mann und einer wichtigen Klasse von Menschen zugefügt wurde, und zwar durch eine allzu allgemeine Angewohnheit, ein göttliches Gesetz aus Liebe zum Vergnügen oder aus Mangel an Rücksichtnahme zu brechen.

Am Tag des Herrn zu arbeiten oder Arbeit zu leisten , es sei denn aus Notwendigkeit oder Barmherzigkeit, ist Sünde; denn das Gebot lautet: „Denke an den Sabbat, um ihn heilig zu halten" und „Du sollst meine Sabbate ehren." Es ist ein Verstoß gegen das Sittengesetz, an dem „Tag, den der Herr geschaffen hat" und der zur Ruhe und Anbetung gegeben wurde, aus reinem Vergnügen irgendeine Art von Fahrzeug zu benutzen. Der arme James wurde wie Tausende seiner Klasse auch durch die kriminelle Nachlässigkeit bekennender Christen geschädigt. Diese Sonntagsreiter fügen den Beamten geistigen und ewigen Schaden sowie zeitliches Unrecht zu, denn –

„Das Böse entsteht sowohl durch Mangel an Gedanken als auch durch Mangel an Herz."

That *Crape on the Whip* erzählte von der oft wiederholten Tatsache, dass der Leichnam des Sonntagsarbeiters durch den Verlust der Sabbatruhe früher im Grab ruht. Der Erbauer unseres Rahmens hat erklärt, dass die Wehenpause während eines siebten Teils unserer Zeit für seine Gesundheit und Kraft notwendig sei . Der Sohn der körperlichen oder geistigen Arbeit, der durch den Verlust oder den Missbrauch des so gnädig gewährten Ruhetages seine Kräfte beeinträchtigt oder es nicht schafft, sie wiederherzustellen, fügt sich selbst und anderen Schaden zu.

Dieser „*Crape on the Whip*" hatte die Kraft eines Aufrufs an die Kirche, der zur Selbstverleugnung und zum aktiven Einsatz drängte. Sollen Staatsdiener für unsere Bequemlichkeit schuften, ohne dass sich jemand um ihre Seelen kümmert? Mögen christliche Männer, die mit ihnen in freundschaftlichen Kontakt gebracht werden, mit „Nein" antworten, indem sie ihnen von der Barmherzigkeit eines Erlösers erzählen . Lassen Sie die Arbeiter im Weinberg des Herrn nach Gelegenheiten suchen, sie zu unterweisen, und sich gleichzeitig bemühen, ihre Arbeitsstunden zu verkürzen. So zahlreich sie auch sind, sie sind nur ein Teil einer Klasse, einschließlich Taxifahrern,

Eisenbahnbediensteten und anderen, die unter der moralischen Erniedrigung der Sabbatsklaverei leiden. Ihre Helfer, zum Beispiel die Männer, die sich um die Pferde kümmern, sind die am härtesten arbeitenden Männer Englands. Vom frühen Morgen bis spät in die Nacht schuften sie das ganze Jahr über. Einer von ihnen bemerkte: „Schon verflucht, unaufhörliche Arbeit und frühes Ende des Lebens." Ein Stadtmissionar hat in einem Hof, den er besucht, dafür gesorgt, dass elf von ihnen ihn am Sabbat in einem alten Omnibus begleiten, der in einer Ecke des Hofs steht. Es war einst für den Transport von zwölf Personen zugelassen. Dort hält er mit ihnen einen kleinen Gottesdienst. Andererseits gibt es Diener des Erlösers, die sich ständig darum bemühen, die lebensspendende Kraft der Religion Christi auf diese Ausgestoßenen des Sabbats anzuwenden. Lasst uns an ihren Kämpfen und Freuden teilhaben, bis der Sieg errungen ist; bis die Freiheit für diejenigen gesichert ist, die wegen des Unterdrückers weinen; bis kein Gewissen mehr durch *Crape on the Whip* beunruhigt wird, was darauf hindeutet, dass Seelen, die keinen Sabbath hatten und für die man sich nicht sorgte, *ohne* Vorbereitung in die Gegenwart Gottes eingetreten waren.

Dieses ernsthafte Plädoyer für die unterdrückten Omnibus-Männer auf den Seiten des *London City Mission Magazine* erreichte viele Herzen mit christlichem Mitgefühl, und nicht wenige beschlossen, dass diese Männer auch geistig betreut werden sollten und dass Anstrengungen unternommen werden sollten, um sich zu verbessern ihren Zustand. Eine „auserwählte Dame" gewährte denjenigen, die im Westen Omnibusse fuhren, volle Unterstützung für einen Missionar, während diejenigen im Süden von der Großzügigkeit eines Gentlemans überwältigt wurden und die Hilfe vieler den Nutzen auf Ost- und Nord-London ausdehnte.

Die Omnibus-Männer begrüßten ihre neuen Freunde herzlich und voller Hoffnung. Unter ihren Tausenden gab es kein Mitglied der Kirche, keinen „Kirchengänger" oder jemanden, der von der Lektüre der Heiligen Schrift beeinflusst war; außer zwei oder drei, die für private Meister christlicher Prinzipien arbeiteten. Für diese sabbatlosen Männer mit ständiger Arbeit war das Evangelium, das von der Befreiung durch die Barmherzigkeit Gottes in Christus Jesus spricht, in der Tat ein freudiger Klang, und sie waren wirklich froh, als sie an jedem Ende ihrer Reise ein paar Minuten warteten, um den Boten zuzuhören Ich habe ihnen frohe Botschaften gesandt, und das Ergebnis war ein Segen für viele Seelen und der Beginn eines Kampfes um ihren Sabbat und ihre sozialen Rechte.

Eine Dame zum Beispiel bot dreihundert Omnibusmännern aus West-London ein Abendessen an, wenn sie zusammengebracht werden könnten. Lord Shaftesburys Rat wurde in dieser Angelegenheit befolgt, und er entschied, dass es gut wäre, sie zur Mahlzeit einzuladen, wenn sie von der Arbeit gingen, von elf bis halb eins in der Nacht. Dies wurde gemacht. Ein großes, unmöbliertes Zimmer in der Nähe der Paddington Station wurde besetzt. Ihr Missionar überbrachte die Einladungen am Vortag, und als sich Mitternacht näherte, bewies der Ansturm der Männer, dass alle sie angenommen hatten. Die Zahl der ungebetenen Gäste war tatsächlich größer als die der geladenen Gäste, so dass der reichliche Vorrat an Proviant bald aufgebraucht war . Dann wurde eine erhöhte Plattform improvisiert, und die Freude war groß, als Lord Shaftesbury darauf seinen Standpunkt bezog. Der Anblick war von aufregendem Interesse, da Seine Lordschaft von einer Gruppe Herren und Minister umgeben war, darunter der Earl of Aberdeen und Canon Fleming, und vor ihm eine Masse von Omnibusmännern stand, dicht gedrängt bis zum Ende des Raumes. Die Aufregung war groß, als der edle Herr ankündigte, dass „Der Mann mit dem Buch", der „Crape on the Whip" geschrieben hat, als erster zu ihnen sprechen würde.

Dieser Redner, der gut aufgenommen wurde, erläuterte die Schwierigkeiten der Männer und gab fundierte Ratschläge zu den Mitteln zu ihrer Entfernung. Er bezog sich auf ein Gespräch, das er mit einem Direktor des Unternehmens geführt hatte, und erklärte, dieser Herr habe zugegeben, dass die Männer grausam überarbeitet seien und dass ihnen, mit wenigen Ausnahmen, ihr natürliches und biblisches Recht auf die Sabbatruhe vorenthalten werde; aber dass das Übel aus der Zunahme des Sonntagsreiterpublikums und aus Fehlern bei den Männern selbst resultierte, die ihnen die Fesseln festnagelten. Diese Fehler wurden getreu dargelegt, und Passagen aus dem Buch Gottes wurden wiederholt und auf ihre Aufmerksamkeit gedrängt, die sie, wenn sie von Herzen geglaubt würden, zu ihrem Gott und Erlöser führen und so diese und die schwereren Fesseln der Seele sprengen würden. um sie als Freigelassene Christi glücklich zu machen.

Anschließend hielten Dr. Manning von der Tract Society, Lord Aberdeen und Canon Fleming pointierte und aussagekräftige Reden, woraufhin der edle Vorsitzende die Versammlung abschloss, indem er den Männern sagte, dass es richtig sei, ihren Kummer über die ständige Arbeit – lange Stunden ohne – zu lindern Die Sabbatruhe sollte auf diese Weise bekannt gemacht werden, damit in ihrem Namen eine gesunde öffentliche Meinung gebildet werden kann. Aufgrund seiner langjährigen Erfahrung bei der Reduzierung der Arbeitsstunden gab er ihnen wertvolle Ratschläge und schloss mit den Worten:

> „Ich kann keine Sprache finden, die stark genug ist, um all das auszudrücken, was ich empfinde, wenn den Menschen ständige Arbeit aufgezwungen wird, mit Ausnahme des Tages des Herrn . Es ist abscheulich und reicht aus, um die Rache Gottes auf das Land herabzurufen. Der Rest des Tages des Herrn ist es. " eine große Notwendigkeit, und euch Menschen den Genuss und die Ruhe dieses Tages zu

verweigern, ist nicht nur eine sehr große Grausamkeit, sondern eine abscheuliche Sünde (Prost). Ich möchte Sie daran erinnern, dass diese Arbeit, mit der wir beginnen, nicht getan werden kann allein von uns; es muss in Zusammenarbeit mit Ihnen geschehen. Sie müssen die Bemühungen durch starke Appelle an Ihre Arbeitgeber und noch stärkere Appelle an die Öffentlichkeit und durch unaufhörliche Gebete zum allmächtigen Gott unterstützen. Sie müssen auf alle Rechte bestehen, die Sie haben , und die du durch Gottes Gnade durchzusetzen entschlossen bist. Dein einziges Vertrauen muss im Segen des Allmächtigen liegen. An Ihn musst du deine Gedanken und Gebete richten und Seinen Segen auf die Bemühungen herablassen und diese Worte in deine Überlegungen einbeziehen was vielen protestantischen Märtyrern in ihren großen Leiden von den Lippen fiel –

„„Obwohl der Tag noch nie so lang sein wird, erklingt doch endlich der Abendgesang.""

Es folgte großer Jubel, und nach dem Singen einer Hymne trennte sich die Versammlung, zu der weitere Hunderte von Omnibus-Männern zusammengeströmt waren, um zwei Uhr morgens.

Aber was hat diese Anstrengung und dieses Treffen Gutes gebracht?

Na ja, viel. Die Arbeitgeber gewähren ihren Sonntagssklaven zwar leichte, aber hoffnungsvolle Zugeständnisse für die Zukunft. Viele Personen, die diese Fahrzeuge am Tag des Herrn benutzten , haben diese Praxis aufgegeben. Einige Fahrer und Schaffner sind nach den Sabbatprinzipien abgereist; und das Beste von allem ist, dass viele der Männer bereits geistiges Wohlergehen erhalten haben.

Dies war sicherlich beim alten Ben der Fall, der viele tausend Mal zur Bank gefahren war und zweiunddreißig Jahre lang nie an einem Gottesdienst teilgenommen hatte. Er verspottete tatsächlich die Religion und religiöse Menschen. Der Missionar erregte seine Aufmerksamkeit, und eines Tages kurz nach dem Treffen bemerkte der alte Ben zu ihm: „Ich lese jetzt die Traktate, Sir, und ein bisschen in der Bibel und habe vor, bald wieder einen Sonntag frei zu bekommen." Es gelang ihm, und am Morgen besuchte er zum ersten Mal seit so vielen Jahren den Gottesdienst. Am Abend ging seine Frau und er blieb zu Hause und las in der Heiligen Schrift. Er zog sich zurück, um ungewöhnlich glücklich auszuruhen, aber um den langen Schlaf zu schlafen, da in der Stille der Nachtwachen sein unsterblicher Geist in die Gegenwart Gottes gerufen wurde.

Es ist in der Tat gut, dass diesen Männern endlich geistliche Fürsorge zuteil wird und dass die „Füße derer, die die frohe Botschaft verkünden", ihren Weg zu denen finden, die in gleicher Verdammnis sind. Nun geschah es, dass etwa zur gleichen Zeit, als die Aufmerksamkeit der Christen auf die Vernachlässigung und die Nöte der Männer gerichtet wurde, die auf unseren *lauten Landstraßen*, den Straßen, arbeiten , eine gleiche Aufmerksamkeit auf diejenigen gelenkt wurde, die ihr Leben ruhig auf unseren *stillen Landstraßen* verbringen . die Kanäle. Diese Wasserstraßen der Metropole erstrecken sich über mehrere hundert Meilen durch und um die Stadt und ihre Vororte und verbinden und verbinden andere große Städte des Landes. Sie werden ständig von Lastkähnen befahren, die neben vielen Waren auch eine große schwimmende Bevölkerung beherbergen. Ganze Familien bewohnen die kleinen Hütten und sie wurden im britischen Parlament als die unwissendsten und entwürdigendsten Menschen beschrieben. Daher beschlossen die Leiter der Mission, einen geeigneten Mann aus den Reihen auszuwählen und ihn zu beauftragen, das Evangelium in den Hütten und auf den Treidelpfaden zu verkünden.

Die Überraschung an der Schleuse des Grand-Junction-Kanals war in der Tat groß, als ein Fremder jedes ihrer Schiffe bestieg und sie ansprach, als wären sie alte Bekannte. Es war zunächst offensichtlich, dass sie den neuen Freund nicht gut aufgenommen hatten. Es gab misstrauische Blicke und Andeutungen wie: „Es gibt Leute, die sagen, dass wir furchtbar schlecht sind, und die, die uns in ihren Zeitungen niederschreiben, wie es in der Öffentlichkeit steht." Der Eifer des guten Mannes war für sie auch nur ein Scherz; Als sie die Beweglichkeit sahen, mit der er vom Treidelpfad zum Lastkahn und von Boot zu Boot sprang, sagte ein Mann zum anderen: „Er ist ein Hampelmann, das ist er." Die Lesungen aus der Bibel, Appelle an das Gewissen und die Gabe von Testamenten und illustrierten Veröffentlichungen eroberten sich bald einen Weg in ihre Herzen, und im Laufe von fünf Monaten wurde ihr „Traktatmann" zu einer beliebten Persönlichkeit, und das ist die Tatsache wurde entdeckt. Herr Atkinson, der verstorbene Bürgermeister von Hull, der die Arbeiten überwacht, schenkte so vielen Bootsleuten und ihren Frauen, wie an einem bestimmten Abend zufällig an der Brentford Junction waren, einen Tee, und zweihundertfünfzig versammelten sich direkt von ihren Booten aus. und eine raue Gesellschaft erschienen sie.

Der Tee war vorbei, und dem wurde Gerechtigkeit widerfahren. Die Versammlung begann damit, dass ihr Gastgeber den Vorsitz übernahm und nach herzlichen Worten christlicher Freundlichkeit den Mann, von dem bekannt war, dass er ein Buch bei sich trug, bat, zu ihnen zu sprechen. Dies tat er, indem er ihnen erzählte, „dass er vor ein paar Tagen etwas auf einer alten Teekanne im Brighton Museum gelesen hatte, was er ihnen wiederholen würde :

„Der Verlust von Gold ist groß, der Verlust der Gesundheit ist größer, der Verlust Christi ist ein solcher Verlust , den kein Mensch wiederherstellen kann!"

„Und dann erklärte er ihnen den Wert des Geldes und das Unglück, es durch Zufall zu verlieren, und die Sünde, es durch Trunkenheit und Laster zu verlieren. Den Wert der Gesundheit und die Torheit, es durch Unmäßigkeit, Rauchen und Nachlässigkeit zu verlieren." Gewohnheiten. Der Wert und die Kostbarkeit Christi als Erlöser der Sünder und die Torheit, das Verbrechen, die Barmherzigkeit Gottes durch Ihn zu verweigern. Dann wurde das Buch vorgelegt und die Worte feierlich gelesen: „Siehe, das Lamm Gottes nimmt die Sünde der Welt hinweg.

Dann wurde ihr Missionar gerufen, und die Bootsflüchtlinge empfingen ihn voller Freude. Seine Rede war schlicht in den Worten, aber voller christlicher Zuneigung zu ihren Seelen und voller Mitgefühl in den Prüfungen ihrer Berufung. Es war offensichtlich, dass sie ihn als ihren eigenen „Pfarrer" empfingen, da sie jedes seiner Worte in sich aufnahmen und mit großem Lärm ihre Freude über seine Rede zum Ausdruck brachten. Einer von ihnen erhob sich tatsächlich und sagte mit stammelnder Zunge: „Er sei ein Mann vom Wasser, und wie sie alle wollten er und seine Frau ihn oft in ihrer Hütte sehen, um ihnen aus der guten Bibel vorzulesen und …" Versuchen Sie, sie gut zu machen, wie er wusste, dass er es einigen von ihnen angetan hat.

Am Ende war es erfreulich zu hören, wie sie mit aller Kraft versuchten, „Erzähl mir die alte, alte Geschichte" zu singen, und ihre Ehrfurcht beim Schlussgebet zu spüren.

Nach dem Tee wurden mehrere Briefe an das Büro geschickt. Sie ähnelten sich im Stil und wir wählten eines aus, um die Fortschritte zu zeigen, die mit diesen rauen Leuten gemacht wurden.

> „Sehr geehrter Herr, ich richte diese wenigen Zeilen an Sie aus, um Ihnen für die Könige zu danken , die einen solchen Mann zum Poor Boat Peple geschickt haben Ich denke, er ist genau der richtige Mann dafür, sie auf die Lahmheit Gottes Wich hinzuweisen Er nimmt die Sünden weg, er schämt sich nicht, dir seine Krone zu nehmen und dem armen Peple etwas über Jueses zu erzählen Ich kann nicht viel sagen, aber ich hoffe, Sie entschuldigen mich für mein schlechtes Gewissen. Wir haben einst einen guten Wile in Padgtion kennengelernt und sind froh, sein Gesicht nach

Kingsland zu sehen Pasen, der Herr , segne seine Arbeit und
gib ihm Sohlen vor seinem Hier

Nichts mehr

CD--.

Bootsmann.“

Wir wollen nur hinzufügen, dass eine Versammlung der Bootsflüchtlinge wie der Omnibusmänner zum Herrn Jesus stattfindet, und wenn sie sich Ihm, dem Erlöser, nähern, werden ihre geistlichen Fesseln gebrochen und die äußeren Fesseln ihrer Berufung fallen weg. Pflicht, Mitgefühl und Patriotismus erfordern, dass diese Tausenden Unterdrückten Gelegenheit haben, Jehova in Seinem Tempel anzubeten und Seine Gesetze und die Wunder Seiner Gnade kennenzulernen. Denken Sie daran, oh ihr Menschen, die auserwählt und berufen wurden, die Kirche der Erlösten auf Erden zu bilden; Denken Sie daran, dass es Ihre Würde und Pflicht ist, allen Unterdrückten zu helfen. überall, um die Freiheit des „auf Erden errichteten“ Königreiches zu verkünden; dass an Sie die entzückten Worte des Propheten mit königlichem Befehl und unterstützenden Versprechen gerichtet sind: „Du magst zu den Gefangenen sagen: Geht hinaus; denen, die in der Finsternis sind, zeigt euch! Sie werden auf den Wegen weiden, und ihre Weiden werden es tun.“ in allen Höhen sein ... denn der, der sich ihrer erbarmt, wird sie führen, ja durch die Wasserquellen wird er sie leiten. [2]

Das Buch für alle:

Es ist universell gut.

Ihr habt nicht umsonst gesät!
Auch wenn die Himmel wie Messing scheinen und die Kruste der brennenden Ebene durchdringend, seht ihr keinen einzigen Grashalm.

Dennoch gibt es Leben im Inneren und Wasser des Lebens in der Höhe: Eines Morgens werdet ihr aufwachen, und das sanfte Grün der Quelle wird über den feuchten Feldern liegen.

Tränen im trüben, kalten Auge, Licht auf der dunklen Stirn, das Lächeln des Friedens oder der betende Seufzer, wo jetzt das spöttische Lächeln sitzt.

Seid ihr nicht mit Gebeten hinausgegangen? Dann seid ihr nicht umsonst hinausgegangen: „Der Sämann, der Menschensohn", war da, und ihm gehörte dieses kostbare Korn.

KAPITEL XIII.

CHRISTLICHE VERANTWORTUNG – GLAUBE – DER MASCHINEN-MENSCH – DIE INNERE WELT DES MENSCHEN – SÜNDE BERECHNET – GESPRÄCH AUF EINEM OMNIBUS – DER EINFLUSS DER WAHRHEIT – NUR DIE BIBEL – KOMMUNIKATION Etabliert – NAH, SEHR NAH GEBRACHT.

DAS BUCH FÜR ALLE: SEIN UNIVERSELLES GUT.

„Und am nächsten Sabbath kam fast die ganze Stadt zusammen, um das Wort Gottes zu hören." APOSTELGESCHICHTE xiii. 44.

„Die Weisen werden leuchten wie der Glanz des Firmaments:" diejenigen, die die Weisheit Gottes in einem Geheimnis oder in der verborgenen Weisheit haben – das Wissen, das nicht durch die Erforschung der Schöpfungswerke oder in den Entdeckungen und Entdeckungen gefunden werden kann Entwicklungen in Wissenschaft und Philosophie. Diese Weisheit kommt von oben und wird daher vom allweisen und ewigen Jehova mitgeteilt. Dies und nur dies kann den Menschen geistig erleuchten, ihm die Kraft verleihen, das Zentrale und Unendliche in der Wahrheit zu begreifen, und ihn zur Erlangung jener Gnaden und Vollkommenheiten führen, die ihn allein für den Empfang der reflektierten Herrlichkeit geeignet machen und ihn erheben können zu einem Platz vor dem Thron von unbeschreiblichem Licht und Reinheit.

Diese Weisheit (wie ihr Gegenstück in der natürlichen Welt, die Sonne) strahlt sehr weitreichend Licht, Schönheit und Wiederherstellung aus. Als er, die Essenz des ungeschaffenen Lichts, mit „der Herrlichkeit, die er beim Vater hatte", als Lehrer der Menschen verschleiert dastand, verkündete er eine Wahrheit, die so mächtig war, dass die Dunkelheit verschwindet, wo immer sie wiederholt wird ; Wo auch immer es mit Macht erklingt, sei es in den Palästen der Könige, in den Hütten der Armen oder in den tiefsten Winkeln der moralischen Korruption, wird die Schwärze des Schattens des Todes, der die unsterbliche Seele umgibt, wie durch die Stimme zerstreut der Allmacht. Jesus sagte: „Ich bin das Licht der Welt. Wer mir nachfolgt , wird nicht in der Dunkelheit wandeln, sondern das Licht des Lebens haben."

Die militante Kirche, die königliche Priesterschaft, das freigekaufte Volk ist eine Ansammlung von Individuen, die aus der Dunkelheit in sein wunderbares Licht gerufen wurden. Diese Gemeinschaft der Seligen nimmt den Platz des abwesenden Herrn ein und hat seine Herrlichkeit zu zeigen. Als Kinder des Tages entsagen sie den verborgenen Dingen der Dunkelheit; und als Gefäße der Barmherzigkeit, erleuchtet von der göttlichen Gnade, zeigen sie „das Licht des Herrn". Sie tun dies zwangsläufig, indem sie den Menschen ihre guten Werke sehen lassen, indem sie die Sünde tadeln, indem sie ihnen Rechtschaffenheit vermitteln und indem sie sich mit heiligem Eifer darum bemühen, das Reich der Wahrheit und Reinheit zu vermehren. Da sie im Besitz des Wortes Gottes sind, durch das und durch den Heiligen Geist sie geheiligt werden, verwenden sie dasselbe Wort für Zwecke der Gnade Gottes, die Erlösung bringt. Die Bibel in der Hand des Christen ist wie die Weisheit Gottes in der Hand Esras, die ihn zum „Richten" führt; um Weisheit und Klugheit zu geben „allen, die die Gesetze ihres Gottes kennen, und um sie zu lehren, die sie nicht kennen." Daher ist es die Pflicht und das hohe Vorrecht eines jeden Christen, ob Pfarrer oder Laie, ordiniert oder nicht , kostbare Wahrheiten zu vermitteln und aus der Heiligen Schrift zu lehren, die fähig ist, durch den Glauben, der in Christus Jesus ist, zur Erlösung zu führen .

Wir sind davon überzeugt, dass die einzelnen Mitglieder der Kirche noch nicht die Würde eines jeden Menschen erreicht haben, der zu seinem Nächsten sagt : „Erkenne den Herrn." Dieses Zeugnis für Gott ist keine berufliche Angelegenheit, sondern eine religiöse Pflicht. In unseren Großstädten sterben massenhaft Menschen aus Mangel an Wissen, während viele Anhänger des kostbaren Glaubens damit zufrieden sind, ohne den Versuch zu leben, den von der Erde Erlösten einen weiteren unsterblichen Geist hinzuzufügen. Sie, leider! Es gibt viele, die unter dem „Wehe" leiden, das über diejenigen ausgesprochen wird, „die in Zion in Ruhe leben". In der Theokratie der Gnade gibt es keine Laien. Alle sind Priester. Und denen, die den Ruf des göttlichen Mitgefühls vernommen haben und sich im Bund der Liebe geborgen fühlen, wird geboten, „Kommt" zu sagen, oder für immer den Vorwurf zu ertragen, untreue Diener zu sein. Dieses Zurückhalten vor dem großen Konflikt, dieses Zuschauen, anstatt sich dem heiligen Streit anzuschließen, ist ein Vorwurf für das königliche Volk, eine Verletzung unseres Nächsten und ein Vorenthalten des Segens für diese von Sünden geplagte Welt. Im großen Weinberg gibt es Arbeit für alle, und es ergeben sich ständig Gelegenheiten zum Nutzen. Es sind nicht nur diejenigen, die im Elend leben, die das Evangelium benötigen: die angesehenen Mechaniker, die Handels- und Berufsklassen; ja, und die Gebildeten und die Edlen und die Fürsten der Erde: Alle, die nicht in das Reich der Gnade eingegangen sind, brauchen dieselbe Wahrheit, dieselbe wiederherstellende und erhebende Kraft. Während es daher richtig ist, das Evangelium der Gnade Gottes an die unteren Klassen zu senden, *entbindet dies nicht* von der Pflicht, die anderen Klassen zur Annahme der Wahrheit und zur Ausübung der

Heiligkeit zu bewegen. Die Bedürfnisse der Welt erfordern, dass jeder Christ eine Taschenbibel bei sich trägt und lernt, wie man sie gut nutzt. Dann würde das Reich Gottes mit Macht kommen.

Es besteht kein Zweifel daran, dass die praktische Untreue und Bösartigkeit der ihnen unmittelbar und weit über ihnen stehenden Klassen äußerst schädliche Auswirkungen auf die unteren Gesellschaftsschichten hat. Der Reichtum der Reichen wird oft dazu genutzt, die Armen zu demoralisieren, während qualifizierte Arbeiter unter ihnen die Hauptverbreiter des Skeptizismus sind. Diejenigen, die sich daher der Arbeit und der Sorge widmen, die ganz Niedrigen zu erheben, haben ein tiefes Interesse an der religiösen Erhebung der Verfeinerten und Gebildeten, da die Klassen mit wunderbarer Wirkung aufeinander wirken. Diese Überlegungen müssen uns als Vorwand dafür dienen, dass wir dieses letzte Kapitel den Erzählungen ähnlicher christlicher Arbeit unter den fortgeschritteneren gesellschaftlichen Gruppen widmen. Da Untreue ein so schrecklicher Feind ist, beginnen wir mit zwei Beispielen der Erholung von ihrem zerstörerischen Einfluss.

Eines Abends hatte der Besucher Gelegenheit, in einer öffentlichen Einrichtung vorbeizuschauen, und blieb in der Lobby stehen, um ein Mikroskop und einen Satz Linsen zu begutachten. Der Optiker zeigte ihm ein Teleskop, mit dem sich, wie er sagte, Sterne in großer Entfernung sehen und Einzelheiten genau bestimmen ließen. Als Antwort auf die Frage: „Wenn Sterne, die sich durch die Bezeichnung ‚Teleskopsterne‘ auszeichnen und von der siebten Größe aufwärts reichen, damit gesehen werden könnten“, gab er eine sehr kluge Antwort, die zu einem langen und angenehmen Gespräch führte. Beim Abschied bemerkte der Besucher, „dass es ein Instrument gab, das jetzt von den ‚Weisen‘ von höherem Rang häufig genutzt wird und den Namen ‚Glaube‘ trägt – eine Gabe Gottes, eine Macht, durch die Christen hindurchschauen konnten.“ die Wolken, jenseits der Nebel, bis zu dem Ort, wo Jesus zur Rechten Gottes sitzt.“

Der Optiker schüttelte den Kopf und sagte: „Er glaubte an alles, was in der Schöpfung wahr war, an alles, was bewiesen werden konnte; seine Leichtgläubigkeit hörte aber beim Ungewissen auf.“

Das Thema wurde bei einem weiteren Besuch erneuert und in Abständen einige Monate lang fortgesetzt; so dass er gut in den Grundsätzen jenes Glaubens unterwiesen wurde, von dem es heißt, dass er im wahren Christen „bleiben“ und „wohnen“ soll und den der Unglaube der Menschen nicht „aufheben“ kann. Nach einiger Zeit verließ der Optiker die Anstalt und blieb fast drei Jahre lang aus den Augen. Dann richtete er einen Brief an seinen Freund des Teleskops vom Middlesex Hospital, in dem er ihm mitteilte, dass er traurige Schicksalsschläge erlitten habe und dass er dort ein Patient mit einem schmerzhaften Ausschlag sei; und fügte hinzu: „Durch die

Barmherzigkeit Gottes habe ich kostbaren Glauben erlangt, und ich hoffe, mir immer bewusst zu sein, dass ich den Feind nur besiegen kann, indem ich mich selbst aufgebe und völlig auf das Blut des Lammes verlasse. Ich fühle, mein lieber Freund.", was Zunge oder Feder nicht beschreiben können: Ich habe das Gefühl, dass ich von unserem gesegneten Erlöser vor dem Schicksal bewahrt wurde, das ich so verdient habe; und ich setze jetzt meine ganze Abhängigkeit auf diesen neuen Freund und vertraue darauf, dass ich im Glauben bleiben und ruhen kann im Herrn und warte."

Als der Besucher anrief, stellte er fest, dass er an einer Art Lepra litt und von Kopf bis Fuß mit Wunden übersät war. Er sah jedoch glücklich aus und bemerkte im Verlauf des Gesprächs: „Diese Bemerkung, Sir, über das Teleskop, als Sie zum ersten Mal mit mir sprachen, war der entscheidende Schritt in meiner Bekehrung: Ich habe seinen Eindruck nie verloren. Als ich das ein- oder auspackte Instrumente Ich habe immer darüber nachgedacht und endlich den Wunsch geäußert, dass Ihre Aussage wahr ist , dass „der Herr Jesus durch die Macht der Seele gesehen werden konnte, wie er für Sünder eintrat und sie rettete". Aber jetzt, gepriesen sei Gott, fühle ich, dass ich die himmlische Gabe habe, und bete für ihre Vermehrung." Er erholte sich von seiner Krankheit und bewies jahrelang seinen Glauben durch ein heiliges Leben.

Der andere Fall ereignete sich auf der Internationalen Ausstellung. Ein Besucher, der häufig die Gelegenheit nutzte, die Aufmerksamkeit auf eine Wahrheit zu lenken, die im guten alten Buch enthalten ist, schlängelte sich eines Morgens durch den Maschinenanbau, als sein Vorankommen durch eine Barriere gestoppt wurde. Da es Mittagszeit war, um sich zu erfrischen, hörte das Wirbeln und Klappern auf und die Maschinerie ruhte. Ein Mann, ein Musterbeispiel des englischen Mechanikers, saß an der Lokomotive und las Goldsmiths Geschichte Englands. Der Besucher bemerkte dies und überreichte ihm ein Johannesevangelium und sagte: „Hier ist ein Teil der großen Biographie – einige wichtige Passagen im Leben des Königs, der jetzt mit vielen Kronen gekrönt ist; dessen Leben hier jedoch ein Wunder war." , von der Krippe bis Golgatha."

„Ich habe es gelesen, Sir", antwortete der Mann und nahm das Buch; „Aber ich kann nicht alles glauben, was die Bibel über Jesus Christus und andere Dinge sagt."

„Wenn Sie Zeit haben, würde ich gerne wissen, wie es kommt, dass Sie das Zeugnis ablehnen, das *Gott* von seinem Sohn gegeben hat?" sagte der Geber des Buches und es fand folgendes Gespräch statt:

„Nun, mein Herr, so ist es: Ich war in meiner Jugend religiös, aber als ich in der Lehre war, überredeten mich meine Kollegen , theologische Vorlesungen mit anschließenden Debatten zu besuchen. Diese Diskussionen erschütterten meinen Glauben an das christliche System und das Lesen von Büchern hat meine Überzeugungen gestärkt."

„Das ist eine ernste Angelegenheit. Nennen Sie mir bitte Ihr Hauptproblem."

**„Es ist Ihre Pflicht, das Band dieser Maschine mit den
verschiedenen Maschinen zu verbinden."**

„Nun, mein Herr, das ist eines: Die Bibel sagt, dass in jedem Menschen eine Veränderung, die man Bekehrung nennt, bewirkt werden muss, um ein Christ zu sein. Meines Erachtens handelt es sich lediglich um eine Änderung der Meinung, deren Ergebnisse auch von anderen herbeigeführt werden könnten bedeutet. Sokrates wurde durch die Philosophie gut gemacht; und Menschen aller Glaubensrichtungen, sogar Mohammedaner und Hindus, wurden durch die Guten in ihren Systemen moralisch gemacht. Unser Ziel ist ein vollkommener Moralkodex, frei von Aberglauben und spiritueller Tyrannei."

„Sie müssen, mein guter Freund, ein System sowohl nach seinem allgemeinen Einfluss als auch nach seiner Wirkung auf den Einzelnen beurteilen; und ich nehme an, dass Sie nicht möchten, dass die Gesellschaft vom christlichen zum heidnischen Staat zurückkehrt, denn das könnte passieren moralische Heiden waren; oder unter der Regierung von Türken oder Hindus zu leben, weil einige von ihnen Tugend praktiziert haben . Jetzt fällt mir ein, dass Sie in Ihren Ansichten über das christliche System, das Sie ablehnen, möglicherweise nicht ganz klar sind. Es besteht nicht aus moralischen Prinzipien, die ihre Ergebnisse sind, sondern aus einem neuen Leben, der Kommunikation göttlicher Einflüsse. Lassen Sie mich dies anhand Ihres Berufs veranschaulichen. Es ist Ihre Pflicht, das Band dieser Maschine mit den verschiedenen Maschinen zu verbinden; und so Durch eine Ihrer Handlungen wird eine Masse träger Mechanismen augenblicklich einer komplizierten Bewegung unterworfen und mit großer Kraft ausgestattet. So ist es auch mit der inneren Welt des spirituellen Wesens des Menschen, die ihre Fakten ebenso hat wie die äußere und materielle Welt. Die Seele von Der Mensch verfügt über wunderbare Kräfte und Fähigkeiten, selbst wenn er träge ist, sich in einem Zustand geistiger Leblosigkeit befindet und der Maschinerie um uns herum ähnelt, bis die Dampfkraft auf ihn übertragen wird. Der Mensch im Naturzustand ist tot und unfähig, *Gott zu lieben* oder auf andere Weise die Kräfte seines höheren Wesens auszuüben; aber der ewig gesegnete Schöpfer vergibt durch einen Akt der Gnade Sünder, die an Jesus glauben, und gibt ihnen seinen Heiligen Geist. Diese von Gott beeinflussten Personen bilden die Kirche Christi, und von ihnen sind die Aussagen dieses Buches wahr: „Und er hat euch lebendig gemacht, die in Übertretungen und Sünden tot waren." „Nicht durch die Werke der Gerechtigkeit, die wir getan haben, sondern gemäß seiner Barmherzigkeit hat er uns gerettet, durch das Bad der Wiedergeburt und die Erneuerung des Heiligen Geistes."

Der Mann, der mit gespannter Aufmerksamkeit zugehört hatte, erhob sich von seinem Sitz und sagte bewegt: „Ich sehe alles, mein Herr, als ob Schuppen von meinen Augen gefallen wären. Ich hatte meine Maschinen, Philosophie, Wissenschaft, Bibel usw." alle möglichen Bücher, aber ich habe nie gebetet: ‚Gib mir deinen Heiligen Geist.'"

„Sprich dieses Gebet", sagte sein Lehrer, „im Namen des geliebten Sohnes, und du wirst mit Kraft aus der Höhe ausgestattet werden; denn Er hat gesagt: ‚Ich werde meinen Heiligen Geist denen geben, die mich bitten.' "

Als die Zeit gekommen war, die Maschinerie in Gang zu setzen, versprach ihm der Besucher ein Buch über Untreue; und nachdem er dem neuen Bekannten die Hand geschüttelt hatte, machte er sich auf den Weg durch das Nebengebäude.

Es folgten mehrere weitere Besuche, und das gesegnete Ergebnis war, dass der Mann an den Erlöser glaubte und bezeugte, dass er vom Tod zum Leben übergegangen sei. Ein Geistlicher, der den Ort einige Monate später besuchte, schrieb über ihn: „Ich habe unter anderem mit einem Mann gesprochen, der für Maschinen verantwortlich ist; einem offenen, offenen und, wie ich meinen sollte, offenherzigen Engländer. ‚Ich war, „Herr", sagte er, „ein Ungläubiger, bis ein Herr hier zu mir sprach und mir ein Evangelium gab. Dann redete er mit mir und lieh mir ein Buch. Ich bin jetzt davon überzeugt, dass die Bibel wahr ist, und ich versuche es ein Christ sein.' Ich denke, er hat den Kern der Sache in sich."

Die Bereitschaft, mit der dieser Mann das Evangelium empfing, ist außergewöhnlich. Bei Skeptikern seiner Klasse sind die Vorurteile gewöhnlich so stark, dass ihre Beseitigung dem Arbeiten durch eine Granitwand gleichkommt; und nach Jahren der Bemühungen scheint ihnen das Gute oft verloren zu gehen. Ein solcher Vorfall ist daher eine große Ermutigung, auf die Kraft der offenbarten Wahrheit zu vertrauen.

Auch die Zurechtweisung der Sünde ist eine klare christliche Pflicht, und doch trauen sich nur wenige, dies zu tun. Außerdem zeigen Personen, die sich zum Beispiel einer profanen Sprache schuldig gemacht haben, nicht nur, dass sie einen guten Rat brauchen, sondern ihre Worte selbst geben dem vernünftigen Christen eine Art Einführung, die er zum Vorteil nutzen kann. Wir werden zwei Beispiele zur Veranschaulichung dieser Verwendung des Buches anführen.

Als der Besucher durch Yorkshire reiste, verlor er eines Morgens seinen Zug an einer Kreuzung und musste einige Zeit im Wartezimmer bleiben. Es traten drei junge Männer ein, die sich als Rechtsanwaltsgehilfen und zwei Anwaltsgehilfen erwiesen. Einer von ihnen war enttäuscht darüber, dass er nicht rechtzeitig gekommen war, weil er beim Schwurgericht einem Anwalt beiwohnen musste, und schwur, und ein anderer nahm den göttlichen Namen mit mehr als Leichtigkeit auf den Lippen.

„Seien Sie vorsichtig, meine Herren", bemerkte der Fremde, „sonst werden Sie den Rechtstitel nie erfahren."

„Was zum Teufel meinst du?" fragte der Schwörer.

„Genau das: Es gibt Besitztümer von gegenwärtigem Wert und ein himmlisches Erbe, das direkt vom König vertraglich vereinbart und gehalten wird, aber die Profanen und Korrupten werden niemals in der Lage sein, ihren Rechtsanspruch darauf nachzuweisen."

„Es war ein Versprecher, Sir, ich schwöre nicht", sagte der junge Mann etwas verwirrt.

„Dann seien Sie vorsichtig", lautete die Antwort, „daß Sie sich nicht eine so abscheuliche Angewohnheit aneignen."

Als sie eine Stunde warten mussten, holte der Kritiker seine Taschenbibel hervor und verglich, um sie für die Wahrheit zu interessieren, das Alte Testament mit einem Gericht – einem strengen Gesetz, in dem kein lebender Sünder gerechtfertigt werden kann; und das Neue Testament an ein Gerechtigkeitsgericht, in dem die höchste juristische Autorität im Universum Sünder, die an Jesus glauben, für „von allen Dingen gerechtfertigt" erklärt hat, von denen sie durch das Gesetz des Mose nicht gerechtfertigt werden konnten. Danach las er eindrucksvoll die Worte: „Der Geist selbst bezeugt mit unserem Geist, dass wir Kinder Gottes sind; und wenn Kinder, dann Erben, Erben Gottes und Miterben mit Christus." Als sich der Zug dem Bahnhof näherte, dankten die jungen Männer ihrem Tadel und es gab herzliches Händeschütteln.

Der zweite Fall ereignete sich unter außergewöhnlichen Umständen, da das Gespräch an der Spitze eines Omnibusses stattfand. Spät an einem schönen Sommerabend saß ein christlicher Mann auf dieser angenehmen Anhöhe, als sie an einem Club in der Pall Mall vorbeikamen, ein Herr herauskam, auf die Spitze stieg und sich seine Zigarre anzündete. Als sie vorbeikamen, machte er eine äußerst unpassende Bemerkung über einige niedrige Leute, die an einer Straßenecke stritten.

„Ihre Sympathien", bemerkte der angesprochene Mann, „gehören offensichtlich diesen Personen: Wie wir in der Chemie sagen, gibt es eine Anziehung, eine Affinität zwischen Ihnen."—

„Vielen Dank für die hohe Wertschätzung, die Sie von mir gemacht haben", sagte der Herr wütend.

„Eine sehr richtige Art, einen Fremden einzuschätzen", war die Antwort, „denn einen Menschen aus seinem eigenen Mund zu beurteilen, ist ein sehr richtiges Urteil. Es gibt nur zwei Arten von Menschen – die natürlichen oder korrupten und diejenigen, die es waren." rein im Herzen gemacht. Hättest du zu letzteren gehört, hätten diese bösen Menschen einen Abscheu in dir hervorgerufen; stattdessen hast du mit Mitgefühl gesprochen, und ich als Moralist komme daher zu dem Schluss, dass dich Unreinheit statt Heiligkeit anzieht ."

Auf diese Bemerkung folgte langes Schweigen, als sich der Herr plötzlich zu seinem Tadeler umdrehte und fragte:

„Sind Sie ein religiöser Mann?"

"Ja bin ich."

„Dann war Ihr Vorwurf meiner gedankenlosen Worte sehr berechtigt; aber einen Kerl für eine solche Bemerkung zu entchristianisieren , ist wirklich schade."

„Ich habe Sie nicht entchristlicht , sondern aufrichtig den Eindruck vermittelt, den Ihre Worte in mir hervorgerufen haben. Und als Entschuldigung für die scharfe Art, in der ich gesprochen habe, darf ich nun Ihre Frage erwidern: ‚Sind Sie ein religiöser Mann?'"

„Nun ja, ich bin zwar getauft und gehe regelmäßig mit meiner Familie in die Kirche; aber schließlich habe ich nicht ganz recht, denn es gibt Geheimnisse im Glauben, die mich beunruhigen."

„Bist du eine neue Kreatur in Christus Jesus?"

„Diese Lehre hat zweifellos eine tiefe Bedeutung und viel Schönheit, aber ich kann nur die Schönheit sehen. Für mich ist sie keine Realität, denn je länger ich lebe, desto schwieriger wird es für mich, mir den allmächtigen *Gott vorzustellen.* "und ein abscheuliches Geschöpf, eine Einheit unter Hunderten von Millionen, die Geschlechtsverkehr unterhält und eine Transaktion zwischen ihnen herbeiführt."

„Und doch ist dies die Tatsache, bestätigt durch die Wahrheiten der Wahrheit selbst, die gesagt hat: ‚Dein himmlischer Vater wird seinen Heiligen Geist denen geben, die ihn bitten.'" Und dann drückte der Redner den Arm des Herrn und fuhr fort „Es ist so: So wie die Materie die Materie beeinflussen kann, so kann der Geist den Geist beeinflussen. Dein Körper spürt den Griff meiner Hand, und es ist für deine Seele möglich, vom Heiligen Geist Gottes berührt und bewusst gemacht zu werden." von diesem gesegneten Einfluss."

Das Gespräch wurde fortgesetzt und das Interesse vertiefte sich, bis der Omnibus seine Fahrt in der Vorstadt beendete. Die Passagiere stiegen aus, und dann sagte der Herr in höchst anmutiger Weise: „Sie haben mich weise zurechtgewiesen, Sir, und die Wahrheit, die mich jahrelang beunruhigt hat, so deutlich gemacht, dass ich aus Pflicht mir selbst gegenüber Sie um Ihre Freundschaft bitten muss." , sicherlich für ein weiteres langes Gespräch."

„Ich bin sehr beschäftigt", war die Antwort, „aber ich werde mir morgen Abend gerne eine Stunde oder so erübrigen, falls Sie nicht beschäftigt sind."

„Dann werde ich Ihnen meine Karte geben und zu Hause bleiben, um Sie zu empfangen. Ich muss Sie nur aus Ehrengründen bitten, meine dumme Bemerkung nicht zu erwähnen."

Das Versprechen wurde gegeben und der Herr reichte seine Karte dem Religionslehrer, der über den Rang des Mannes, mit dem er so treu gesprochen hatte, verblüfft war; aber indem er ihn mit seinem Titel ansprach, bemühte er sich , die Heilige Schrift in seinem Gedächtnis festzuhalten: „Wenn jemand in Christus ist , ist er eine neue Schöpfung: Altes ist vergangen; siehe, alles ist neu geworden."

Am nächsten Abend wurde der versprochene Besuch abgestattet und der Fremde von seinem neuen Freund dem Familienkreis vorgestellt. Eine Zeit lang war seine Frau zurückhaltend (so gut sie auch sein mochte), aber nach einer einstündigen Unterhaltung über „spirituelle Dinge" wurde sie freundlich und freundlich. Bevor er ging, wurden die Diener gerufen, und der Missionar las das Kapitel vor und gab eine kurze Erläuterung, beginnend mit den Worten: „Und er hat euch lebendig gemacht, die in Übertretungen und Sünden gestorben waren." Danach verrichtete er spontane Gebete.

Dies war der erste von vielen angenehmen Besuchen und der Beginn einer Freundschaft mit der Familie, die ihren Segen bewiesen hatte – sicherlich mit ihrem Oberhaupt, das die Lehre der Wiedergeburt in ihrer Fülle empfing. Wenn ein Gläubiger von der Pflicht, für Gott Zeugnis zu geben, überzeugt ist, ergeben sich mit Sicherheit Gelegenheiten dazu, und wenn er sich einfach an die Bibel hält, ergibt sich zwangsläufig ein guter Wille. Er mag mit bewusster Schwäche sprechen, aber sein Gebrechen hat nichts damit zu tun. Das Geheimnis des Erfolgs in der christlichen Arbeit ist Demut vor Gott und Sanftmut und Weisheit vor den Menschen, verbunden mit dem festen Glauben an die Wahrheit und Kraft des göttlichen Wortes. Dieses Wort kann von Menschen gesprochen werden, aber es kann keine Verbesserung oder Stärke durch den Menschen erlangen. Alle Erfahrung beweist dies, und wir fügen zur Bestätigung anderer zwei Erzählungen hinzu, die zeigen, dass die Hinterlegung von Abschnitten aus der Heiligen Schrift ausreicht, um die Ziele der Gnade zu erreichen.

Ein christlicher Mann befand sich im Atelier eines berühmten Bildhauers und arbeitete an Entwürfen für die ersten in London errichteten Trinkbrunnen. Als der Auftrag erteilt wurde, Passagen der Heiligen Schrift in den massiven Granit zu schneiden, erhob der Bildhauer Einwände mit der Begründung, er „verleitete das Volk dazu, die Heilige Schrift zu verachten, indem er ihre Worte allgemein machte". Der Punkt wurde mit ihm besprochen und die Position eingenommen, „dass jedes Wort Gottes die Gedanken der Menschen zu ihm führen kann und dass die Ehrung seiner Wahrheit daher mit positiven Ergebnissen einhergehen muss." Der Befehl wurde ausgeführt, und jahrelang erfrischten die Trinkbrunnen Londons gleichzeitig die Menschen mit reinem Wasser und unterwiesen sie in Worten himmlischer Weisheit. Auf einem von ihnen, in der Edgeware Road, steht das Sprichwort: „Die Furcht des Herrn ist eine Quelle des Lebens." Eines Abends kamen zwei junge Männer daran vorbei. Der Älteste war Barmann, der andere sein jüngster Bruder, der gerade vom Land gekommen war. Sie hatten den Raub des Wirts folgendermaßen geplant: Der junge Mann sollte als Fremder die Bar betreten, nach Alkohol rufen und seinem Bruder Sixpence geben; Anschließend sollte ihm das Wechselgeld für einen Souverän oder Halbsouverän entsprechend dem Kassenbestand zurückgegeben werden. Dies sollte im Laufe des Abends mehrmals wiederholt werden, und am nächsten Tag sollten sie sich treffen und die Beute teilen. Als sie am Brunnen vorbeikamen, fiel dem Blick des Jugendlichen die Inschrift auf: „Die Furcht des Herrn ist eine Quelle des Lebens", und er blickte sie mit gefesselter Aufmerksamkeit an. Der Unterricht, den er in der Sonntagsschule erhalten hatte, und eine Reihe entsprechender Bibelstellen kamen ihm in den Sinn. Er wandte sich an seinen Bruder und sagte: „Gott wird uns sehen, und ich wage es nicht, diesen Diebstahl zu begehen." Am nächsten Sonntag besuchte er ein Treffen der „Young Men's Christian Association" und wurde bald darauf ein entschiedener Christ. Wer kann sagen, wie viele dadurch gesegnet wurden, dass die Weisheit ihre Stimme in der Öffentlichkeit Gehör verschafft hat!

Das andere Beispiel betraf die Gelegenheit, die man nutzte, um treu mit achtzehn hochintelligenten jungen Männern zu sprechen. Sie hatten sich in einem Klassenzimmer des Royal Polytechnic versammelt, um Unterricht von einem Chemieprofessor zu erhalten. Ein Christ hatte Gelegenheit, den Raum zu betreten, und als ihm mitgeteilt wurde, dass mehrere der jungen Männer Telegrafenbeamte seien, erinnerte er sie daran, dass das lateinische Wort „Religion" in Wirklichkeit „ wieder verbindlich" bedeute — die Wiedervereinigung einer unterbrochenen Kommunikation ;" und fügte hinzu: „Dies ist der Zustand von uns allen in unserem natürlichen Zustand. Die Kommunikation zwischen dem Sünder und dem *allmächtigen Schöpfer* ist unterbrochen . Der Glaube an den Herrn Jesus und der Empfang des Heiligen Geistes sind die einzigen Mittel, mit denen die Kommunikation wiederhergestellt werden kann." - etabliert zwischen dem Geschöpf auf Erden und der beleidigten Majestät des Himmels; wie geschrieben steht: „Wer manchmal fern war, wird durch das Blut Christi nahe gebracht."

Mehr als ein Jahr nach diesem Vorfall lag ein junger Mann auf seinem Sterbebett. Eine schnelle Schwindsucht hatte ihn in einen Schatten verwandelt, und als er fühlte, dass das Ende nahte, ließ er den christlichen Besucher kommen, um ihm dafür zu danken, dass er im Saal der vielen Wissenschaften so klar von Jesus gesprochen hatte. Er war zu dieser Zeit

„weit entfernt", aber durch den Glauben an den auferstandenen Herrn hatte er Barmherzigkeit und eine gesegnete Hoffnung auf ewiges Leben erlangt . Er sprach von „dem Trost des Gebets" und „seiner süßen Vorfreude auf die Herrlichkeit" als Beweis dafür, dass zwischen ihm und dem Vater seines Geistes eine Verbindung hergestellt worden sei. Bald darauf schlief er in Jesus ein. In ihm wurde das große Ziel der Kirche in all ihren Bemühungen erreicht. Da er unwissend war, wurde er darin unterwiesen, die Wahrheit zu retten. Da er von seinem *Gott getrennt war* , wurde er von den Seilen der göttlichen Liebe angezogen; und dann, als ihm das Auferstehungsleben in Jesus zugesichert war, legte er seinen sterblichen Körper nieder, um mit den Erlösten des Herrn zu folgen, die mit Liedern und ewiger Freude auf ihren Köpfen nach Zion einziehen.

Dieses große Gut resultierte daraus, dass dem jungen Mann eine Schriftstelle ins Gedächtnis eingeprägt wurde: „Aber in Christus Jesus seid ihr, die ihr manchmal fern wart, durch das Blut Christi nahegekommen." Jedem Christen ist das Wort anvertraut, und es ist die Pflicht eines jeden, es zur spirituellen Erleuchtung anderer zu nutzen. Alle, deren Kommunikation mit dem Himmel nicht wiederhergestellt wurde, müssen in den rettenden Wahrheiten der Heiligen Schrift unterwiesen werden. Gelegenheiten, die Intellektuellen und die höheren sozialen Schichten in den großen, aber einfachen Wahrheiten der Erlösung zu unterrichten, dürfen nicht verpasst werden; aber den Armen muss das Evangelium gepredigt werden. Sie waren und werden immer Gegenstand der tiefen Fürsorge unseres Herrn sein. Er war in besonderer Weise ihr Lehrer : Für sie wie für andere lebte er, litt und starb. Es darf ihnen nicht gestattet werden, wie in unseren großen Städten in Unwissenheit und Sünde zu verharren und mit Menschenmassen den ewigen Tod zu sterben. Die Universalkirche muss mit „Nein" antworten. Sie muss ihre Kräfte stärken und das Buch Gottes, das das Licht seiner Erlösung erhellt, in jede dunkle Wohnung bringen, damit sich das Werk der Erlösung ausbreiten kann und die Menschen Gerechtigkeit lernen, zu ihrer Erlösung und zum Lob der Herrlichkeit der göttlichen Gnade.

ANHANG.

KÖNNEN SIE DIE WELT FÜR CHRISTUS BEEINFLUSSEN?

Es wird weitgehend davon ausgegangen, dass Sie es können! Gott hat in seiner Vorsehung Vertreter der verschiedenen Nationen der Welt *in Ihre Reichweite gebracht* ; und hat sie in die bestmögliche Position gebracht, um die ganze Erde zu beeinflussen; Wenn Sie also *nach ihnen handeln, handeln Sie nach der Welt* !

Aber wo findet diese große Versammlung der Vertreter der Nationen statt? Unsere Gedanken wandern sofort zu London, der Metropole des Vereinigten Königreichs und der ganzen Erde! – dem modernen Babylon! – einer Stadt, die heute fast vier Millionen Einwohner hat!

Bist du ein Schotte? Gibt es in London ungefähr so viele Schotten und ihre Nachkommen wie in Edinburgh? Sind Sie ein Ire? In London gibt es mehr Iren und ihre Nachkommen als in Dublin! Sind Sie Waliser? Die in London lebenden Waliser und ihre Nachkommen entsprechen in etwa der Gesamtbevölkerung von sechs der wichtigsten walisischen Städte? Oder bist du Engländer? Die Bevölkerung von sechs, acht oder zehn Städten in einigen englischen Grafschaften stellt die Zahl der *in diesen Grafschaften geborenen Personen dar* , die jetzt in der großen Stadt leben! Auf diese Weise können Sie in nahezu jeder Stadt, Gemeinde und Gemeinde im Vereinigten Königreich mit ihren eigenen Vertretern tätig werden, die jetzt in London leben.

Und wenn Sie besonders Mitleid mit dem armen Juden haben sollten, weil er den großen Messias ablehnt – dann sollten Sie bedenken, dass es in London mehr Juden gibt als in Palästina! Wenn Sie wiederum das Papsttum als den großen Antichristen betrachten; Sie werden daran erinnert, dass es in London mehr Katholiken gibt als in Rom! Seine 2.000 ITALIENER können hier bereit sein, ihren Landsleuten die frohe Botschaft einer vollendeten Erlösung nach Hause zu überbringen! Sind die deutsche Neologie und die französische Untreue die Feinde des Erlösers, denen Sie entgegentreten würden? Es wird bestätigt, dass sich mittlerweile über 60.000 DEUTSCHE bzw. deren Nachkommen und etwa 40.000 FRANZOSEN und deren Kinder in London aufhalten! Das mächtige Russische Reich mit seinen in Unwissenheit oder in der Korruption der griechischen Kirche versunkenen sklavenischen Völkern ist in London zahlreich vertreten! Auch etwa 6.000 MOHAMMEDANER UND OSTINDISCHE Götzendiener werden jedes Jahr in London gefunden! und *dort* kann mit vollkommener Sicherheit gelehrt werden, dass es einen Gott und ein Sühneopfer gibt. *Es* gibt auch eine große Anzahl von Dänen, Holländern, Schweden, Schweizern, Spaniern, Portugiesen, Griechen, Türken, Afrikanern, Arabern, Persern, Chinesen, Brasilianern, Amerikanern,

Indianern, Westindischen und Südseeinsulanern und wahrscheinlich auch von dort jede andere Nation unter dem Himmel! Diese werden zweifellos durch die göttliche Vorsehung zusammengeführt, damit sie in den wunderbaren Werken Gottes unterwiesen werden können . DIESE VERTRETER DER NATIONEN DER ERDE WERDEN IN IHRE REICHWEITE GEBRACHT; UND DURCH SIE KÖNNEN SIE MIT HILFE DER LONDON CITY MISSION DIE WELT FÜR CHRISTUS BEEINFLUSSEN. Leider hätten diese Vertretungskörperschaften eine Stadt betreten sollen, in der eine Million und drei Viertel ihrer Bevölkerung keinen Platz finden, um in ihren protestantischen Kirchen und Kapellen Gott anzubeten! – eine Stadt, in der Myriaden ihrer Einwohner kriminalitätssüchtig sind.

DIE LONDON CITY MISSION ermöglicht es Christen, sich für Menschen jeder Klasse und Nation einzusetzen, die an diesem wichtigsten, *kranken Ort der Erde leben* HERZ *des politischen Körpers der Welt* . Das einfache Ziel der Gesellschaft besteht darin, das Evangelium in jedes Haus, jede Dachstube und jeden Keller zu bringen und die Menschen anzuflehen, sich mit Gott zu versöhnen. Sie kennt weder Sekten noch Parteien und versucht auch nicht, auf andere Weise zu missionieren, als die Bösen zu heiligen und die Wertlosen zu wertvollen Mitgliedern der Gesellschaft zu machen. Seine 450 Missionare verkünden das Evangelium in 23 Sprachen an jeweils etwa 2.000 Personen. Aber wenn jeder angestellte Missionar weiterhin etwa 2.000 Personen zu besuchen hat, WERDEN FÜR DIE MONSTERSTADT MINDESTENS 400 WEITERE MISSIONARE BENÖTIGT . Wer ist dann bereit, den Versuch zu unternehmen, *die Welt für Christus* zu beeinflussen – durch persönliche Weihe oder durch die Unterstützung einer Organisation, die zur Hand ist, für die Aufgabe geeignet und in ihrer Ausführung gesegnet ist ?

KOMITEE DER LONDON CITY MISSION.
Schatzmeister : Joseph Hoare, Esq.

Sekretäre.

Rev. Josiah Miller, MA   Rev. JPA Fletcher, MA

Wirtschaftsprüfer.

J. Herbert Tritton, Esq.	E. Brodie Hoare, Esq.

Arbuthnot, Geo., Esq.	M'Arthur , W., Esq., MP
Ashton, Charles, Esq.	Marten, CH, Esq.
Barclay, J. Gurney, Esq.	Maynard, H., Esq.
Bevan, RCL, Esq.	Morris, H., Esq.
Bevan, Francis A., Esq.	Noel, Hon. Henry.
Boulnois , WA, Esq.	Paton, R., Esq.
Buxton, JH, Esq.	Pocock, T., Esq.
Charles, Robert, Esq.	Robarts, Henry, Esq.
Clarke, Frederick, Esq.	Sheppard, John Geo., Esq.
Coles, William, Esq.	Sheppard, SG, Esq.
Denny, TA, Esq.	Smith, Basil Woodd , Esq.
Ellice, William, Esq.	Spicer, Edward, Esq.
Fox, Chas. Douglas, Esq.	Tritton, C. Ernest, Esq.
Garwood, Rev. J., MA,	Trotter, Stuart, Esq.
Hon. Mitglied.	Watson, JG, Esq.
Hanbury, George, Esq.	Williams, George, Esq.
Kinnaird, Herr.	Wood, FJ, Esq., LL.D.
Lycett, Sir Francis.	

Prüfer von Missionaren.

Rev. H. Allon , DD	Rev. JC Harrison.
Rev. WB Carpenter, MA	Rev. S. Hebditch .
Rev. Burman Cassin, MA	Rev. WG Lewis.
Rev. JP Chown .	Rev. Peter Lorimer, DD
Rev. JH Clay, MA	Rev. A. Macmillan, BA
Rev. Flavel Cook, BA	Rev. John Matheson, MA
Rev. Frederick Cox, MA	Rev. Thomas Nolan, DD
Rev. John Edmond, DD	Rev. GW Olver .

Rev. AT Edwards, MA	Rev. Aubrey C. Price, MA
Rev. HE Fox, MA	Rev. Robert Redpath, MA
Rev. B. Gregory.	Rev. Henry Sharpe.
Rev. JG Gregory, MA	Rev. Gervase Smith, MA
Rev. DB Hankin .	Rev. GW Weldon, MA

Landessekretär für den Süden – Rev. W. Lionel Green.Landessekretär für den Norden – Herr. Francis Palin, 15, Chichester Street, Chester.Bezirkssekretär – *West (Teil von) und Nord- London.* – Herr Charles M. Sawell .
Bezirkssekretär – *West (Teil von) und Ost-London.* — Herr JM Weylland .
Bezirkssekretär – *Südlondon.* -Herr. Hugh Pearson.
Buchhalter – Herr Thomas R. Marrison .
Generalsuperintendenten der Missionare.

Kapitän HJR Lowe.   Kapitän Charleton .

J. Rennie, Esq.   Kapitän Thom.

VERFASSUNG.

I. Der Name – „The London City Mission".

II. Das Ziel dieser Institution besteht darin, das Wissen über das Evangelium unter den Einwohnern Londons und seiner Umgebung (insbesondere den Armen) zu erweitern, ohne sich auf konfessionelle Unterschiede oder die Besonderheiten der Kirchenregierung zu beziehen.

III. Um dieses Ziel zu erreichen , werden Missionare mit anerkanntem Charakter und anerkannten Qualifikationen, die sich voll und ganz der Arbeit widmen, von der Institution angestellt und bezahlt. Ihre Pflicht besteht darin, von Haus zu Haus in den ihnen zugewiesenen Bezirken zu gehen, die Heilige Schrift zu lesen, sich an religiösen Gesprächen zu beteiligen und diejenigen, die in Vernachlässigung der Religion leben, aufzufordern, den Sabbat zu halten und an öffentlichen Gottesdiensten teilzunehmen . Sie sollen auch dafür sorgen, dass alle Menschen die Heiligen Schriften besitzen, anerkannte religiöse Traktate verteilen und dabei helfen, den Kindern der Armen biblische Bildung zu vermitteln. Mit Zustimmung des Komitees sollen sie Versammlungen abhalten, um die Heilige Schrift zu lesen und zu erläutern und zu beten, und sie sollen andere Mittel ergreifen, die das Komitee für die Erfüllung der Mission für notwendig hält.

IV. Da das Ziel der Mission darin besteht, das Wissen über das Evangelium zu erweitern, ist es ein grundlegendes Gesetz, dass die folgenden Lehren von den Vertretern und Veröffentlichungen der Mission an prominenter Stelle gelehrt werden. Sie werden „nicht in den Worten gegeben, die die Weisheit des Menschen lehrt , sondern die der Heilige Geist lehrt ". [3] „Alle haben gesündigt und die Herrlichkeit Gottes verloren." [4] „Im Anfang war das Wort, und das Wort war bei Gott, und das Wort war Gott. Und das Wort wurde Fleisch und wohnte unter uns." [5] „Wenn jemand nicht wiedergeboren wird, kann er das Reich Gottes nicht sehen." [6] „Das Blut Jesu Christi, des Sohnes Gottes, reinigt von aller Sünde." [7] „Da wir aus Glauben gerechtfertigt sind, haben wir Frieden mit Gott durch unseren Herrn Jesus Christus." [8] „Auch in keinem anderen gibt es Erlösung; denn unter dem Himmel ist den Menschen kein anderer Name gegeben, durch den wir gerettet werden müssen." [9] „Ohne Heiligkeit wird niemand den Herrn sehen." [10] „Ihr seid geheiligt – durch den Geist unseres Gottes." [11]

V. Die allgemeinen Geschäfte der London City Mission werden von einem Ausschuss geführt, der aus einer gleichen Anzahl von Mitgliedern der etablierten Kirche und Andersdenkenden besteht; und die Prüfer der Missionare sollen aus einer gleichen Anzahl von Geistlichen und abweichenden Geistlichen bestehen, die alle zusammen mit den

Schatzmeistern, Sekretären und Rechnungsprüfern von Amts wegen Mitglieder des Ausschusses sein *sollen* .

VI. Personen, die jährlich eine Guinea abonnieren; jeder Spender von 10 £; ein Testamentsvollstrecker bei Zahlung eines Vermächtnisses von 50 £ und mehr; und Geistliche der etablierten Kirche und abweichende Geistliche als Vertreter ihrer Gemeinden, die für die Mission jährlich einen Betrag von 5 £ spenden oder sammeln, sollen Mitglieder der Institution sein.

VII. Jährlich im Mai (und bei Bedarf auch öfter) findet eine Generalversammlung statt, um die Amtsträger zu ernennen und einen Bericht über die Arbeit der Mission und den Stand der Mittel zu erhalten. Über alle vorgeschlagenen Angelegenheiten entscheidet die Mehrheit der anwesenden Mitglieder. Die Versammlung wird durch ein Gebet eröffnet und abgeschlossen, und der Präsident des jeweiligen Tages unterzeichnet das Protokoll der Verhandlung. Im Zusammenhang mit der Jahresversammlung sollen eine oder mehrere Predigten gehalten werden, die rechtzeitig bekannt gegeben werden müssen.

VIII. Die Mittel der Mission, die sich aus Spenden, Vermächtnissen, Abonnements, Sammlungen usw. ergeben, werden unter der Leitung des Komitees für die Gehälter der Missionare, den Kauf von Traktaten und für die Deckung aller notwendigen Kosten für die Durchführung der Mission verwendet Geschäft der Mission.

IX. Dass keine Änderung dieser Satzung vorgenommen werden darf, außer auf einer Jahresversammlung oder Generalversammlung, die vom Ausschuss eigens einberufen wird, auf Antrag, in dem die Art der Änderung angegeben wird, der von fünfzig Mitgliedern unterzeichnet wird und innerhalb von einundzwanzig abgehalten wird Tage nach Eingang einer solchen Anforderung.

Wir geben den folgenden Auszug aus Reden, die auf der letzten oder dreiundvierzigsten Jahresversammlung der London City Mission gehalten wurden, die am Donnerstag, dem 2. Mai 1878, in Exeter Hall stattfand; Lord KINNAIRD übernimmt den Vorsitz.

Nachdem die große Versammlung drei Verse der Hymne gesungen hatte,

„Alle preisen den Namen des großen Immanuel"

Rev. JOSIAH MILLER las einen Teil der Heiligen Schrift vor und sprach ein Gebet, woraufhin –

Die Versammlung wurde vom VORSITZENDEN wie folgt angesprochen:

Ich wurde gebeten, bei diesem besonderen Anlass den Vorsitz zu führen, da ich glaube, dass ich eines der ältesten Mitglieder dieses Ausschusses bin. Seit mehr als vierzig Jahren durfte ich mich an dieser großartigen und wichtigen Arbeit beteiligen, und ich kann nur sagen, dass ich von Jahr zu Jahr dankbarer dafür war, dass diese Arbeit blühte und Fortschritte machte. Als es seine Arbeit in London aufnahm, waren die Prinzipien, auf denen es gegründet wurde, noch nicht so allgemein anerkannt wie heute. Ich erinnere mich zum Beispiel noch gut daran, wie wir in Kreisen, in denen es jetzt offen anerkannt wurde, um das Prinzip der Laienbefugnis kämpfen mussten . Drei Prinzipien scheinen unserer gesamten Arbeit zugrunde zu liegen . Erstens hat diese evangelische Wahrheit den einzigen Anspruch auf Anerkennung, da sie in voller Übereinstimmung mit dem Wort Gottes steht und dazu geeignet ist, Menschen zur Versöhnung mit Gott zu bewegen. Zweitens, dass die Pflicht zur Verkündigung nicht ausschließlich den ordinierten Geistlichen obliegt, sondern dass alle Menschen die Verpflichtung teilen, die sich aus dem göttlichen Gebot ergibt, in die ganze Welt zu gehen und jedem Geschöpf das Evangelium zu predigen und auch in die Welt zu gehen Gassen und Hecken und laden Männer zum Evangeliumsfest ein. Und drittens, dass die Mitglieder der einen Kirche Christi, obwohl sie verschiedenen Konfessionen angehören, sich im Werk der Evangelisierung vereinen sollten, um so in gewissem Maße die Einheit zu offenbaren, für die der Erretter betete, und den Menschen zu beweisen, dass die Punkte, auf denen sie beteten Die Meinungen, über die man sich einig ist, sind von weitaus tieferer und nachhaltigerer Bedeutung als diejenigen, in denen sie unterschiedlicher Meinung sind. Das stetige Wachstum unserer Londoner Bevölkerung, das, als Herr Hoare und ich anfingen, etwa anderthalb Millionen betrug, jetzt aber schnell auf vier Millionen zusteuert , macht die Notwendigkeit dieser Gesellschaft in mancher Hinsicht sogar noch größer war, als es anfing. Wir können sehr dankbar sein, dass durch seine Hilfe so viel erreicht wurde, und auch sehr dankbar, dass andere verwandte Gesellschaften entstanden sind, die unseren Fußstapfen folgen. Aber ich möchte Sie darauf hinweisen, dass es auf unserer Seite keine Nachlässigkeit geben darf. Vielleicht könnte kein Anspruch stärker sein als der, der mit der Evangelisierung besonderer Klassen verbunden ist, was das besondere Merkmal dieser Gesellschaft ist. Zu verschiedenen Zeiten hatte ich die Ehre, viele Missionare zu leiten, insbesondere solche, die Ausländer betreuen. Diese Arbeit geht weiter und wir können Gott dafür danken. Was sollen wir jetzt ohne den Stadtmissionar machen ? In jedem Moment der Ratlosigkeit, wenn neue Schwierigkeiten auftauchen, muss man im Allgemeinen die Hilfe eines erfahrenen Missionars in Anspruch nehmen, um eine Bewegung zur Linderung eines offensichtlichen spirituellen Mangels ins Leben zu rufen. Meine eigene Erfahrung ist, dass es Gott auf wunderbare Weise gefallen hat, diese Gesellschaft für die Weiterentwicklung seines Reiches zu nutzen. Wir dürfen jedoch nicht versuchen, zu monopolisieren. Es gibt Bibelleser, und vor allem gibt es das wunderbare Instrumentarium der Bibelfrau und der Bibelkrankenschwester. Die Idee dazu wurde von uns übernommen. Wir waren die Pioniere dieser Arbeit. Gott hat es gesegnet und es gedeiht offenbar. Es gibt Arbeitsfelder in unserer wachsenden Bevölkerung, die uns ohne eine solche Agentur für unsere große Stadt zittern lassen würden. Ich hatte gehofft, hier unseren ausgezeichneten Freund Mr. Garwood zu sehen, dessen Arbeit absolut unermüdlich war. Aber obwohl er körperlich abwesend ist, ist er im Geiste bei uns. Es war im vergangenen Jahr sehr erfrischend zu sehen, wie er ständig an unseren Komitees teilnahm und der Arbeit so ernsthaft und herzlich verbunden war wie eh und je, wie er es in jungen Jahren war. Möge er uns noch lange erspart bleiben, damit wir von seinen weisen Ratschlägen profitieren können. Ich muss jetzt den Sekretär bitten, den Bericht zu lesen. Es ist von großem Interesse und ich vertraue darauf, dass Sie ihm Ihre ernsthafte Aufmerksamkeit schenken werden.

Rev. JPA FLETCHER eine Zusammenfassung des Berichts der Gesellschaft für das vergangene Jahr vor.

Der Bischof von SODOR und MAN : – Mein Herr, ich muss die erste Resolution einreichen: –

„Dass der Bericht, dessen Zusammenfassung jetzt gelesen wurde, unter der Leitung des Ausschusses angenommen, gedruckt und verbreitet wird."

Es hätte mir sehr an Dankbarkeit gefehlt, wenn ich nicht sofort auf die freundliche Einladung geantwortet hätte, die mir zugesandt wurde und mich aufforderte, an den Verhandlungen des heutigen Tages teilzunehmen; denn ich werde immer mit Freude auf meine Verbindung mit der Stadtmission zurückblicken, als ich als Geistlicher in London arbeitete. Erst heute Morgen, als ich zu diesem Treffen kam, traf ich einen Herrn, der zu mir sagte: „Wohin gehst du? An welchem der Treffen wirst du teilnehmen?" Ich sagte: „Ich gehe zum Jubiläum der Stadtmission." „Oh", sagte er, „aber das ist keine Church of England Society." „Nein", sagte ich, „aber es ist ein alter Freund von mir; es ist eine nichtsektiererische Gesellschaft." Als ich als Geistlicher in London arbeitete, unterstützte mich die Stadtmission in zwei Pfarreien; und jetzt, wo ich zum Bischof ernannt wurde, werde ich es nicht ablehnen, die Stadtmission zu unterstützen. Die Wahrheit ist, dass es in dieser riesigen Stadt London genug Platz für alle Gesellschaften gibt, die sich für die Verbreitung der Wahrheit Gottes einsetzen. Wir könnten es uns leisten, doppelt so viele Gesellschaften zu haben; und wenn die Zahl aller Stadtmissionare , Bibelleser, Bibelfrauen und Bezirksbesucher vervierfacht würde, gäbe es genug Platz für alle, und wir würden uns mehr wünschen. Aber der Nutzen solcher Gesellschaften liegt nicht nur in ihrer evangelistischen Arbeit – dass sie das Evangelium der Gnade Gottes zu den Massen tragen –, sondern ich gehe davon aus, dass er vor allem in der Tatsache liegt, dass sie Christen vereinen Menschen zusammen für das Werk des Herrn. Das ist es, was wir uns in der heutigen Zeit besonders wünschen. Der Feind führt sein Werk mit größter Aktivität fort. Das Volk des Herrn muss vereint sein, und ich freue mich über die Arbeit solcher Gesellschaften wie dieser, denn sie bringen christliche Menschen zusammen und vereinen sie in dem großen gemeinsamen Ziel, das Königreich des Erlösers voranzutreiben. Es ist nun einige Jahre her, seit ich zum ersten Mal mit der Arbeit meiner ersten Gemeinde in London begonnen habe. Ich empfing einen Bezirk mit 10.000 Einwohnern in der Gemeinde Marylebone, abgeschnitten von St. Mary's, Bryanston Square. Es gab keine reichen Leute im Bezirk, und ich musste mich mit vielen Schwierigkeiten an die Arbeit machen. Ich hatte die Hilfe eines Bibellesers, einer Seelsorgerin und drei Bibelfrauen, aber das reichte immer noch nicht aus. Als wir mit der Arbeit fortfuhren, trafen wir auf einen Missionar der Stadt, der in einer Ecke des Bezirks arbeitete, und stellten fest, dass er die Leute erreichen konnte, die wir erreichen wollten. Ich hatte das Gefühl: „Das wird nie funktionieren, denn wir treten uns gegenseitig auf den Fersen." Also ging ich zum Ausschuss der Gesellschaft und vertrat dort den Fall. Ich sagte: „Wir haben ein gemeinsames Ziel vor Augen; wir wollen nur das Evangelium zu den Massen bringen. Leider bin ich in der Lage, dass ich meine Grenzen nicht überschreiten kann. Ich bin durch das Pfarrsystem gebunden (ein sehr gutes). Ich übernehme nun die Aufsicht über den Missionar, wenn Sie mir dies freundlicherweise gestatten." Das Komitee sagte sofort zu, dass es so sein würde, und von da an begann ich, mich tatkräftig für die Stadtmission einzusetzen. Aber das war nicht das Ende meiner Verbindung. Ich wurde gebeten, einen meiner Meinung nach wichtigsten Teil der Arbeit der Gesellschaft zu übernehmen; Ich wurde gebeten, einer der Prüfer der Stadtmissionare zu werden . Ich sage, dass dies vielleicht der wichtigste Teil der gesamten Arbeit ist, denn unser Erfolg hängt in hohem Maße von den Männern ab, die wir für die Durchführung der Arbeit auswählen. Heutzutage besteht die Tendenz, dass Männer diese Art von Arbeit übernehmen, wenn alles andere fehlschlägt. Nun, das wird niemals reichen. Wir dürfen diese Arbeit nicht einfach als Beruf ausüben. Wir wollen Männer, die von der Liebe Christi geprägt sind; wir wollen, dass Männer mit einer genauen Kenntnis des Wortes Gottes losgehen und sich mit den Massen des Volkes befassen; und wenn wir diese Klasse von Männern nicht als Stadtmissionare haben , wird die Arbeit früher oder später scheitern. Wir haben vielleicht fünfhundert Stadtmissionare, aber wenn sie nicht Männer Gottes sind, wenn sie das Wort Gottes nicht kennen, werden sie niemals das Werk Gottes ausführen. Ich blicke daher mit größter Freude auf meine Verbindung mit dieser Gesellschaft zurück. Ich wage zu behaupten, dass es vor mir bereits einige

Missionare gibt, die durch meine Hände gegangen sind. Ich hoffe, sie fanden mich nicht sehr streng; aber wenn ja, kann ich ihnen sagen, dass ich sie nur streng geprüft habe, weil ich um das Wohl der Gesellschaft besorgt war. Die Frage, vor der wir heute Morgen stehen, scheint mir zu sein: Wie können wir uns gegenseitig dazu anregen, mehr Interesse an der Arbeit zu zeigen? Ich glaube, dass es drei Dinge gibt, die notwendig sind. Wir brauchen zuallererst ein tiefes Bewusstsein für unsere Verantwortung vor Gott; Zweitens brauchen wir ein ausgeprägtes Gespür für die Sünde vor Gott. und zu guter Letzt brauchen wir ein lebendiges Gefühl der Gegenwart und Macht Gottes bei uns. Ich glaube, dass diese drei Dinge notwendig sind, und ich werde in dieser Überzeugung durch einen Verweis auf drei der größten Stadtmissionen untermauert, die wir im Wort Gottes erwähnt finden. Wir haben ein großartiges Werk im Zusammenhang mit London vor uns, der größten Stadt der Welt, die je gesehen wurde, aber ich glaube nicht, dass wir mit der Vorstellung davonlaufen müssen, dass London schlimmer ist als andere Orte; Das Einzige ist, dass wir so viel Böses zusammengebracht haben, mit seinen sieben- oder achttausend Straßen und seinen fast vier Millionen Einwohnern. Es ist ein großartiger Ort, aber schließlich halte ich London nicht für schlimmer als andere Orte. Es ist sozusagen das Herz der Welt. Das Blut fließt von London in die ganze Welt, und wenn wir uns daher mit der Außenwelt auseinandersetzen wollen, müssen wir uns mit dem Herzen befassen. Wir müssen das Evangelium den Massen Londons nahebringen, und dann werden wir ein gewaltiges Werk für die Welt vollbringen. Es gibt drei große Grundvoraussetzungen, die wir für die Durchführung der Arbeit benötigen, und ich möchte dies durch einen kurzen Verweis auf drei der größten Stadtmissionen untermauern, von denen wir im Wort Gottes lesen. Ich sagte zunächst, dass wir ein echtes Verantwortungsbewusstsein vor Gott brauchen. Der Teil der Heiligen Schrift, der uns vorgelesen wurde, erinnert uns an Ninive und die Mission in dieser Stadt. Es war eine riesige Stadt, ungefähr so groß wie London, aber ihre Bosheit war in den Himmel gestiegen. Gott befahl seinem Propheten Jona, hinzugehen und sie zur Umkehr aufzurufen, aber er ging an Bord eines Schiffes und versuchte, vor der Gegenwart Gottes zu fliehen. Er ging in die Hütte hinunter und schlief ein. Erst als ein von Gott gesandter Sturm ihn aufweckte – erst als der Kapitän seine Hand auf seine Schulter legte und sagte: „Was meinst du, oh Schläfer? Steh auf, rufe deinen Gott an", wurde er zu einem Verantwortungsbewusstsein. Ich glaube, es gibt viele, die sich in der Lage Jonas befinden, und erst wenn die Welt einen Appell an sie richtet, werden sie erregt. Denn Sie werden feststellen, dass es nicht ein Mann Gottes war, der Jona das Bewusstsein für seine Verantwortung weckte, sondern ein Mann von Welt, der Kapitän des Schiffes, ein Heide. Liebe Freunde, die Welt möchte, dass wir mit ihr sprechen. Es gibt Menschen um uns herum, die möchten, dass wir ihnen das Evangelium bringen. Sie wissen, was unsere

Privilegien und Segnungen sind. Aber wie ist das bei vielen? Sie fliehen einfach vor der Gegenwart Gottes; Sie steigen in die Seitenwände des Schiffes hinab und schlafen ein. Wir brauchen also zuallererst bei unserer Mission in dieser großartigen Stadt ein echtes Bewusstsein für unsere Verantwortung und Pflicht vor Gott. Aber ich möchte Sie an eine andere Stadt mit einem ganz anderen Charakter erinnern, die mit allen Privilegien religiöser Art gesegnet ist – die Stadt Jerusalem. Obwohl diese Stadt jeden Segen hatte, den Gott ihr überlassen konnte, lehnten die Menschen Gott in all seiner Liebe, Gnade und Güte ab. Ihre Bosheit mag von anderer Art gewesen sein, aber sie war in den Augen Gottes genauso groß wie die von Ninive. Der Herr Jesus Christus selbst kam als großer Missionar in diese Stadt – die Stadt seiner Liebe. Er sah die Stadt und weinte darüber; Seine Sünden, seine Bosheit, seine Ablehnung der Liebe Gottes trieben Tränen aus seinen Augen, und Er sagte: „Wenn du wenigstens an diesem Tag gewusst hättest , was zu deinem Frieden gehört! Aber jetzt sind sie es." vor deinen Augen verborgen. Und wenn ich darüber nachdenke, lerne ich die zweite große Notwendigkeit für uns kennen: ein ausgeprägtes Sündenbewusstsein. Oh! Wenn Sie die Bosheit dieser großen Stadt immer mehr erkennen, werden Sie immer mehr gezwungen sein, daran zu arbeiten, andere von diesem Erlöser zu überzeugen, der sich für Sie als so wertvoll erwiesen hat. Abschließend möchte ich Sie auf eine andere Mission verweisen – die Mission in der Stadt Korinth. Es war das Zentrum der Handelswelt; durch sie floss der gesamte Reichtum aus dem Osten und dem Westen; und so wie es für seinen Reichtum berühmt war, so war es auch für sein Laster berüchtigt. Uns wird erzählt, dass der Apostel Paulus diese Stadt zum ersten Mal besuchte und entmutigt war; Aber uns wird gesagt, dass der Herr Paulus in einer Vision erschien und sagte: „Fürchte dich nicht, Paulus, fürchte dich nicht, ich bin mit dir. Ich habe viele Menschen in dieser Stadt." So wurde er in seiner Arbeit gefördert. Er ging in der Sache des Herrn voran, mit gestärkten Händen in der gesegneten Gewissheit, dass der Herr mit ihm war. Abschließend möchte ich Sie daran erinnern, welch glorreiche Arbeit in dieser Gesellschaft geleistet wird. Wenn wir nur Gott treu sind, wird Gott uns treu sein. Sein Versprechen ist sicher. Sein Volk wird versammelt werden. Wenn wir die verschiedenen Entmutigungen, Schwierigkeiten und Prüfungen betrachten, mit denen wir zu kämpfen haben, können wir mit Hoffnung und fester Gewissheit voranschreiten und uns an die gesegnete Verheißung erinnern, dass er für uns eine Stadt vorbereitet hat.

Rev. Dr. MANNING (Sekretär der Religious Tract Society): – Vor zehn Minuten stand mein Name an letzter Stelle auf der Rednerliste. Das bedeutete natürlich, dass ich überhaupt nicht sprechen durfte; Das war die klare und offensichtliche Schlussfolgerung aus der Position, in die ich gebracht wurde, und es ist nur fair zu sagen, dass ich auf meine eigene dringende Bitte hin in diese Position gebracht wurde, da ich keine Zeit hatte, etwas vorzubereiten, was ich Ihnen heute sagen könnte. In Abwesenheit von Herrn Waddy wage ich es, ganz unerwartet in die Lücke zu treten, um die Resolution zu unterstützen, die der Bischof von Sodor und Man so geschickt eingebracht hat. Neulich las ich die Memoiren des verstorbenen bedeutenden Ohrchirurgen und eines kaum weniger bedeutenden Metaphysikers, des verstorbenen James Hinton, der sich einmal in einem der abscheulichsten Winkel Londons befand, umgeben von den verlassensten und verdorben von dieser großen Stadt. Er sprach zu ihnen von Jesus von Nazareth und sagte ihnen, wie sie durch ihn wieder zu Tugend und Hoffnung aufsteigen könnten; Und dann wandte er sich mit tränengefüllten Augen an einen Herrn, der ihn begleitete, und sagte: „Wenn der Herr Jesus wieder auf der Erde wäre, wo wäre er dann? Er wäre hier." Und dann wandte er sich voller Emotionen ab. Wenn ich also an die Arbeit der Stadtmission denke, wenn ich daran denke, dass ich etwa vierhundert oder vierhundertfünfzig Agenten dieser Gesellschaft vor mir habe, die in die tiefsten Tiefen des Elends und Lasters hinabsteigen und das mit sich tragen Wenn ich die Botschaft von der großen Erlösung verkünde, kann ich nicht umhin, mit den Worten von James Hinton zu denken: Wenn der Herr hier auf der Erde wäre, wäre er genau an der Arbeit, zu der Sie, meine Freunde, berufen wurden und in der diese großartige Gesellschaft tätig ist beauftragt und betreut Sie. Deshalb wünsche ich Ihnen in tiefem Mitgefühl Gottes Segen und freue mich mit Ihnen über diesen sehr ergreifenden und sogar beredten (nicht so sehr in Worten, sondern in Fakten) Bericht, den wir gerade gehört haben. Ich frage mich, wie oft in den Versammlungen dieser Woche und dieses Monats der große Auftrag unseres Herrn zitiert wurde: „Gehe in die ganze Welt und verkünde das Evangelium jedem Geschöpf." Wie oft es auch zitiert werden mag, es kann nicht zu oft zitiert werden; und doch kann man insbesondere bei dieser Begegnung nicht umhin, sich daran zu erinnern, dass den Jüngern eine gewisse Einschränkung auferlegt wurde – „beginnend in Jerusalem". Warum? Es scheint mir, dass fast jeder Grund und Grund, der dazu geführt hat, dass diese Einschränkung in Jerusalem begann, durch angemessene Anwendung und Analogie auf die Arbeit angewendet werden kann, mit der Sie beschäftigt sind. Abgesehen von der Sonderstellung des jüdischen Volkes, die natürlich auch in die Überlegungen unseres Herrn einging, stellt sich die Frage: Welche Bedeutung hat diese Einschränkung für uns? Ich denke, erstens kann es uns die Pflicht lehren, mit der Arbeit zu beginnen, die vor uns liegt. Sie waren in Jerusalem und begannen daher dort, wo sie waren – sofort und an der Stelle, wo der Meister sie hinstellte und fand. Es gibt ein oft falsch zitiertes und falsch angewendetes Sprichwort, dem ich jedoch äußerste Bedeutung beimisse: „Die Nächstenliebe beginnt zu Hause." Ich würde nicht viel für die Nächstenliebe geben, die nicht zu Hause beginnt, ebenso wenig würde ich für die Nächstenliebe geben, die dort endet. Die Nächstenliebe, die zu allem gut ist und die das Evangelium inspiriert und die der Meister lehrt, ist die Nächstenliebe, die an unserer eigenen Tür beginnt und mit der Arbeit, die vor uns liegt. In dieser großartigen Missionsarbeit für die Welt steckt viel Romantik;

„ Seine Ferne verleiht der Aussicht einen Zauber, Und vergoldet den Berg mit seinem azurblauen Farbton.

Und Gott sei Dank für all die Romantik, die die Fantasie dazu bringt, sich auf die Seite des Gewissens zu stellen. In unserem Werk gibt es jedoch wenig Romantik; Es wird die harte, schreckliche Realität gezeigt, das Laster in all seinen dürren, abscheulichen und abstoßenden Formen, mit denen man sich auseinandersetzen muss; Aber Gott sei Dank gibt es treue Männer, die in London, dieser Millionenstadt mit all ihrem vielfältigen Anteil an Lastern, beginnen werden, wie die Jünger in Jerusalem begannen. Dann gibt es noch einen weiteren Punkt, auf den der Herr Bischof, der sich gerade zusammengesetzt hat, hingewiesen hat – dass Jerusalem das große Zentrum weltweiter Aktivitäten war. „Parther und Meder und Elamiter und die Bewohner Mesopotamiens" – jede Nation der Erde war dort vertreten; Denn damals wie heute war der Jude der Weltbankier, der den Welthandel betrieb und in jeder Stadt der Welt zu finden war. Ist das nicht die Lage Londons heute? Als der große jüdische Bankier Rothschild vor einigen Jahren von einem Ausschuss des Unterhauses verhört wurde, wurde er gefragt, welchen Einfluss eine Änderung des Diskontsatzes in London auf die Börsen der Welt hätte, und er antwortete in seiner Antwort fast eine Spur von Poesie. „Meine Herren", sagte er, „London ist das Herz der Welt, und jeder Puls und jedes Pochen des Londoner Marktes ist in jedem Teil der Welt zu spüren." Warum, mein Herr, wo immer sich der Handel ausbreitet, ist die Macht Englands zu spüren; Wo immer Handel betrieben wird, erhellen die Segel unserer Schiffe jedes Meer, und die Agenten und Missionare des Handels streben unerschrocken und furchtlos nach Gewinn. Oh! Was würde die Welt bald sein, wenn unser großes London sich zu Gott bekehren würde, wenn aus diesem großen Zentrum der Zivilisation und des Handels nicht nur Menschen hervorgehen würden, die nach irdischem Gewinn streben, sondern auch Menschen, die in den Geschäften mit ihnen handeln würden? ihr rechtmäßiges Geschäft, die Liebe Christi in ihren Herzen und die Botschaft der Erlösung auf ihren Lippen! Von unserem London aus würde sich ein Einfluss über die ganze Welt ausbreiten, und Zehntausende freiwilliger und unbezahlter Missionare würden ohne Bezahlung oder Belohnung ausziehen, um die frohe Botschaft der Erlösung zu überbringen. Dann berief sich unser Herr in seinem Dienst immer auf die Verwandtschaft. Andreas findet seinen eigenen Bruder Simon, und dann machen sie sich auf den Weg, um ihren Freund und Mitbürger Nathaniel zu finden, und jedem

wird die frohe Botschaft überbracht: „Wir haben den Christus gefunden."
„Geh, ruf deinen Mann und komm her." Dieses Gefühl familiärer Bindung,
Freundschaft und persönlicher Verbundenheit wird genutzt, um das
Evangelium zu verbreiten. Und auch wir müssen uns daran erinnern, dass
unsere Verwandten und Brüder zuallererst die frohe Botschaft großer Freude
von uns erhalten sollen – die Heiden, die nicht vergessen sind, sondern die
Heiden vor unserer eigenen Tür, die durch Bande der Brüderlichkeit mit uns
verbunden sind , sollen die erste Botschaft des Evangeliums haben. Dann
gibt es Patriotismus. Wie stolz war der Hebräer schon immer auf seinen
Vorfahren! Mit welchem Stolz prahlt der Apostel immer wieder damit, dass
er „aus dem Geschlecht Israels, aus dem Stamm Benjamin" stammt! Sie
blicken auf die lange Reihe von Helden zurück, deren die Welt nicht würdig
war. Mylord Kinnaird, wir haben eine Geschichte hinter uns, die der des
Juden in puncto Adel in nichts nachsteht. Wir sind aus dem besten Blut der
Erde geboren und haben mannigfaltige Titel. Obwohl ich all die Verbrechen
zugebe, an denen sich unsere Nation schuldig gemacht hat, danke ich Gott
– und in diesem Sinne drücke ich nur die Gefühle jedes britischen Herzens
aus –, dass ich als Brite geboren wurde. Deshalb ist es unsere Aufgabe als
Briten, weit und breit in unserem geliebten und geehrten Land das zu
verbreiten, was seine Freiheiten und seinen Wohlstand noch weiter steigern
kann. Vor nicht allzu langer Zeit stand ich vor einem dieser Treffen im
Faubourg St. Antoine, organisiert von diesem wunderbaren Mann, Robert
McAll , der diese wunderbare Stadtmission in Paris durchführt . Ich stand
dort inmitten einer Menge hagerer, hohläugiger Kommunisten und roter
Republikaner mit ihren langen, zerzausten Haaren und weißen, hageren
Gesichtern und sagte zu ihnen: „Ich bin nur gekommen, um Ihnen zu sagen,
was England frei gemacht hat." und wohlhabend und glücklich. Unser Herz
hat für Sie geblutet in den Katastrophen, die Sie in den letzten Jahren
ertragen mussten. Was kann Sie aus diesem Abgrund des Verfalls, in den Sie
gefallen sind, emporheben? Was kann Sie zu unseren Teilhabern machen?
Diese nationalen Privilegien, die wir genießen? Es ist das Evangelium und
nichts als das Evangelium. Mögen London und Paris Seite an Seite gefunden
werden und zu Füßen Jesu fallen, und diese beiden großen Meisterstädte der
Welt werden die Welt noch für Christus gewinnen !" Dann gibt es noch eine
weitere Überlegung, auf die bereits hingewiesen wurde, warum das
Evangelium in Jerusalem beginnen sollte: Es war die Stadt tiefster Schuld
und größter Not. An dem Punkt, an dem der Herr Bischof mit seiner
rührenden Anspielung auf Jerusalem aufhörte, planten und verschworen sie
sich bereits, den Herrn des Lebens nicht nur abzulehnen, sondern zu
kreuzigen; Und kaum waren die Qualen seiner Sterbeschreie auf den Hügeln
Jerusalems verstummt, und sein Blut war kaum auf den Steinen getrocknet,
als er am Kreuz betete: „Vater, vergib ihnen, sie wissen nicht, was sie tun."
und sagte zu seinen Jüngern: „Geht zu diesen, meinen Mördern, zu diesen

Männern, durch deren böse Hände ich gekreuzigt und getötet wurde, und da sie am tiefsten schuldig und in größter Not sind, lasst ihnen das erste Angebot der Erlösung kommen." Und lässt sich das nicht in mancher Hinsicht auch auf London übertragen? Die Menschen können nach Belieben über den zukünftigen Zustand der heidnischen Welt spekulieren, und über diejenigen, die noch nie von Christus gehört haben, diejenigen, die in der tiefen, dichten, schrecklichen Dunkelheit des Heidentums geboren wurden, einer Dunkelheit, die man spüren könnte, die als ob der Schleier des Todes über diesen erniedrigten Nationen schwebt; Sie können über den künftigen Zustand derjenigen spekulieren, zu denen das Evangelium nie gekommen ist, aber was muss die schreckliche, entsetzliche Schuld der Millionen Londoner sein, die im Klang des Evangeliums und Seite an Seite mit ihm leben? Christliche Einflüsse und Agenturen, die aber dennoch so völlig tot und so absolut heidnisch bleiben wie die Götzendiener Zentralafrikas! An ihrer Schuld und ihrem Untergang besteht kein Zweifel. Deshalb sind wir, die wir die frohe Botschaft der Erlösung in unseren Händen halten, verpflichtet, sie vor allem denen darzubringen, die zuerst in der Schuld sind, damit sie die ersten sein mögen, die die Nachricht vom Erlöser hören . Ich habe die Liste durchgesehen, die die Tätigkeit und die Wirksamkeit der Mission zusammenfasst, und sehe, dass fast drei Millionen Besuche in Häusern stattgefunden haben, die von Elend, Unwissenheit und Laster verdunkelt sind. Ihre Missionare sind aus welchem Grund dorthin gegangen ? – um die Wolke zu vertreiben und Frieden statt Zwietracht, Freude statt Leid zu bringen. Wie viele Besucher sind aus einem anderen Grund in diese Häuser gegangen? Gestern Abend erzählte ein Herr in diesem Saal eine Anekdote, die ihrer Art nach eher drollig ist, die aber dennoch den Unterschied zwischen den Besuchen der Missionare und denen vieler anderer, die zu ihnen gehen, verdeutlichen könnte. Eine Leiche war in den Sand geworfen worden, und auf Nachfrage des Gerichtsmediziners wurden die Personen, die sie gefunden hatten, gefragt: „Haben Sie irgendetwas unternommen, um die Leiche wiederzubeleben?" Sie konnten die Frage nicht verstehen und der Gerichtsmediziner wiederholte sie: „Haben Sie irgendetwas getan, um die Leiche wiederzubeleben?" „Ja", sagten die Männer; „Wir haben seine Taschen durchsucht." Nun, das scheint mir auf eine urige und skurrile Weise den Zweck auszudrücken, aus dem viele in die Häuser und Schlupfwinkel der Armut und des Lasters gehen. Unsere Freunde jedoch lehren sie zunächst einmal, wie man durch Mäßigkeit, Tugend und Religion einen Penny in ein Pfund verwandelt; und ihnen dann die noch tieferen Segnungen der Erlösung zu schenken. Ich kann mich nicht hinsetzen, ohne ein persönliches Zeugnis über die Arbeit dieser Gesellschaft abzugeben. Ich bin einer der Sekretäre der Religious Tract Society. Es war für uns eine Freude und Ehre, die Arbeit dieser Mission und ihre Ergebnisse Jahr für Jahr und zunehmend mit großen Zuwendungen an Traktaten und Veröffentlichungen zu unterstützen. Ich muss sagen, dass diese Stadtmission zu den effizientesten Koadjutoren der Religious Tract Society gehört. Es gibt keinen Ort, an dem unsere Traktate mit größerem Vertrauen und größerer Zufriedenheit verbreitet werden und mit der festen Gewissheit, dass sie gut und klug genutzt werden und die besten Ergebnisse bringen. Ich bin daher der Meinung, dass wir der Tract Society zwar von Zeit zu Zeit für die Hilfe, die wir Ihnen geleistet haben, gedankt haben, wir sollten Ihnen aber ganz herzlich für die Hilfe danken, die Sie uns gegeben haben; und im Namen unseres Herrn und Meisters wünschen wir Ihnen Gottes Segen.

Die Resolution wurde einstimmig angenommen.

FUSSNOTEN:

[1] JMW, London City Mission, Bridewell Place, EC

[2] Jesaja xlix. 9, 10.

[3] I Kor. ii. 13.

[4] Röm. iii. 23.

[5] Johannes I. 1, 14.

[6] Johannes III. 3

[7] Ich John i . 7.

[8] Röm. V. 1.

[9] Apostelgeschichte 12.

[10] Hebr. xii. 14.

[11] I Kor. vi. 11.